全国教育科学『十二五』规划2012年度教育部重点课题『校本课程开发的文化学研究』最终成果

『校本课程开发与学校文化建设』丛书

鲍道宏◎主编

每一棵树都有它的春天

——多元互生的学校课程文化建设

陈龙斌　谷小艳　林莉芳◎编著

海峡出版发行集团
福建人民出版社

图书在版编目（CIP）数据

每一棵树都有它的春天：多元互生的学校课程文化建设/陈龙斌，谷小艳，林莉芳编著. --福州：福建人民出版社，2018. 12
（校本课程开发与学校文化建设丛书/鲍道宏主编）
ISBN 978-7-211-07869-1

Ⅰ.①每… Ⅱ.①陈… ②谷… ③林… Ⅲ.①中小学—课程建设—研究 Ⅳ.①G632.3

中国版本图书馆 CIP 数据核字（2017）第 305348 号

每一棵树都有它的春天
MEIYIKESHU DOUYOU TA DE CHUNTIAN
——多元互生的学校课程文化建设

作　　者：陈龙斌　谷小艳　林莉芳
责任编辑：李冰洁
出版发行：福建人民出版社　　**电　　话：**0591-87533169(发行部)
网　　址：http://www.fjpph.com　　**电子邮箱：**libingjie24@163.com
地　　址：福州市东水路 76 号　　**邮政编码：**350001
经　　销：福建新华发行（集团）有限责任公司
印　　刷：福建东南彩色印刷有限公司
地　　址：福州市金山浦上工业区冠浦路 144 号
开　　本：700 毫米×1000 毫米　1/16
印　　张：15
字　　数：243 千字
版　　次：2018 年 12 月第 1 版　　2018 年 12 月第 1 次印刷
书　　号：ISBN 978-7-211-07869-1
定　　价：42.00 元

本书如有印装质量问题，影响阅读，请直接向承印厂调换。

总 序

2012年12月，由我主持的“校本课程开发的文化学研究”课题获准立项，该课题成为全国教育科学“十二五”规划2012年度教育部重点课题。

此时距2001年新一轮课程改革发起已经12个年头。

课程改革以来，校本课程开发领域已经取得的成绩有目共睹。通过校本课程开发，唤醒了学校、教师的课程意识，提升了学校、教师开发课程的能力，也有助于学校、教师从更高视角看待原先“十分熟悉”的教学问题。然而，在取得重大成绩的同时，校本课程开发领域出现的问题也无法回避。

校本课程开发虚化，是一个较为突出的问题，也是发生在中小学的一个相当普遍的现象。学校课程表上，清清楚楚列着“校本课程（开发）”的科目，可事实上，这种“校本课程（开发）”课，只是可以随时由班主任或课任教师将其变成“语文”“数学”“英语”“物理”等所谓“主科”① 的课，这是公开的秘密。

校本课程开发教材化，教材编写随意化、文科化，课程实施评价缺位等等，成为中小学校本课程开发领域不可忽视的问题。

2001年6月教育部颁布的《基础教育课程改革纲要（试行）》，是本轮课程改革纲领性文献。“纲要”谈到三级课程管理时提出：“改变课程管理过于集中的状况，实行国家、地方、学校三级课程管理，增强课程对地方、学校及学生的适应性。”由此可见，中小学校本课程开发的直接目的，就是要增强学校课程对“学校及学生的适应性”，创造特色学校，培养“具有实践精神与创新能力的一代新人”。无疑，这是本轮课程改革提出校本课程开发的基本价值诉求。

---

① 所谓“主科”，是流行于中小学的一种术语，指中小学课程中那些与高考、中考相对应的、教育主管部门期末统一考试要检测的科目。如语文、数学、英语、物理等学科课程。

根据这一诉求，面对上述问题，我们要问：当前中小学校本课程开发能否实现这一目标？如果答案是否定的，那么，校本课程开发的问题何在？能否解决？如何解决？

这些问题，是我们课题研究的起点。

我们首先探讨，什么原因导致校本课程开发虚化、教科书化与文科化？

几年来，课题组尝试从制度与文化视角，探讨当前校本课程开发难以推进的原因。在具体解决思路方面，我们感觉需要摆脱本质主义思想羁绊，不能把中小学“校本课程开发”这样的社会实践活动视为客观存在物，不能认为它只有一种范型，在国外校本课程开发理论或实践中寻找这种范型，然后让中国大陆中小学校本课程开发削足适履往里面套。

当然，不可否认，之所以可用“校本课程开发”把中小学这类课程开发活动概括出来，形成概念，其中意味着这类活动具有某些内在一致性①。如何理解这种内在一致性呢？校本课程开发，严格地说，它首先是一个课程管理概念，即从课程开发主体视角对这类活动的划分。与其相对的，是国家课程开发与地方学校课程开发。在我国课程政策话语中，与“国家课程”“地方课程”相对应，一直都用“学校课程”表述。“校本课程开发”，主要是理论界多数学者以及受理论界影响的中小学用以指称学校根据自身特点与发展需要，在国家课程政策指导下学校自主的课程开发活动。

长期以来，我国中小学课程一直由国家教育行政部门决定，中小学极少拥有课程开发的权力。长期的课程实践，不但形成了与之配套的一系列课程、教育制度，也渐渐形成了一种与之相应的课程文化。人们在观念深处认同中小学只是课程的“忠实执行者”，课程开发不是学校和教师的分内事。这一观念，不仅表现在中小学课程实践者很少关心、思考课程开发问题，少有参与课程开发活动机会，结果造成中小学大部分教师不知课程开发为何物，还表现在教育行政主管部门对中小学课程实施质量的检查、监控方面。多年来，教育主管部门依然通过（或主要通过）中小学各主干学科课程统考成绩，评价中小学教育质量。

---

① 当然，事实上，世界范围内围绕这一术语的争论，不论是英文“school-based curriculum development”，还是中文“校本课程开发”，几十年来就一直没有停止过。

从另一角度看，这是我国中小学课程文化的基本特征。

这样看来，校本课程开发代表的分权的课程文化，对我国大陆中小学课程文化而言，是一种异质文化，或曰“新文化”。虽然说，异质文化间相互接触、碰撞、融合是文化传播过程常有的现象，但异质文化能否在原有文化环境中立地生根、生存下来，乃至变成改造原有文化的新生力量，却是一个充满变数的过程。适者生存，似乎成为人们普遍的生活智慧。但是，如果异质文化为求“适者生存”放弃自己的基本特性，它虽可生存，但一定早已“泯然众人”，成为原有文化的一部分，完全被原有文化同化了，不再具有“异”的特质，不再具有“新”的价值。

如何保持自己“学校自主开发课程”的基本特质，又能与原有课程文化融合，从而发挥改造原有课程文化的作用，是本课题研究极为重要的使命，也是课题研究的价值所在。

于是，课题组借助实践教育学实践关怀的智慧，寻找能在我国落地生根的校本课程开发的“合法”、有生命力的逻辑起点，在此基础上展开理论探索与实验研究。

对中小学校本课程开发实践而言，尤其是对这项教育部重点课题研究而言，这个“合法”、有生命力的逻辑起点就是 2001 年 5 月发布的《国务院关于基础教育改革与发展的决定》，同年 6 月经国务院同意，教育部发布的《基础教育课程改革纲要（试行）》，教育部随后颁布的《义务教育课程设置实验方案》以及各科课程标准。

《国务院关于基础教育改革与发展的决定》提出：“实行国家、地方、学校三级课程管理。国家制定中小学课程发展总体规划，确定国家课程门类和课时，制定国家课程标准，宏观指导中小学课程实施。在保证实施国家课程的基础上，鼓励地方开发适应本地区的地方课程，学校可开发或选用适合本校特点的课程。”并明确指出：“在保证实施国家课程的基础上，鼓励地方开发适应本地区的地方课程，学校可开发或选用适合本校特点的课程。”

《基础教育课程改革纲要（试行）》在“基础教育课程改革的具体目标”中提出“改变课程管理过于集中的状况，实行国家、地方、学校三级课程管理，增强课程对地方、学校及学生的适应性”。并具体阐明，“学校在执行国家课程和地方课程的同时，应视当地社会、经济发展的具体情况，结合本校

的传统和优势、学生的兴趣和需要，开发或选用适合本校的课程”。

《义务教育课程设置实验方案》规定：“地方与学校课程的课时和综合实践活动的课时共占总课时的16％～20％。省级教育行政部门可根据本省不同地区社会、经济、文化发展的实际情况，制定不同的课程计划；学年课时总数和周课时数应控制在国家所规定的范围内；根据教育部关于地方课程、学校课程管理与开发的指导意见，提出本省地方课程、学校课程管理与开发的具体要求，并报教育部备案。”

以此为起点，实践教育学提醒我们关注：如何行动，才能实现这些目标，也即中小学如何进行校本课程开发。

从某种意义上说，能否回答这个问题，是本课题研究成败的一个重要指标。

改革之初，教育行政部门与学校认为，《义务教育课程设置实验方案》规定，“地方与学校课程的课时和综合实践活动的课时共占总课时的16％～20％”，就是每周排出两个课时，把校本课程开发放在中小学一门名为“校本课程”① 的科目中进行。学校组织少数骨干教师，或借助校外力量，编写几册有关地方政治、历史、经济、生活或自然风物为基本内容的教材。如其他学科课程一样，教师走进“校本课程”课堂，教教材，或是用教材教。

这既是原有可高度统一的、学科课程占绝对优势的课程文化惯性使然，也是教育主管部门和中小学在课程改革实践策略上非常现实的考虑。是的，改革之初，除此又能怎样？长期把学校排除在课程处置权外，中小学及其教师几乎只习惯思考“教学”问题，“课程”是什么，对他们而言，未必是个“这还不知道吗”的问题。虽然教师们几乎天天在与课程打交道，但不知道课程为何物的教师大有人在，更不必说“何为课程开发”“何为校本课程开发”这些专业性更强的问题。在这样现实的背景下，当初选择在国家课程、地方课程之外，画出一片空地，称之为“校本课程”，把这一范畴内的课程教学活动称之为“校本课程开发”自有其合理性，或曰“必然性”。

如果在课程改革之初，要求对“学校课程”，即中小学全部课程进行校本

---

① “校本课程”，用以指称“校本课程开发”，是课题组在中小学研究时，在课程表上看到的名称。

课程开发，岂不“天下大乱”？所以，早期讨论“校本课程的开发”与“校本的课程开发”异同，在当时的中小学课程实践中并没有太大意义。

类似现象在2014年启动的高中课程改革实验中再次出现，可见不是偶然。

随着研究深入，课题组发现，最大的问题，或说亟待突破的瓶颈，就是课程改革之初极为普遍的一种课程实践：国家课程、地方课程与所谓“校本课程”分列，校本课程开发几乎局限于不受各级教育行政部门统一考试检查的“副科”[①] 中。

在研究过程中，总课题组不断提醒课题组成员，警惕课改初期这种权宜之举在随后的课程改革实践中凝固化、合法化的风险，探索突破这一瓶颈的关节点。

课题组边实验，边学习，边反思。

校本课程开发亟待本土化，在我国现实社会背景中找到它的生长基点，这是经过一段艰难探索后，课题组的基本共识。

接下来的研究，借用方兴未艾的西方校本课程开发再概念化理论，实验找到了突破瓶颈的有力的工具。加上运用实践教育学原则、立场与理论，实验更增加了自信。

在总课题组锲而不舍的努力下，在各实验学校全体参与实验研究的领导、教师的共同努力下，尤其在武平县实验小学、泉州市第七中学与南平市东山小学的全力支持下，经过近四年的理论研究与行动研究，课题组终于探索出校本课程开发本土化的一些基本原则、方法与行动策略。

现在，研究已经到了提炼总结的阶段，除一些研究成果已在各类期刊发表外，由我主编的“校本课程开发与学校文化建设”丛书也开始陆续出版。当然，这些成果或许稚嫩，体系性不足，但这些来之不易的果实，还是凝聚了多家单位、众多参与实验的学者、校长与教师集体的汗水、心血与智慧。华东师范大学基础教育改革与发展研究所所长杨小微教授，不仅为我们提供

① 所谓“副科”，是流行于中小学的一种术语，指中小学课程中那些与高考、中考相对应的、教育主管部门期末统一考试不检测的科目。如音乐、体育、美术、科学、综合实践活动等。一般较少受到重视，也不列入教育行政部门的各类检查学校教育质量的统一考试中。

了深入研究的文化学理论，还多次提供机会，推动我们进行理论与实践研究的反思与提升。福建师范大学教育学院副院长洪明教授莅临课题开题现场，既对课题研究作了充分肯定，也对即将展开的课题提出了非常宝贵的方向性建议。福建省教育科学研究所原副所长林斯坦研究员参与了课题开题、中期总结等重要的研究活动，还亲临实验学校指导，提供咨询。福建省教育科学研究所郭少榕主任、福建师范大学教育学院张荣伟教授以及刘冬岩博士等都给予课题研究很多指导。

此外，课题组原来的核心成员、杭州师范大学教育学院教授王凯博士，由于长时间在加拿大进修，难以继续参与课题研究。但不管在课题组内还是课题组外，王凯教授始终关心本课题研究，一旦课题组有求，他总能及时提供国外相关研究的最新资料。还有西南大学教育学院张良博士，在研究过程中，他经历了远赴哈佛大学做访问博士研究、博士学位论文撰写、就业、新婚等诸多人生大事，仍然挤出宝贵时间，为课题研究提供理论支持，其间还亲临课题实验学校——泉州市第七中学为课题组做指导报告。没有这些专家学者的关心、支持，课题研究不可能有今天的成果。

本套丛书三本，分别是《文化统整与校本课程开发》（鲍道宏　编著）、《建设生态学校文化——基于客家文化的校本课程开发》（武平县实验小学课题组　编著）、《每一棵树都有它的春天——多元互生的学校课程文化建设》（陈龙斌　谷小艳　林莉芳　编著）：

1.《文化统整与校本课程开发》以文化学视野，对新课程实施以来，中小学校本课程开发活动进行系统研究。在三年多调查与实验研究基础上，对我国大陆校本课程开发展开理论研究与实践探索，试图揭示我国现有校本课程开发理论存在的深刻文化冲突，提出简单套用西方课程理论推进我国中小学校本课程开发，必然造成理念龃龉、制度冲突及条件不具备等现象，在研究基础上，尝试提出解决问题的对策。

作者指出，必须抓住中国中小学课程面临的真实问题，适度参照国外校本课程开发理论，全面、深入分析我国中小学课程实施文化背景、制度现状与办学条件，对国外校本课程开发理论进行创造性转化，即本土化。在国家（地方）与学校，在国家课程与学校课程，在核心课程与广域课程，在学科课程与活动课程之间，在改革意图与改革条件等方面，创造条件进行文化统整，实现课程创新——创造出具有本土文化气质、富于生命活力的校本课程开发。

理论研究同时，主要结合课题实验学校泉州市第七中学、武平县实验小学与南平市东山小学三年多的实验，提出我国本土化的校本课程开发理论。

2.《建设生态学校文化——基于客家文化的校本课程开发》介绍了武平县实验小学三年多校本课程开发本土化实践探索。以三年多学校实验研究为基础，以校本课程开发再概念化理论为指导，充分发掘学校文化资源与课程开发潜力，通过课程统整与多学科课程开发等模式，创建一套国家课程与学校课程，核心课程与广域课程，学科课程与活动课程相协调的课程开发模式。提出校本课程开发应在国家课程政策精神指导下，立足学校所在地的客家文化，实现国家课程文化、地方课程文化与学校课程文化协调发展的学校生态课程文化。

3.《每一棵树都有它的春天——多元互生的学校课程文化建设》介绍了泉州市第七中学基于“培养身心健康的现代中国人，锻造各行各业领军人物”的办学理念，秉持“每一棵树都有它的春天”的育人信念，倡导“有教无类”教育思想，尊重学生现有基础和发展差异，强调因材施教、因势利导的教育主张。

泉州市第七中学校本课程开发活动，坚信学校课程是实现“每一棵树都有它的春天”育人理念的途径。在多元的闽南文化大背景之下，紧扣学校传统优势“经典诵读的校本化实施”、“学生讲坛”活动课研析、“科技创新与电脑机器人”系列课程开发、文体艺术与国际交流活动课程、“树”的故事——学生成长案例与学生感言及校长故事，在校本课程开发再概念化理论指导下，在国家课程政策指导下，校本课程开发多元多彩，富赡而不杂乱，创造了泉州市第七中学特色课程文化。

回想课题立项之初，物色实验学校成为最重要的工作。当然，找几所学校做教育部重点课题研究的实验很容易，但要找到真心实意进行研究探索、真正意义上的“实验学校”却难之又难。所幸的是，机缘巧合，由于天时、地利，也许还有人和等因素配合，我们在福建省内找到了小学、初中与高中共十所实验学校。

小学有：

1. 福建省龙岩市武平县实验小学（负责人：刘德福校长）；

2. 福建省南平市东坑中心小学（负责人：何熙木校长。后因何校长调往南平市东山小学，课题实验也随之移到新的学校——南平市东山小学）；

3. 福建省漳州市平和县小溪中心小学（负责人：蔡荣坤校长）；

4. 福建省福州市永泰县葛岭中心小学（负责人：蔡品团校长）；

5. 福建省晋江市第二实验小学（负责人：李秀纺副校长）。

中学有：

6. 福建省泉州市第七中学（负责人：陈龙斌校长）；

7. 福建省厦门第一中学（负责人：周君力校长）；

8. 福建省三明市大田县第六中学（负责人：叶玉珍校长）；

9. 福建省长乐区华侨中学（负责人：郑师恩副校长）；

10. 福建省福州市连江县晓沃中学（负责人：郑向华校长）。

实验学校领导与课题组教师为实验研究倾注了大量心血，付出了巨大辛劳。与其长时期、巨大的付出相比，总课题组简直无以回报，只能以更谦卑的态度、更认真的研究，与学校领导、教师们寻找学校校本课程开发中面临的真实问题，并研究这些问题，尽己所能，为这些令人尊敬的实践者提供一些解决问题的思路和办法，与他们一道探索改进实践的方向与路径。

在课题即将结束之际，作为课题组总负责人，我愿借此机会，向与我一道走过四年艰苦探索路程的朋友、伙伴们表示衷心的感谢，表达由衷的敬意！

当然，我们尤其要感谢武平县实验小学，感谢泉州市第七中学，在这十所优秀的学校中，无疑，武平县实验小学刘德福校长、泉州市第七中学陈龙斌校长、南平市东山小学何熙木校长与各自课题组教师不仅在他们承担的分课题研究中做出了显著成就，也为总课题研究奠定了重要的基础。他们付出的心血最多，探索最多，为研究圆满完成，做出的贡献也最多。

武平县实验小学课题组秘书谢慧云主任、泉州市第七中学课题组秘书谷小艳主任、南平市东山小学课题组秘书游美兰副校长，她们在自己教学、科研之余，还要担负额外、繁杂的研究过程中大量事务性工作，付出的辛劳尤应获得总课题组的敬重与感谢。

在教育部重点课题成果即将出版的时候，作为课题主持人，尤其不应忘记本人所在单位福建教育学院大力资助与全方位支持。学校在知悉本人申报的“校本课程开发的文化学研究”获教育部批准立项，随即开会研究，给予1∶1的资金资助。学院科研管理处薛延处长从课题立项到研究展开，直至研究成果出版各个环节，事无巨细，关心备至。每一次课题研究会议，他都拨冗参与讨论，及时帮助解决研究过程中出现的事务性困难，甚至赶到几百里外的实验学校，参加中期研究讨论。

一项课题研究总有结束的时候，但正如课程开发永远在路上一样，学校课程建设永远也不会止步。正是这个意义上，我国港台地区学者并不同意“校本课程开发”的说法，他们更愿意用“学校本位课程发展”。课程总是处于不断发展之中，一劳永逸的学校课程是不可想象的。

我们愿在新的起点上，在永无穷尽的学校课程建设路途上，通过持续的课程建设与课程探究，推动学校文化建设不断完善，不断走向更加专业的高度，使学校文化扎根在自己的社会历史土壤，获得更强大的生命活力。

福建人民出版社江中柱博士对丛书出版的大力支持，及时同意将丛书列入年度出版计划。丛书的顺利出版，副编审沈小燕老师及李冰洁老师多方联络，自是功不可没。

鲍道宏

2018年1月于福州旗山望月斋

目录

M U L U

前　言

泉州七中创建于1931年，原名“私立晦鸣中学”，取《诗经》“风雨如晦，鸡鸣不已”之句，意为在风雨飘摇之时局，为国培养仁人志士。著名政治家、教育家、书法家于右任欣然应邀题写校名，著名画家、作家丰子恺题画校标。

1949年后，学校几度更名，于1956年改名为福建省泉州市第七中学（以下简称“泉州七中”）。改革开放之初，泉州七中仍为一所普通中学，人称“菜七”“畚斗”，意为“很差的学校”，招收的学生都是很“菜”的，学校像“畚斗”一样，把很“垃圾”的学生扫进来，办学质量排在市区几所中学之末流，更不要说跟重点中学相比了。但当时的泉州七中领导班子及教师团队，发扬“团结协作、敬业奉献、拼搏进取、开拓创新”的七中精神，加强软硬件建设，学校的校舍建设、制度建设、文化建设进一步加强，师资队伍水平、办学质量等逐年大幅度提升。1990年，泉州七中进入全省三级达标中学行列，1993年成为二级达标中学，1995年一跃成为福建省第9所一级达标中学，创造了“五年连上三个大台阶”的奇迹。

虽然已是一级达标中学，但人们对泉州七中突飞猛进的成绩仍有怀疑。泉州七中的办学质量和办学特色真正开始被全省认可，是在2005年后，应该说泉州七中抓住了课程改革的机遇。

1995年成为一级达标中学后，泉州七中并没有止步不前，在全省还没有启动示范高中建设之前，学校便开始以示范高中的验收标准，从各方面完善与提升学校建设，推进学校全面发展。一方面，着力软件建设，大量引进部属、省属师范类院校优秀毕业生，提升教师队伍水平；另一方面，开始课程改革。1998年开始，在时任教务处副主任陈龙斌（2000年任教研室主任）的带领下，学校成立了课程改革领导小组，制定了课程改革方案，开发了研究性学习实施方案、管理手册、过程手册，还开发了教师发展性评价手册等一系列管理方案和手册；全员开展教师校本培训；结合学校体育、音乐、美术、

科技等特色，开发实施相应的校本课程，并开始开展研究性学习课程；开始课堂教学改革，参与余文森、张文质、王永主持的“指导——自主学习”课题，并逐步实行小组合作学习和课前导学、自主学习。自此，泉州七中的课程改革形成完整的体系，产生了初步的成果。2000 年，福建省示范高中市级验收，泉州七中成为第一所通过验收的学校。福建省教育厅以泉州七中的课程改革体系和模式为参照，指导和验收其他学校。2003 年，泉州七中再次成为全省第一批示范高中，陈龙斌主任也被任命为教学教研副校长。

2000 年以来，勇于创新、拼搏进取的泉州七中在全省中学中创下了多项先行先试纪录：第一个所有教室都为多媒体教室的学校，全省第一次多媒体网络进校园现场会在七中举办，第一个高标准塑胶跑道，第一个电梯办公楼，第一个将 ISO9002 质量认证体系与中学管理相结合，第一个国际合作办学“中加班”，最早成立中学“科协”、中学“科技创新中心”、“机器人工作室”，最早成立中学“课程发展中心”，成为清华大学教育研究院第一批教育研究基地校，创建了“标高管理”的目标跟踪教学指导体系、“任务驱动”的教师培养和成长规划体系，等等。2005 年至今，学校在集体荣誉、师资培养、高考升学、学科奥赛、科技创新、文艺体育和国际交流等教育教学方面屡获殊荣，学校开始呈现多元化、特色化办学特点，培养多元、特色人才；学校办学理念清晰，校园文化特色鲜明，并且开始形成基于校园多元文化的课程文化。泉州七中正将“全省著名、全国闻名、世界知名”的办学目标变为现实。

2012 年 4 月，陈龙斌担任泉州七中校长，也正是在这一年，福建教育学院鲍道宏老师主持的“校本课程开发的文化学研究”课题获准立项，成为全国教育科学“十二五”规划 2012 年度教育部重点课题。基于共同的教育理念和对课程改革、校本课程建设的理解，陈龙斌校长带领泉州七中团队加入了鲍老师的课题组，着力开展课题研究和实践。课题组成员包括谷小艳、庄月芳、卢燕、纪建灵、林瑞河、郑荣璋、杨利、刘伟杰、梁世能、谢仰进、郑毅雄、陈国杨、吴宝树、邓秀恭、林莉芳等。

泉州七中原有一定的课程改革和校本课程开发实施基础，在加入“校本课程开发的文化学研究”课题后，仍然如同暗夜航行大海之上遇见了灯塔，心中充满了欣喜、安定和自信，这不仅是因为灯塔指明了方向，也是因为灯光带来了温暖。近五年的研究和实践，我们获得了提升，如校本课程开发再概念化理论，以及鲍道宏老师的理论指导，增强了我们的理论自信，帮助我们对本校课程建设思想进行梳理，使我们更加明确了包括活动课程在内的校本课程开发的正确方向。同时，课题组在研究过程中，对校本课程虚化、教科书化、文科化进行了批判。由此，泉州七中校园文化建设进一步明晰，通过校本课程开发，增强了泉州七中课程对“学校及学生的适应性”，增强了我们的文化自信。

我们在开展校本课程开发、实施、管理和评价中，坚持素质教育，不唯分数；坚持全面发展、多元发展与个性化发展，增强了我们对自己学校课程制度建设的自信，由此进一步坚定办学自信。学校直面学生差异，坚持不落下一个学生，坚持全面育人，坚信学生多元智能发展的丰富性。学校不惧干扰，为成就每一个学生而坚守教育理想和教育情怀。泉州七中人更加坚定地相信：每一棵树都有它的春天。

学校是以知识与技能为媒介，师生在互动关系之中生成各自的意义、相互交换，开创新的学校文化的学习共同体——这是国际基础教育学校愿景研究得出的结论。作为学习共同体，学校的教育使命是保障每一个学生的学习权，求得每一个学生的发展。学生是多元智慧的存在，没有高低贵贱之别。学校应寻求不同个性的交融、多元声音的交响，寻求“和而不同”的世界——这也是我们坚守的教育理想和情怀。

第一章 关于“树”和“春天”的理念

2016年8月，我参加了泉州市第三届名校长的评选，在其中的演讲展示环节，作了《每一棵树都有它的春天》的演讲。这个演讲，获得了全场最高分，许多评委和同行都十分肯定泉州七中这一育人理念，也十分认同甚至赞赏这一个比喻，认为这句话将“理念”这一抽象的东西变得具体可感、形象凝练了。

一篇演讲稿

每一棵树都有它的春天

陈龙斌

作为老师，我会告诉每一届的学生，有一句名言你们要记住，这句名言是“每一棵树都有它的春天”，然后我再告诉他们，这句名言是我说的。这时大家都会笑起来。

接着我会跟学生讲这句名言的故事：泉州古称“刺桐城”，城里遍植刺桐，可是你们有没有发现，有的刺桐是春天开花的，有的刺桐是夏天开花的，有的刺桐是秋天开花的，有的刺桐是冬天开花的；春天开的每年都是春天开，冬天开的每年都是冬天开。有一年的冬天，我走在学校后门的八卦沟边，心情和那个冬天一样冷郁，忽然见到了那株天天都见的刺桐，满树开满了红花，热烈、朝气、依然故我。它不管天气多寒冷，也不管长在这臭水沟边，依然做出临水的姿势，开得那么美那么艳，对于它来说，它开花的季节，就是它的春天！我不禁脱口而出：“每一棵树都有它的春天！”是的，每一棵树都有它的春天，我对我的每一届学生说：“你们，每一个人，都有你们的春天。”

这样的信念，源于对学生、对教育的热爱。习近平总书记于第三十

个教师节时在北京师范大学的演讲，引用了这么一句话："爱是教育的灵魂，没有爱就没有教育。"是的，相信每一个学生都能成才，倾注对学生的爱，就要尊重，就要平等相待、教学相长；要宽容，就是允许其有不足；要欣赏，就是要发现其优点，培植其兴趣特长；要等待，就是要给予足够的耐心，只要走在正确的路上，一定有理想的结果；要帮助，就是要引导其走正确的道路，给予其工具、思想和方法。

作为一名老师，我是这样做的；作为一位校长，我认为这也是一致的。就是把这样的理念，甚至说是信念，用于指导我们的育人目标，指导我们的办学方向，用于管理一所学校，发展学校，用于我们对学生的期待，也用于我们对教师的期待。

也因此，在泉州七中，我们相信学生是多样的，有不同个性特长的；我们相信学生是发展的，只不过当前的发展水平是有差异的；我们相信天生我材必有用，每一个学生都是可以成才的。

也因此，在泉州七中，学习成绩只代表你多元智能中的一元或几元，学习成绩的高低只代表你现阶段的发展水平。

也因此，在泉州七中，我们提供学科奥赛、科技创新、电脑制作、文艺体育、社团活动、社会实践、国际交流、校本课程等平台，这些活动丰富多彩，常年不断，硕果累累，因此让我们的学校在省、市、全国、国际都有一定的知名度；学生们个性特长得到发展，不仅没有给文化成绩带来负面的影响，而且最重要的是，还为他们将来的发展打下能力素质、意志品质的良好基础。

前不久，高二的一个女生来找我，她想以后报考舞蹈专业，她提出学校的舞蹈厅能不能提供给她每天晚上去练功。我们总务处不肯，觉得她一个人太浪费电，但我说服总务处答应了这个学生。对于这个学生来说，我们给予她的帮助，不在于她未来真的成为舞蹈家，而在于她这时得到的支持和帮助，会让她内心充满了正能量。这正能量，就是一棵树最终会开花，有属于它自己春天的内在动力，它永远埋藏于每一个孩子的内心。

每一棵树都有它的春天。感谢大家，谢谢！

关于“树”和“春天”的理念

“每一棵树都有它的春天”，是一个形象的说法，是一个教育理念，我们要理解其中的含义。“树”，就是我们的孩子，我们的学生；“每一棵树”，就是所有的树，但又是不同的树，也就是我们面对的所有不同的学生，他们是不可能相同的，世界上没有相同的两片叶子，我们也不应该把他们用同一套机器、同一套流程、同一个模子改造成相同的人；“都有”就是“都可以”“最终会有”；“春天”就是成才、成功，或者最起码也是成人，做好自己；“它的”就是每个人的“春天”是不一样的，可能是表现形式不一样，可能是出现的时间不一样，也可能是程度不一样，还可能是历时不一样，甚至可能是因为别人的理解和看法不一样而不一样。

因此，我觉得“每一棵树都有它的春天”，至少包含了以下几个方面。

1. 有教无类。学生的现有基础和发展基础是有差异的。我们必须承认，我们面对的学生，考试分数有差异，性格有差异，学习能力有差异，智商情商有差异，当然还有更多的差异，有讨你喜欢的，也有惹你生气的，凡此种种，不一而足。但是，我们要相信这只是现时的差异和差距，平复对这些差异和差距的错误认识，就是要坚持教育有大爱，坚持“有教无类”的教育情怀。

2. 因材施教。正因为学生存在差异，所以要成就每一个学生，就要从学生的差异出发，要发现他们不同的性格特长，要有不同的教育方法，不同的评价，不同的期待。学校和老师提供的平台和方法，要顺应天性，因势利导，使学生成为各行各业合格的甚至是杰出的人。

3. 静待花开。学生的心智发展有先有后，学生的成熟成才也有早有晚，所以我们不能武断地以现时状况判定一个人的未来。与教育的爱相适配的，是耐心和宽容，并以此善待学生。从人才的多样性来看，我们要对学生采取多元的评价；从引导学生向上向善来看，我们要对学生采取积极的评价；而从发展性评价来看，我们要为学生的顺利成才和终身发展打基础，允许成才有先有后，而且这个基础不是单一材料就可以打好的，而是各种材料的混合，这些材料可以是知识、能力、品格、素养，甚至更多。

4. 立德树人。作为树的形象，不管是有用，还是无用之用，我们都必须赋予它的，是对树的积极、阳光、健康的品质和形象。到了这点，哪怕只是遮风挡雨，蔽日遮阴，也是一棵树。对于学生，立德树人是首要任务，要培养学生向上向善，使之成为身心健康的合格公民。

第二章　泉州七中学校文化与学校课程

我们必须知道，课程实施是实现育人理念的途径，学校文化是课程设计的灵魂。泉州七中坚持“每一棵树都有它的春天”的育人理念，要让这理念得以贯彻在教育教学行动中，实现育人目标，就需要围绕泉州七中学校文化，打造泉州七中课程体系。

在介绍泉州七中的课程体系前，我们还是要先了解建立这样一个课程体系的背景。

泉州七中学校文化

首先要了解泉州七中的发展历史。

一、从普通学校到重点名校

泉州七中的发展，得益于课程改革的实践。泉州七中从普通中学到一级达标中学，再到创建示范高中，开始了课程改革。

泉州七中的课程改革寻找了几个突破口：1. 研究性学习的探索：出台课程管理系列制度、规定和操作办法，学生评价手册和研学成果等。2. 对教师实行发展性评价，开发了教师发展性评价手册。3. 开始开发系列选修课，初期的选修课主要是由教师根据自己的特长、兴趣、研究方向来开发，辅以开发体音美特色课程，内容较为分散，只追求开发课程的数量，没有整体的开发指导思想。4. 成立课程发展中心。5. 促进师资发展：一是采取“引进＋培训”，即引进优秀师范类大学本科毕业生、省内外骨干教师、优秀教师，并结合学校各种培训，尤其是以校为本的培训，促进教师融入和发展；二是“任务驱动”，在实际工作中，坚持和加强以各种任务来驱动教师实践、研究、发展，尤其是课程改革实施中的各项相关任务。

泉州七中成为名校的过程，可以从一些足迹和数据中反映出来：2000 年

全省第一所示范高中市级验收、2003 年全省第一批示范性高中省级验收；2003 年第一个化学奥赛省一等奖；2005 年考取清华北大 8 人，第一次超出 3 人；2006 年考取清华北大 11 人，全省文科前 10 名占 4 人，夺得全省高考文科状元；为中国中学生夺得第一个电脑机器人奥赛国际金牌；2010 年夺得全省高考理科状元；等等。学校跨越发展的主要成绩有几个方面。

跨越发展　成绩辉煌

实现办学跨越发展

*1990 年通过省三级达标中学验收。

*1993 年通过省二级达标中学验收。

*1995 年通过省一级达标中学验收。

*2003 年成为省首批示范高中学校。

*2007 年成为清华大学全国六所基地校之一（福建省唯一），现已成为清华大学、北京大学、复旦大学、浙江大学等名牌大学的重要生源基地。

*2007 年成为国家汉办汉语国际推广基地校，目前与美国、加拿大、德国、英国、日本、韩国、土耳其、马来西亚、菲律宾等国家的多所中学建立友好合作关系，开展国际青少年夏令营、交换生、师生互访、师资培训、毕业升学留学等国际交流活动。

*2012 年中美班通过福建省教育厅批复，2013 年正式招生。

*2011—2014 年连续三年成为北京大学“中学校长实名推荐制”学校。

*2013—2014 年连续两年获清华大学“新百年领军计划”推荐资格、复旦大学“望道计划”和“腾飞计划”校长实名推荐资格。

*2013 年获“中国综合实力百强中学”称号。

*2015 年获“中国百强中学”称号。

*近年来共获得国家级荣誉 22 项、省级荣誉 86 项，先后被评为“全国模范职工之家”“国家体育传统项目校”“全国中学课堂管理先进学校”“全国特色教育学校”“全国科技教育创新十佳学校暨创新之星学校”“省级文明学校”“省级绿色学校”“省实施素质教育工作先进校”“省中小学现代教育技术实验学校”“省教育系统先进集体”“省普通高中课程改革基地校”。

建成一流教师团队

* 教师队伍本科达标率 100%，现有研究生 41 人。
* 已有正高级教师 1 人，特级教师 2 人，省级学科带头人 8 人，市级学科带头人 7 人。
* 现有省级骨干教师 9 人，市级骨干教师 37 人。
* 现有学科奥赛和科技创新金牌教练 25 人。
* 教师在各级各类专业技能评比活动中屡获一等奖及以上荣誉。

取得辉煌教学业绩

* 2006 年夺得高考省文科状元。
* 2009 年夺得高考市文、理科状元。
* 2010 年夺得高考省理科状元。
* 2011 年夺得高考泉州市区文科状元。
* 2005 年以来考取清华、北大 91 人，考取上海交大、复旦、中科大、浙大等前十所重点大学 680 人，本一录取率在 73.7%左右，本二录取率近 100%。
* 2005 年以来，共有 279 位同学获得学科奥赛省级以上一等奖，其中 2008 年 27 位，居全省第一；2009 年 17 位，居全市第一；2010 年 28 位，居全省第一；2011 年 24 位，居全市第一，全省第三；2012 年 34 位，居全省第一；2013 年 24 位、2014 年 23 位、2015 年 24 位，三年均居全市第一，全省第三；2016 年 36 位，居全省第一。2007 年以来共有 55 人次获奥赛全国奖，其中一等奖 15 人，二等奖 22 人，三等奖 18 人。
* 2005 年以来共获得科技创新和机器人竞赛国际金牌 2 枚，铜牌 1 枚；全国比赛金牌 17 枚；银牌 8 枚，铜牌 7 枚；省级金牌 39 枚。奖牌总数累计达 296 枚，居全市第一、全省前列。
* 2005 年以来共获得福建省中学生篮球联赛冠军 10 次、泉州市冠军 16 次，2011 年获第八届 CSBA 全国中学生高中男子（甲组）篮球锦标赛第八名。
* 校田径队先后获得泉州市区中学生田径运动会团体冠军 17 次。
* 平均每年向本一以上重点大学输送特长生 50 人。

二、从“简单文化”到“多元文化”

泉州七中还是一所普通中学时，没有明确的“校园文化”意识和概念，

因此并没有提出清晰的校园文化理念。学校曾经提出“五育”的概念：“德育为先、智育为重、体育为本、五育全发展”和“尊师爱生、严教勤学”的行为准则。创建一级达标中学前后，提出了“七中精神”：“团结协作、敬业奉献、拼搏进取、开拓创新”。创建示范高中时，泉州七中开始重视学校文化建设，不断总结、凝练、提升，逐步形成完整清晰的学校文化。

文化如水　润物无声

规划目标

“福建著名、全省闻名、世界知名”的学校发展目标

“培养身心健康的现代中国人，锻造各行各业领军人物”的育人目标

“创一流业绩、建美好家园”的和谐愿景

统一思想

理念先行、制度保障、以人为本、文化育人

弘扬精神

“团结协作、敬业奉献、拼搏进取、开拓创新”的精神

展示风貌

“爱国、感恩、勤奋、卓越”的校训

“尊师爱生、善教勤学”的教风、学风

“和谐、创新、魅力”的校风

科学管理

“ISO9002质量体系”辅助管理

“3C”战略、“SWOT”分析

“策略性、计划性、实施性”的目标管理

“标高管理、分层辅导、过程控制、动态调整”的实施策略

“以班主任为召集人”的教研制度

创新开拓

“敢为人先”的开拓精神

“这是一个刻不容缓的时代”的危机意识

“要为成功找办法，不为失败找借口”的积极策略

“不称职的员工永远是事业最大的成本”的质量意识

“No student left behind”（不落下一个学生的理念）

“让每个家庭充满阳光”的服务意识

持续发展

代代传承，不断超越，止于至善

清晰完整的学校文化，在泉州七中课程改革和巩固、发展示范高中成果中发挥了重要的作用。

学校文化建设关系到一个学校内在的办学理念、教育目标、集体意识和内驱力，以及由此外化的办学特色、校风学风、环境建设、制度和人文建设等。这些文化在理念、目标、风格、特色、集体意识等方面，使管理和自我管理形成更加统一的方向和合力，巩固提升了示范高中成果。

三、从模糊理念到清晰理念

正是在示范高中的创建和巩固过程中，泉州七中从发展的实践包括校本课程建设的实践中，总结提升了上述学校文化内容，并在此过程中逐渐形成明晰的办学理念。

这之前的状况很难想象，有70多年办学历史的泉州七中，没有明确的校训，“尊师爱生、严教勤学”是不能作为校训的。泉州七中在总结提升学校办学的历史文化精神后，提出了“爱国、感恩、勤奋、卓越”的校训，还提出了“培养身心健康的现代中国人”的办学理念，后来又在这个理念中融入了一句：“锻造各行各业领军人物。”明确的校训和明确的办学理念成为泉州七中培养学生的具体化标准，使学校教育教学目标有了明确的方向，这也是“每一棵树都有它的春天”的育人理念的具体表现。

四、从功利主义到内涵发展

泉州七中在发展过程中，也不可避免地经历了一段追逐功利的过程：曾经，培养学生的目的主要是为了追求升学的数据，我们也只为会考、高考拼搏过。这在当时本无可厚非，但教育的功利主义使教育忽略了人的发展，不能做到以人为本。

随着学校的发展，坚持内涵发展、追求办学品质成为一种必然。我们应该从为国家、为社会、为中华民族的伟大复兴培养未来人才的高度，去兴办我们的教育，履行我们的职责。要摒弃功利主义和政绩工程，坚持教育理想，优质发展、品牌发展；遵循教育规律和人的成长规律，为国家和社会培养可

持续发展的人才甚至是领军人才。而为学生发展提供多样化课程，尤其是校本课程的开发实施，是实现培养多样化人才以及拔尖人才，实现学校内涵发展，提升学校办学品质的重要途径。

校本课程开发深化的理论

一、办学理念的确立，植根于正确的教育理念

1. 学校要明确教育的使命，要有教育理想、教育情怀，不能仅仅考虑功利目的；要抓住教育的本质，那就是促进人的发展。

2. 教育理想是在办学历史和现实实践当中逐渐形成的，不是空想。

3. 教育理想是在自身办学特色、办学成就总结的基础上形成的。

二、校本课程的开发依托于校本课程再概念化理论

泉州七中校本课程的开发依托于校本课程再概念化理论。20 世纪 80 年代后期以来，西方出现了一系列校本课程开发再概念化探索。

1987 年，博莱迪发表文章，提出“实践的校本课程开发模型”，将开发过程中的课程材料分为“创新”“改编”与“选择”，将参与校本课程开发的人员分为“个人”“小组”与“全体教师”。

1990 年，马什在此基础上发表专著，进一步提出“校本课程开发的三维模型”，其中在“活动类型”维度上分为“某一（些）领域调查”“现有材料选择”“现有材料改编”“原始材料开发”；在“参与人员”维度上分为“个别教师”“教师小组”“全体教师”“教师、家长与学生”；在“时间投入”维度上分为“一次性活动”“短期计划”“中期计划”“长期计划”。

之后，“再概念化”或曰“重新定义”成为西方校本课程开发领域里一个极为重要的发展趋势。

澳大利亚学者克里指出，“世界各国，尤其是东方国家，在引入校本课程开发的时候”，“不应该忽视校本课程开发在地化问题”。他认为解决这一问题有效的办法，就是运用行动研究的方式，“在追求校本课程开发的终极教育目的基础上，探索与中国文化特点相协调的、具有中国特色的校本课程开发模式”。

斯腾豪斯谈到校本课程开发时认为，“除了思考与谈论，首要就是要投入行动”，“课程的研究和开发应该是一个动态的、持续发展的过程”。

国内鲍道宏的研究，指出“作为概念，学术界依旧习惯采用‘校本课程’。但在概念内涵上要进行新的拓展，对其进行再概念化，从理论上为校本课程开发提供依据与指导”。校本课程开发的终极目的，是要推动基础教育学校课程开发走到服务学生特点、兴趣与发展需要道路上来，走到课程开发根植学校所在地文化资源的道路上来，走到推动教师专业发展的道路上来；学校、教师和学生不再沦为课程控制的对象，而成为生动的课程创造者。

据此，我们认为，校本课程开发不必囿于国家、地方、学校这三级课程的严格界限；学校、教师、学生都可以成为课程的主动创造者；校本课程开发首先要投入行动，以行动研究，让校本课程在开发实践过程中不断明晰“学校的教育哲学”。

这就阐明了校本课程开发与学校文化建设的关系：一方面，校本课程要基于学校文化，围绕学校的办学理念、教育理想、办学特色、校风学风等进行开发实施；另一方面，校本课程开发要有利于学校继承和弘扬学校文化，不断明晰学校的教育哲学。

三、打造现代名校需要内涵发展

关于什么是学校内涵发展，很难找到一个明确的解释。在学校改革与发展中使用“内涵”和“外延”这两个概念，更多的是从隐喻的意义上来讲的。前者表示内容和实质，后者表示外观和形式。

一段时间以来，学校发展比较注重外观上的变化，主要表现为学校规模的扩张、占地面积的不断扩大、绿化面积的增大、橱窗的改变、道路的修缮、各种文体活动和庆典活动的举行等等。这种发展是必要的，也是学校发展的一种方式，但是发展仅限于这种方式，没有自觉的、丰厚的内涵发展为支撑，就有可能流于浅薄。

在此背景下出现的学校内涵发展，至少有几方面的含义。

一是相对于规模发展的质量发展。与外延发展过多关注学校规模的不断扩大不同，内涵发展是一种追求质量的发展。它强调提升学校的办学质量，也就是提升学校的“软实力”，把注意力集中在办学水平的不断提高上，使得规模与质量、效益达到有机的协调统一。

二是相对于粗放发展的精细发展。发展有粗放和精细之分。粗放型发展主要把关注点汇集在标志性成果上，汇集在外在物体形态的改变上，汇集在最终目标的达成上；精细型发展秉承“天下大事，必做于细”的原则，将学校中教学、德育、教师素质提高等作为学校改革与发展的关注重点，在事关学校发展的每项工作上都力求精雕细琢。

三是相对于同质发展的特色发展。内涵发展也是一种特色发展。学校管理者和教师应树立起特色立校的基本理念，将办学特色放在学校改革与发展的突出地位，在特色的形成和品牌的培育中使学校上升到一个新的更高的水平。

四是相对于模仿发展的创新发展。内涵发展不是靠外力推动的，而是源于内部变革力量推动的一种发展，因而也就有了更多的创新的动力。正确地处理继承与创新的关系，创新与务实的关系，积极挖掘、整合、利用学校资源，将学校导入一种新的发展境界，是学校内涵发展的必然要求。

以上四个方面的含义，是学校内涵发展的基本内容和指向。学校内涵发展，在很大程度上是科学发展观在学校里的具体体现。只有软硬兼备、外力与内源并重、传统与变革并举、做大与做强并行，学校才能真正步入可持续发展的轨道。

基于学校文化的校本课程开发

泉州七中（以下简称“七中”）校本课程开发的过程、立足的文化、遵循的原理、发挥的作用，体现在以下几个方面：

一、确立办学理念

1. 形成

七中办学理念的产生，首先要从七中的历史文化积淀说起。七中创办于1931年，正处于“九一八”事变前期。当时时局动荡，泉州乡贤创办此校，校名“私立晦鸣中学”，即取“风雨如晦，鸡鸣不已”之意，希望为国培养志士仁人。著名书法家于右任为其题写校名，字体刚劲、周正，气势饱满；著名画家丰子恺为其题画校标：一只雄鸡屹立在地球顶端，器宇轩昂，引吭高歌。无独有偶，全面抗战爆发后，徐悲鸿也有一幅名画《风雨鸡鸣》，与我校校标形神极其相似，意旨几近相同。晦鸣中学校歌唱道：“枕戈快着先鞭去，为国奋前程。沉沉风雨天如晦，起舞听鸡鸣。”所有这一切，都突出显示了七中办学之初的目的。因此，七中校训的“爱国”二字，秉承了学校的创校宗旨，又赋予新时代的现实意义。

由于于右任、丰子恺两位大家在书法、美术、诗歌、散文、教育等方面的杰出成就和影响，也由于学校在普通中学时期另辟蹊径突出办学特色，因此学校在文艺体育方面颇具特色且英才辈出。有陈敦三、王乃钦、李德谦等书法家，卢思立等工艺美术大师，郑福生、蔡永辉、李家顺、张弦等画家，还有音乐家吴文季（《康定情歌》的采编者）、苏幼敏，两届“梅花奖”获得者曾静萍，“文华奖”获得者的剧作家王仁杰，中华文化名人、泉州木偶剧团团长王景贤，等等。七中的体育涵盖了无线电测向、排球、田径、游泳、棒球、篮球、足球等项目，排球和棒球都曾经辉煌过，田径和篮球一直在全市乃至全省领先。

其次，还要从七中所处的地域文化说起。一是泉州的历史文化积淀。泉州是国务院首批历史文化名城，海上丝绸之路起点，宋元时期的东方第一大港，梯航万国，市井十洲人。自古以来，泉州人崇文尚义、乐善好施，这个城市兼容并蓄，尤其在宗教文化上，儒释道并存，伊斯兰教、天主教、基督教以及各种民间信仰都非常发达，相安共处。二是泉州的改革开放现实成就。泉州人爱拼敢赢、开拓进取、追求卓越。改革开放以来，七中涌现出许多校友实业家，有香港南益集团董事长、总经理林树哲先生，匹克体育许景南董事长，还有活跃在中国港澳地区、东南亚地区的戴国兴、李群华、施祥鹏等校友，他们不仅向母校捐资助学、兴建校舍、创立奖教奖学助学基金，而且热心各种公益事业，做力所能及的善事。基于校友的创业经历、公益之心以及七中从普通中学到优质高中的发展经历，我们总结了校训的另外几个核心要素——“感恩、勤奋、卓越”，以此激励学子们要自励自省，不断修为，回报社会。

2. 发展

2000 年以后，随着学校的发展，在提炼学校办学理念时，我们又作了以下思考：

一是对培养什么样的人的思考。我们是培养只会考试的学生吗？培养出来的学生是千人一面的吗？是不管他们的未来发展吗？甚至是让他们只有物质追求而没有人性温情，没有精神追求吗？

二是对办什么样的学校的思考。我们只追求考试的功利意义吗？只屈服于现状，没有教育理想吗？只有守旧没有创新吗？

三是对未来社会人才需求的思考。未来社会需要什么样的人才？未来社会人的生存发展需要具有什么样的素养？

四是对我校人才培养的思考。对于培养人才，我校原来就有较为清晰的目标，就是能适应未来发展，能多元发展、特长发展，发展自身全面素质。如今，我们进一步提出“不落下一个学生”，坚信和致力于“每一棵树都有它的春天”，提出“爱国、感恩、勤奋、卓越”的校训。

3. 提炼

因此，我校提出了“培养身心健康的现代中国人”的办学理念，它的内涵包括以下几个方面：

（1）身心健康

指拥有健康的身体和心态，包含正确的世界观、人生观，良好的心理素质，一定的锻炼习惯、运动技能和健康的生活情趣。

（2）现代

它包含两个层次的内涵。第一个层次，是指具备现代社会生存发展的知识、技能和品质，包含“五个能力”——实践、创新、创造、沟通、合作。其中，创新能力是技术，是能为各种实践活动领域不断提供具有经济价值、社会价值、生态价值的新思想、新理论、新方法和新发明的能力。创造能力是善于运用前人经验并以新的内容和形式来完成工作任务的能力。还包含四种品质，即勤奋、宽容、坚忍、终身学习。

第二个层次，是指具有主体意识与能力，弘扬个性，追求自由。这也符合社会主义核心价值观之要素：民主、文明、和谐、自由、平等、公正。“自由”，从自我向“人—物”关系延伸时，发展为理性精神与科学态度，向“人—人”关系延伸时，表现为民主、文明、和谐、平等、公正等。

正是在这一精神指导之下，七中倡导的学生自由精神，不是培养学生为所欲为，而是在国家法律约束下提出自由价值，是在秉承民族文化精神下倡导的自由气质的培养，是培育学生的主体意识与能力，也是让学生富有个性和创造性。

要实现这个目标，在办学思想上，要以人为本，尊重和弘扬人的自由精神，尊重个体差异和个体在时间、程度、方向上的差异发展，并逐步使之形成创新精神和创造能力；在教育途径上，实施多样化校本课程、特色课程，满足学生发展的需要，为学生全面发展和个性特长发展提供可能；在课程开发实施中，在保护与鼓励教师发挥主体性的同时，保护与鼓励学生的主体性，要让学生的主体地位得到充分体现，学生不仅是课程的选择者，也是课程的建设者，这样更有利于其个性化发展。

七中校本课程开发，既是为了增强七中课程对地方文化、经济的适应性，增强课程对特色学校发展的适应性，建设多样的课程，也是为了实践七中的办学理念，为学生的个性化发展创造良好的环境，培育肥沃的土壤。

（3）中国人

指具有中华民族传统美德的公民。儒家优秀文化传统，闽南人爱拼敢赢的特质，校训中的爱国、感恩等品质，都是其中内涵。

2010年以后，在提出“培养身心健康的现代中国人”理念之后，我们又加入了一句“锻造各行各业领军人物”，以响应国家的人才战略。至此，七中完成了办学理念的确定，即“培养身心健康的现代中国人，锻造各行各业领军人物”。它包含两句话，前者是基础，犹如金字塔的塔底，能成为适应现代社会生存发展的合格人才，后者是金字塔的塔尖，成为领军人物。有前者为基础，才能在这基础上垒出塔尖；前者是每个人都要做到的，后者是在不同层级实现的。这里的“不同层级”，是指这个金字塔不是只有一个塔尖，在某些领域或某些层级，它可能是塔尖，也就是这个领域或层级的领军人物。

这个理念的产生不是一个校长在学校发展过程中凭空制定出来的，也不是制定出来以后才开始照此执行教育教学的，而是原来就有实践基础，在此基础上提炼，使教育教学有明确的指引方向（上升到理论），明确理念之后也进一步引领教育教学实践（理论指导实践）。

二、培植办学理念

办学理念要深入人心，并且在教育教学、课程管理和实施等方面都能处处体现，就需要进一步培植办学理念。

1. 在组织上形成共识。七中经历了从普通中学到示范高中，从示范高中到名校的过程，在生源并不是全省一流甚至不是泉州一流的情况下，为社会培养了大量人才，这并非易事。学生全面发展、特长发展，也为学校争得大量荣誉，所以培养身心健康的、在未来社会能生存发展的人才，成为学校领

导集体的共识，这共识是从实践中得来的。

2. 在机构上创新完善。办公室对理念进行了专门的整理和宣传，教研室和课程中心对课程改革进行了专门研究、指导、服务和宣传。

3. 在成绩中提炼亮点。通过提炼亮点，对学校办学历史、特色、成就给予肯定并继承下来。

4. 在观念上形成共识。引导全体教师树立正确的人才观、政绩观、教育观，挖掘多元智能理论下的成功案例，跟踪学生未来发展，挖掘成才典型。

5. 在目标上趋同愿景。逐渐形成这样的共同愿景：学校多元发展，学生多样化有个性发展；办大教育、人民满意的教育；为国家、为社会的未来培养人才。

6. 在宣传上同化。在公开场合、公文、出版物中不断宣传，反复出现学校办学理念的内涵，让师生逐渐内化而认同。

7. 在实践中践行。在教育教学中以此理念展开所有教学活动。

8. 在任务中驱动。以课程改革的具体实践，包括课题研究、公开课、校本课程开发、校本课程实施、教材教辅编写、论文撰写、技能比赛、培训研讨、讲座、报告等任务，驱动教师围绕办学理念，完成相应任务，促进教师专业成长。

9. 在评价中激励。围绕办学理念，在教育教学活动，尤其是承担课程改革和校本课程开发实施过程中，对取得成绩的教师给予评奖激励。

三、开发校本课程

依据学校文化中的内涵要素，尤其是学校办学理念、育人理念、校训，七中开发校本课程，形成完整丰富、自成体系的校本课程，体现了为学生多元发展、个性发展的课程设计，也反过来推动了多元互生的学校文化建设。

1. 七中校本课程开发的内容

体现在两大方面。

(1) 国家课程的校本化实施。应根据学校教师、生源以及其他具体情况，保证课程开足开齐，创造性地安排课程、使用教材、开展课堂教学改革、安排作业和考试评价等。

(2) 校本课程开发。具体理解为因时，对时代的适应性；因地，对地方的适应性；因校，对学校的适应性，具体为学校的办学理念、学校文化等；

因人，对学生的适应性以及学生需要等。

2. 七中校本课程实施的理念

校本课程能否实施、如何实施也是影响校本课程开发实施的因素之一，七中校本课程实施的理念包含两个方面。

一是立足学校现实。七中校本课程实施面临的现况是：七中校园面积小，功能教室少，教室不够且使用率高。当然，还有大家普遍感觉到的课时不够的问题。

二是要有立足现实的解决方案。为此，采取了以下策略。

(1) 在学科教学课时内的融入。例如，七中开设《论语》《孟子》等古代经典学习，在语文学科教学课时内，由语文组安排进行学习。事实证明，语文组调整策略，完全可以在学科教学课时内融入。又如，电脑机器人学科课程整合，在物理、外语、美术、信息学、通用技术、研究性学习等课程中，融入电脑机器人校本课程学习内容。

(2) 国家课程的校本化实施。通过改革教学方法，开展导学、关联（关联阅读）、统整等教学活动，探索国家课程的校本化实施。

(3) 学科课程衔接、拓展。主要为初高中衔接、大学先修课程、五科奥赛等等。

(4) 活动（包含一次性活动）、讲座（短期计划）、竞赛、课外研学和今后将开始的网络自学课程（如微课的学习，师生共同生成）、社团课程（学生自主生成）等形式。

(5) 大纲、策划等可代替讲义和教材。

(6) 必选、自选和教师指导下的选择。其中必选的是某些讲座、活动、学科教学内的拓展课程、国家课程的校本化实施，要求全员参与。

(7) 评价。主要从两个方面考虑。

一是对课程作用的整体评价。如从学校理念的实现、学校文化的实现、学校课程体系的完善、教师专业的发展等几个方面评价课程是否发挥作用，达到目的。

二是对课程作用于学生的评价。体现在以下几个方面。

①关注人的发展高于关注学分的取得：学分的取得不是问题，因为有足够的必选和全员参与的活动课程，所以重点是关注课程的实施有没有满足人的发展需要。

②整体评价高于个体评价。对课程实施实行整体评价要看全局，不要光看局部，允许个别学生有不足，允许个别学生落后。

③过程评价高于结果评价。重视学生在课程学习过程中的表现和收获。

④发展性评价高于阶段性评价。要用发展的眼光、终身学习的理念，看待学生的学习和收获。

⑤鼓励性评价高于惩罚性评价。要对学生的学习采取鼓励性评价，要看到学生的优点和进步，要包容其目前尚存在的不足。

3. 七中校本课程体系

泉州七中课程体系

（培养身心健康的现代中国人，锻造各行各业领军人物）

⇩

基础性课程（保障）

⇩ 学科必修课程 ⇩ 学科选修课程 ⇩ 学科拓展课程 ⇩ 学科衔接课程 ⇩ 学科整合课程 ⇩ 德育课程 ⇩ 心理素养课程

若干模块

多样化课程（特色）

⇩ 科学课程 ⇩ 艺体课程 ⇩ 文化课程 ⇩ 社会课程 ⇩ 学习方法课程 ⇩ 国际交流课程

若干模块

从图中可知，七中课程体系包含校本课程，紧密围绕办学理念，开设基础性课程和多样化课程，前者是保障性课程，后者是特色课程。基础性课程包括学科必修、学科选修、学科拓展、学科衔接、学科整合、德育、心理素养七个模块课程；多样化课程包括科学课程、艺体课程、文化课程、社会课程、学习方法课程、国际交流课程。形成了颇具特色的校本课程：一是经典诵读课程和艺体活动课程；二是文化类课程中的书香校园活动课程和学生讲坛课程；三是属于社会课程中的校友创业讲座、励志修学活动、社团活动课程；四是属于科学课程中的学科奥赛、科技创新、电脑机器人、大师讲座等课程；五是属于国际交流课程中的国际夏令营、国际交换生课程；等等。

这些课程，以课程再概念化理论为指导，尝试解决校本课程虚化、教科

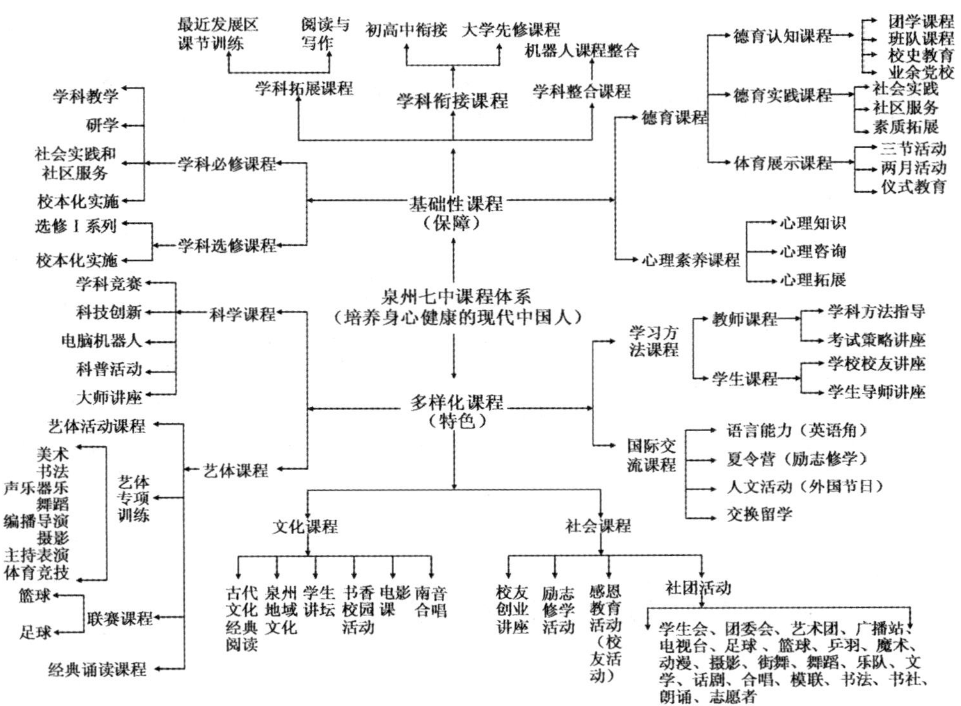

书化、文科化的问题，展示了多元互生的学校文化，为每一位学生开发潜能、规划人生发展方向、发展全面素质、发挥个性特长，为学校多元发展、特色发展，为实现“每一棵树都有它的春天”提供可能。

四、发挥课程作用

基于学校办学理念和学校文化，泉州七中校本课程体系发挥了课程的积极作用：一是丰富了学校文化，课程文化成为学校文化的重要内容，使学校文化呈现多元互生的良性作用；二是提供了丰富的平台，使学生能通过相应的课程，发展能力特长和全面素质；三是使教师在校本课程开发实施的任务驱动下，教育理念和能力素质都得到提升。因此，我们在课程体系，教师水平，学生的思想品德、个性特长发展等方面都获得了成功，取得了突出的业绩。多元互生的学校文化，丰富的课程体系，不同发展基础和个性特长的学生，突出的教育教学成果，不断提高的品牌知名度和认可度……这一切都使我们欣喜地看到了本课题研究的成果。在接下来的几个章节中，我们将一一呈现课程对学生素养和终身发展所起的积极作用。

第三章 校本课程开发的文化价值

2015 年 10 月，在课题中期的研讨会上，我校林莉芳老师、谷小艳老师各上了一节公开课，展示了学校校本课程实施的成果。这两堂课，一堂是国家课程的校本化实施，一堂是多元文化探究课程。两堂课以“校本课程再概念化理论”为出发点，结合学校办学理念、育人目标、学校文化和地方文化，以不同的课型展现了课程实施的过程和成果，体现了学生参与课程建设和能力素质得到的锻炼。两位老师分别对该课作了反思（评析），从中可以看出她们对课程的理解和对课程实施的准确把握。

《师说——韩愈师生观拓展探究》教学设计

林莉芳

【教学目标】

1. 在掌握本文文言文知识点和梳理文章思路的基础上，通过文本分析比较，探究师生观。

2. 学习韩愈不顾流俗、质疑问难的精神，引导学生大胆提出问题，探究问题，从而提高思考能力和议论能力。

【教学重难点】

1. 重点：通过文本分析比较，探究师生观。

2. 难点：通过课外拓展阅读，引导学生大胆提出问题，探究问题，从而提高思考的能力和议论的能力。

【教学方法】

自主预习法、问题探究法、分析讨论法、点拨启发法、拓展延伸法。

【教学工具】

多媒体课件。

【教学课时】

一课时。

【教学设想】

本节课是在学生掌握本文文言文知识点和梳理文章思路的基础上开展教学的。本节课重在引导学生开展文本探究，思考师与生的关系，并在探究的过程中拓展延伸，触发学生的批判性思维，培养学生质疑问难的精神。

一、导入新课，引出探究话题

同学们，上课前问大家几个问题："小鸡是怎么来的呢?"（母鸡用 21 天孵化或用孵化器孵化）第二个问题："如果只是把鸡蛋放在窝里，会自然孵化出小鸡吗? 如果把鸡蛋换成石头，也用 21 天或更长的时间去孵化，能否孵出小鸡?""如果我们把母鸡（或孵化器）和小鸡的关系比作老师和学生的关系，同学们可以得出怎样的启示呢?"

1. 从学生的角度来说，要成长成才，自己内在的品质、才能是不可或缺的，这是内在因素；而老师的教导和鼓励也很重要，这是外在因素。

2. 从老师的角度来说，单靠自己付出努力是不够的，还需要学生内在的品质及主动地学习。

这让我们想到韩愈在《师说》里的中心论点："古之学者必有师。"今天，就让我们一起来探究韩愈的师生观以及现代师生观。

二、引导学生对前代名人的观点提出质疑

1. 小结韩愈从师观点的创新性

（1）突破了一般人对教师作用认识的局限，从"授之书而习其句读"的"受（授）业"，扩大到"传道""解惑"，明确提出"师者，所以传道授业解惑也"这个对教师作用的界定在当时是个了不起的进步，在今天仍有现实意义。

（2）针对上层“士大夫之族”的门第观念，明确提出“无贵无贱，无长无少，道之所存，师之所存也”的全新的从师观念：从师即学道，唯“道”是问，凡是闻道者无论贵贱长幼都可为师。这是石破天惊的新观念，开拓了为师者的广阔领域。

（3）在“道之所存、师之所存”的观点指导下，从“闻道有先后，术业有专攻”的客观事实出发，推出“弟子不必不如师，师不必贤于弟子”的崭新观点，说明师生关系是相对的，教与学是可以相长的。这个观点，闪耀着朴素的辩证唯物论的思想光辉。

2. 探究点一：韩愈从师观点的局限性

学生小组讨论后，派代表展示交流成果，教师小结。

（1）“师者，所以传道授业解惑也。”

“道”在当时指的是儒家之道，“业”是承载儒家之道的经典著作，“惑”是指学习经典著作的过程中存在的疑惑。到了现代，这些内涵就呈现出一定的局限性，加入了很多新的内容。“道”应该是每一个人必备的基本道德素养，应该是一种良好的行为习惯，更应该是一种不屈不挠的精神；“业”不仅传授学生课本知识，还应该把认真钻研学问、孜孜不倦探索的一种精神和处事为人之道传递给学生；“惑”除了学业方面，还包括生活、人生等方面的困惑。

（2）“人非生而知之者，孰能无惑？惑而不从师，其为惑也，终不解矣。”

韩愈的观点过于强调教师对学生学习的主导性作用，而忽视了学生在学习中的主体性地位和作用，这是一种不鼓励学生自主性学习的表现。

小结：韩愈的《师说》是有其特定的时代背景的，我们以现代的教育视角，对他的从师观点提出了质疑。这是我们学习过程中大胆提出问题，探究问题，从而提高思考能力和议论能力的表现。其实，质疑的精神自古以来一直存在，我们身边就有一位历史名人，他大胆否定孔孟学说是“道冠古今”的“万世至论”，这个人物就是李贽。

3. 探究点二：李贽的师生观

（1）人物简介。李贽（1527—1602），字宏甫，号卓吾。福建泉州人，明代官员、思想家、文学家。嘉靖三十一年（1552）举人，应会试。历共城教谕、国子监博士，万历中为姚安知府。旋弃官，寄寓黄安、麻城。在麻城讲学时，从者数千人，中杂妇女，晚年往来南北两京等地，后被诬下狱，自刎死于狱中。他在社会价值导向方面，批判重农抑商，扬商贾功绩，倡导功利价值，符合明中后期资本主义萌芽的发展要求。李贽著有《焚书》《续焚书》《藏书》等。

“天生一人，自有一人之用，不待取给于孔子而后足也。若必待取足于孔子，则千古以前无孔子，终不得为人乎?”提出了不要盲目迷信孔子，要肯定人的独立思考的能力。

(2) 李贽的《题孔子像于芝佛院》在“师与生”方面，阐述了哪些观点?

题孔子像于芝佛院

李 贽

人皆以孔子为大圣，吾亦以为大圣；皆以老、佛为异端，吾亦以为异端。人人非真知大圣与异端也，以所闻于父师之教者熟也；父师非真知大圣与异端也，以所闻于儒先之教者熟也；儒先亦非真知大圣与异端也，以孔子有是言也。其曰“圣则吾不能”[①]，是居谦也。其曰“攻乎异端”[②]，是必为老与佛也。

儒先亿度[③]而言之，父师沿袭而诵之，小子矇聋[④]而听之。万口一词，不可破也；千年一律，不自知也。不曰“徒诵其言”，而曰“已知其人”；不曰“强不知以为知”，而曰“知之为知之”[⑤]。至今日，虽有目，无所用矣。

余何人也，敢谓有目?亦从众耳。既从众而圣之，亦从众而事之，是故吾从众事孔子于芝佛之院。

注：芝佛院，湖北麻城龙湖北岸的一座寺院，李贽辞官后，曾在此著书讲学。

①圣则吾不能：见《孟子·公孙丑上》：“昔者子贡问于孔子曰：‘夫子圣矣乎?’孔子曰：‘圣则吾不能，我学不厌而教不倦也。’”

②攻乎异端：抨击不合正道的思想。语见《论语·为政》：“子曰：‘攻乎异端，斯害也已。’”

③亿度(duó)：主观猜测。亿，通常写作“臆”。

④矇聋：目不明曰矇，耳不聪曰聋。这里指道学后辈小子们只知听信儒先父师之言而不会独立思考，如同瞎子、聋子。

⑤知之为知之：《论语·为政》：“知之为知之，不知为不知，是知也。”这里指出道学家们只取孔子原话的上半句，装得一切都“知”，实则是“强不知以为知”。

引导学生通读原文，然后安排小组讨论，再派代表展示交流成果，教师小结。

1. 此文抨击儒学传统中，求学的人知“从众”，而不知用目用脑的风气。

2. 教育学生不要盲目崇拜老师，要有独立思考的能力，敢于质疑权威。

三、探究现代师生关系

1. 在李贽《题孔子像于芝佛院》文中，我们提到不盲目崇拜老师，要有独立思考的能力，敢于质疑权威。下面，我们来看最近的一则报道。

2015 年 9 月 20 日，一封《人大历史学教授孙家洲与新招硕士生断绝师生关系》的公开信在网络热传，引发热议。孙家洲在信中表示，其新招硕士生郝相赫自报到之后，在微信上屡屡发表攻击他人的言论，这令他感到不安，并多次“苦口婆心”劝导，却看到更加“肆无忌惮”的文字——对北大和人大的两位历史学教授进行“无端嘲讽”。这令他“忍无可忍”，认为这违背其“师生之交首重道义”的重要原则，因此公开声明断绝师生关系。

郝相赫称对公开信表示震惊。他表示，作为年轻人议论前辈学者，当然有错，但有关言论发在微信朋友圈，“是一个内部空间、私人空间”，“说话自然随便一些”，并说“这评论只涉及作者的学识能力，没有人格攻击”。此外，郝相赫还称，由于这封公开信，他的名誉受到很大伤害，原先在北京考博的计划也完全泡汤。

郝相赫此前在朋友圈写道：“李凭先生的书年轻时对北魏史料掌握得不熟悉因而没读懂，今天再重读才读出味道来。我曾嘲笑田教授一代宗师，门下却不是庸才（阎步克之流），就是不愿意当黄种人的汉奸。直到读了李凭先生的书，这个观点再也不成立了。可惜如此英俊却南下澳门了，真有衣冠南渡之感。”

在报道中，郝相赫不也对学术前辈提出质疑了吗？为什么得到的结果却是导师断绝师生关系的公开信？你怎么看待郝相赫的行为？孙家洲教授在处理师生关系的问题上是否妥当？

学生小组讨论后，派代表展示交流成果，教师小结。

首先我们要肯定郝相赫的质疑精神，然而，他的做法的确有失偏颇：从内容上说，他质疑的应该是学术性的问题，而他的确涉嫌对学术前辈人格的攻击，这必然会造成伤害；从方式上说，他是在微信朋友圈里发布言论，这会在一定程度上造成不利的影响。

对孙教授的这种做法，我们可以辩证地看待。从爱护学生的角度说，他可以和学生充分沟通，采取比较温和的方式来解决，以免影响郝同学的未来；从教育的角度说，孙教授下了一剂“猛药”，是痛后的治疗。郝相赫自报到之后，在微信上屡屡发表攻击他人的言论，孙教授在多次“苦口婆心”劝导无果的情况下，让郝同学真正感觉到痛，也许这才能令其反省，触发其改正的决心，这对郝相赫的成长是有益的。

（《论语》：“孺悲①欲见孔子，孔子辞以疾。将命者②出户，取瑟而歌，使之闻之。”①孺悲：鲁国人。②将命者：传命的人。孺悲想拜见孔子，孔子以生病为由加以推辞。传命的人刚出房门，孔子便取下瑟来一边弹一边唱，故意让孺悲听到。“不屑之教”也是一种教育，可以引发反省。

在《孟子·告子下》中，孟子说：“教亦多术矣。予不屑之教诲也者，是亦教诲之而已矣。”意思是说：教育也有多种多样的方式方法。我不屑于教诲他，本身就是对他的教诲）

2. 韩愈的《师说》和李贽的《题孔子像于芝佛院》两篇文章都是针对当时的时代而作，我们今天学习它们仍有现实意义。今天，我们的“师与生”的关系是否还存在问题？存在什么问题？我们应当怎么去处理这些问题？

（1）当今“师与生”的关系还存在的问题包括几个方面。

①从老师的角度而言，功利性教育明显，以高考为指挥棒，重成绩而在育人方面略显不足；不敢放手让学生去探究，限制了学生主动性的发挥。

②从学生的角度而言，学生对老师的依赖性强，缺乏自主独立性和批判性思维，导致独立人格的缺失。

（所谓独立人格是指人的独立性、自主性、创造性。它要求人们既不依赖于任何外在的精神权威，也不依附于任何现实的政治力量，在真理的追求上具有独立判断能力，在政治的参与中具有独立自主精神）

（2）方法：树立正确的师生观。

我们在本节课提到的师生观包括几个要点：一是学生需要老师的指导和鼓励才能更好地成才；二是学生要具有内在优秀的品质和主动学习的精神；三是老师要敢于放手引导学生独立思考，主动探究学习；四是学生要有质疑的精神，在内心深处真正地尊师重教，确立良好的师生关系。

四、课堂小结

学习《师说》这篇古代经典散文，让我们明白了为什么要从师学习，也

知道了择师的原则，又通过文本的拓展探究让我们进一步明确了现代师生观。可见，作为一位现代的中国人，我们要对经典进行理性的坚守，还要拥有自由的思维空间。面对经典文本，我们需要有批判性的眼光，去继承，去突破和提升，要像韩愈、李贽一样大胆质疑，甚至要有抨击和否定的批判精神。这样，我们的古代经典才能成为现代经典，闪耀出新的光芒，助同学们成长，成为身心健康的现代中国人。

五、布置作业

1. 阅读李贽的《童心说》，并且分析这篇文章的论证方法。
2. 本周练笔主题：“我理想中的师生关系”。

《师说——韩愈师生观拓展探究》教学实录

林莉芳

师：同学们好！

生：老师好！

师：同学们请坐！上节课我们学习了韩愈的《师说》，感受到了它严密、周详的论证逻辑。今天，我们要继续深入地探究《师说》这篇课文，上课前问大家一个问题：小鸡是怎么来的呢？

生：从蛋里面出来的。

师：能直接从蛋里出来吗？还需要什么条件呢？

生：需要母鸡。

师：对，需要母鸡或者孵化器。如果只是把鸡蛋放在窝里，会自然孵化出小鸡吗？

生：不行。应该和母鸡的体温及孵的时间有关。

师：很好，那么谁能回答这两个问题？

学生们大声说：20天，30天……

师：同学们对这个问题可能没有具体了解，用母鸡或者用孵化器孵化的温度在36.5℃～37℃，需21天左右的时间来孵化。同学们，我们继续思考：如果把鸡蛋换成石头，也用21天或更长时间去孵化，能否孵出小鸡？

生：不能，因为石头没有鸡蛋的内在结构。

师：是的，石头没有鸡蛋的内在结构，单靠母鸡的努力是不行的。如果我们把鸡蛋孵出小鸡的过程比喻为学生成长成才的过程，把母鸡和其他外在条件比喻为老师，那么同学们可以得出怎样的启示呢？

生（主动举手回答）：学生要成才需要老师的教导，还需要自己的努力。

师：说得很好！小鸡和母鸡的关系，比较直观地反映了师生观的两个方面，我们概括为以下两点：

①从学生角度来说，要成长成才，自己内在的品质、才能是不可或缺的，这是内在因素；而老师的教导和鼓励也很重要，这是外在因素。

②从老师角度来说，单靠自己付出努力是不够的，还需要学生内在的品质及主动地学习。

这也让我们想到韩愈在《师说》里提到的从师观，我们想到哪句话呢？（师生一起回顾）“古之学者必有师，且无常师。”今天，就让我们一起来探究韩愈的师生观以及现代师生观。

师：学习了《师说》，现在我们一起来总结一下韩愈的从师观点，看看在当时的条件下，他的从师观有怎样的创新性或是进步意义。

【多媒体展示】

1. 突破了一般人对教师作用认识的局限，从“授之书而习其句读”的“受（授）业”，扩大到“传道”“解惑”，明确提出“师者，所以传道授业解惑也”这个对教师作用的全面而崭新的界定，在当时是个了不起的进步，在今天仍有现实意义。

2. 针对上层“士大夫之族”的门第观念，明确提出“无贵无贱，无长无少，道之所存，师之所存也”的全新的从师观念：从师即学道，唯“道”是问，凡是闻道者无论贵贱长幼都可为师。这是石破天惊的新观念，开拓了为师者的广阔领域。

3. 在“道之所存、师之所存”的观点指导下，从“闻道有先后，术业有专攻”的客观事实出发，推出“弟子不必不如师，师不必贤于弟子”的崭新观点，说明师生关系是相对的，教与学是可以相长的。这个观点闪耀着朴素的辩证唯物论的思想光辉。

师：然而当我们以现代的教育视角去审视韩愈的从师观时，仍然会发现它的局限性。我们从文中找两句话，请同学们分组讨论，1～4 组讨论第一句

话，5～8组讨论第二句话，然后派代表展示交流成果。

学生展开热烈讨论。

生（第2组学生代表）：我认为古代的“道”与“业”和现在的范围不同，今天的“道”和“业”的范围更广。比如说“业”根据课下注释是指儒家经典，但是我们现在不限于儒家经典。

师：“业”的范围是扩大了，那么“道”和“惑”呢？

生（第3组学生代表）：老师，我来回答。我们现在的“道”包括儒家之道，做人之道，做事之道，“道”是各个领域蕴含的道理、方法、智慧。而“惑”除了课文里说的学业之惑，还指生活、心理等方面的困惑。

师：说得很好！

【多媒体展示】

“师者，所以传道授业解惑也。”

“道”在当时指的是儒家之道，“业”是承载儒家之道的经典著作，“惑”是指学习经典著作的过程中存在的疑惑。到了现代，这些内涵就呈现出一定的局限性，有什么新的内容呢？“道”应该是每一个人必备的基本道德素养，应该是一种良好的行为习惯，更应该是一种不屈不挠的精神；“业”不仅传授学生课本知识，还应该把认真钻研学问、孜孜不倦探索的一种精神和处事为人之道传递给学生；“惑”除了学业方面的，还包括生活、人生等方面的困惑。

- 教师是学生学习的促进者。（教书）
- 教师是教育教学的研究者。（学习）
- 教师是塑造儿童心灵的使者。（育人）

教师同时兼具学习者和研究者的身份，这其实就是现代的教师观。

师：接下来我们来探讨第二句话，4～8组的同学有什么看法呢？

生（第6组学生代表）：有的问题不一定要问老师，自己也能够解决。

师：是的，也就是说有些“惑”可以通过自己的努力去解决，而不要太依赖老师，要发挥自身的主观能动性。

【多媒体展示】

“人非生而知之者，孰能无惑？惑而不从师，其为惑也，终不解矣。”

韩愈的观点过于强调教师对学生学习的主导性作用，忽视了学生在学习中的主体性地位和作用。

师：韩愈的《师说》这篇文章是有其特定的时代背景的，我们以现代的教育视角，对他的从师观点提出了质疑。这是我们学习过程中大胆提出问题、探究问题，从而提高思考能力和议论能力的表现。其实质疑的精神自古以来一直存在，我们身边就有一位历史名人，他大胆否定孔孟学说是“道冠古今”的“万世至论”，这个人物就是李贽。

师：昨天同学们已经通过手头的这份资料初步了解了李贽，今天我想重点强调三个方面：

李贽（1527—1602），字宏甫，号卓吾。福建泉州人，明代官员、思想家、文学家，中古自由学派鼻祖，泰州学派的一代宗师。他历共城教谕、国子监博士，弃官后在麻城讲学，从者数千人。他大胆否定孔孟学说是“道冠古今”的“万世至论”。

“天生一人，自有一人之用，不待取给于孔子而后足也。若必得取足于孔子，则千古以前无孔子，终不得为人乎？”

在这句话中我们可以看出李贽怎样的从师观点呢？哪位同学来说说？

生：不能一味地认为孔子说的话就是正确的，要有自己的见解。

师：好，你的理解是正确的。也就是说不要盲目地迷信孔子，要有正确的从师态度；同时，每个人都有其独到的价值观和见解，要肯定人的独立思考的能力和权利。

接下来，我们一起来学习李贽的一篇文章《题孔子像于芝佛院》，昨天已经布置预习了，检测预习成果的时候到啦！每一段各请一位同学来回答三个问题，疏通文义。

题孔子像于芝佛院

李　贽

人皆以孔子为大圣，吾亦以为大圣；皆以老、佛为异端，吾亦以为异端。人人非真知大圣与异端也，以所闻于父师之教者熟也；父师非真知大圣与异端也，以所闻于儒先之教者熟也；儒先亦非真知大圣与异端也，以孔子有是言也。其曰“圣则吾不能”[①]，是居谦也。其曰“攻乎异

端”[2]，是必为老与佛也。

儒先亿度[3]而言之，父师沿袭而诵之，小子矇聋[4]而听之。万口一词，不可破也；千年一律，不自知也。不曰“徒诵其言”，而曰“已知其人”；不曰“强不知以为知”，而曰“知之为知之”[5]。至今日，虽有目，无所用矣。

余何人也，敢谓有目？亦从众耳。既从众而圣之，亦从众而事之，是故吾从众事孔子于芝佛之院。

注：芝佛院，湖北麻城龙湖北岸的一座寺院，李贽辞官后，曾在此著书讲学。

①圣则吾不能：见《孟子·公孙丑上》：“昔者子贡问于孔子曰：‘夫子圣矣乎？’孔子曰：‘圣则吾不能，我学不厌而教不倦也。’”

②攻乎异端：抨击不合正道的思想。语见《论语·为政》：“子曰：‘攻乎异端，斯害也已。’”

③亿度（duó）：主观猜测。亿，通常写作“臆”。

④矇聋：目不明曰矇，耳不聪曰聋。这里指道学后辈小子们只知听信儒先父师之言而不会独立思考，如同瞎子、聋子。

⑤知之为知之：《论语·为政》：“知之为知之，不知为不知，是知也。”这里指出道学家们只取孔子原话的上半句，装得一切都“知”，实则是“强不知以为知”。

（学生们主动举手回答每段的三个问题，完成文段重难点的词句理解，疏通了文意）

师：在读懂文段的基础上，同学们想想这篇驳论文的论题在哪里。

生：“人皆以孔子为大圣，吾亦以为大圣；皆以老、佛为异端，吾亦以为异端。”

师：这是一种什么表现呢？导致这种现象的原因是什么？

生：从众的表现。原因是“儒先亿度而言之，父师沿袭而诵之，小子矇聋而听之”。

师：是的，其实李贽的《童心说》里有一段话，我认为是这句话的很好的注释。同学们请看：“又不然，则其迂阔门徒，懵懂弟子，记忆师说，有头无尾，得后遗前，随其所见，笔之于书。后学不察，便谓出自圣人之口也，决定目之为经矣，孰知其大半非圣人之言乎？”

师：我们介绍了李贽，今天我们也来谈谈他的师生观。请大家思考一下，李贽的这篇文章在“师与生”方面阐述了哪些观点呢？请小组展开讨论，再派代表展示交流成果。

生：学生在接受知识的时候要有独立思考的能力，还要敢于质疑老师。

师：说得很好！独立思考可以防止盲目从众，而敢于质疑老师是独立思考的表现。我们把李贽《题孔子像于芝佛院》中的师生观归纳为两点。

【多媒体展示】

1. 此文抨击儒学传统中，求学的人知“从众”而不知用目用脑的风气。

2. 学生不要盲目崇拜老师，要有独立思考的能力，敢于质疑权威。

师：在李贽的《题孔子像于芝佛院》中，我们提到不盲目崇拜老师，要有独立思考的能力，敢于质疑权威。那么，是不是所有的质疑都可取呢？下面，我们来看最近的一则报道。

【多媒体展示】

2015 年 9 月 20 日，一封《人大历史学教授孙家洲与新招硕士生断绝师生关系》的公开信在网络热传，引发热议。孙家洲在信中表示，其新招硕士生郝相赫自报到之后，在微信上屡屡发表攻击他人的言论，这令他感到不安，并多次“苦口婆心”劝导，却看到更加“肆无忌惮”的文字——对北大和人大的两位历史学教授进行“无端嘲讽”。这令他“忍无可忍”，认为这违背其“师生之交首重道义”的重要原则，因此公开声明断绝师生关系。

郝相赫称对公开信表示震惊。他表示，作为年轻人议论前辈学者，当然有错，但有关言论发在微信朋友圈，“是一个内部空间、私人空间”，“说话自然随便一些”，并说“这评论只涉及作者的学识能力，没有人格攻击”。此外，郝相赫还称，由于这封公开信，他的名誉受到很大伤害，原先在北京考博的计划也完全泡汤。

郝相赫此前在朋友圈写道：“李凭先生的书年轻时对北魏史料掌握得不熟悉因而没读懂，今天再重读才读出味道来。我曾嘲笑田教授一代宗师，门下却不是庸才（阎步克之流），就是不愿意当黄种人的汉奸。直到读了李凭先生的书，这个观点再也不成立了。可惜如此英俊却南下澳门了，真有衣冠南渡之感。”

在报道中，郝相赫不也对前辈学术提出了质疑了吗？为什么得到的结果却是导师断绝师生关系的公开信？你怎么看待郝相赫的行为？孙家洲教授在

处理师生的问题上是否妥当？

同学们分组进行讨论，请1～4组讨论郝相赫的行为，5～8组讨论孙家洲教授在处理师生关系的问题上是否妥当，然后派代表展示交流成果。现在开始讨论。

教师走进学生中，参与几个小组的讨论。

生（第2组学生举手回答）：我认为郝相赫的行为是不对的，即使要质疑老师，也应该在尊重老师的前提下。他可以暗地里和老师商量一下（同学们笑），这样公开质疑，对老师是会造成伤害的。

师：看来你认为他质疑的方式是不对的。很好，请坐。

生（第1组学生举手回答）：我也认为郝相赫的行为是不对的，他是在质疑，但是质疑得有点过度了。他对老师的人格攻击，有违社会的道德舆论。那样的语言太过尖锐，其实可以私下找老师交流。

师：你也认为他质疑的方式是不对的。

生（第3组学生举手回答）：我认为他的质疑老师的内容也是有问题的。学生对老师的质疑更多的应该是学术方面，而不要涉及人格。

师：小结学生的回答内容，并用课件展示成果。

首先我们要肯定郝相赫的质疑精神，然而，他的做法的确有失偏颇：从内容上说，他质疑的应该是学术性的问题，而他的确涉嫌对学术前辈人格的攻击，这必然会造成伤害；从方式上说，他是在微信朋友圈里发布言论，这会在一定程度上造成不利的影响。

师：这是第一个问题，那么对第二个问题，同学们有什么看法呢？

生（第7组学生举手回答）：我认为孙教授的行为不妥当。因为不论谁对谁错，那封公开信都会影响郝相赫的学业。

师：你是认为他的做法不够温和吧？很好，我们再听听其他同学的看法。

生（第6组学生举手回答）：我认为孙教授的做法是对的。因为孙教授看到郝相赫在微信上屡屡发表攻击他人的言论，进行多次“苦口婆心”劝导后，郝相赫仍然对北大和人大的两位历史学教授进行“无端嘲讽”，因此只有对其进行更加严厉的批评，才能起到作用。

师：炜东说得非常好，当“温和”的教育不能起作用时，施以严厉的教育，其实这就是一种“不屑之教”。什么是“不屑之教”呢？《论语》中提到：“孺悲①欲见孔子，孔子辞以疾。将命者②出户，取瑟而歌，使之闻之。”①孺悲：鲁国人。②将命者：传命的人。孺悲想拜见孔子，孔子以生病为由加以推辞。传命的人刚出房门，孔子便取下瑟来一边弹一边唱，故意让孺悲听到。“不屑之教”也是一种教育，可以引发反省。

在《孟子·告子下》中，孟子说：“教亦多术矣。予不屑之教诲也者，是亦教诲之而已矣。”意思是说：教育也有多种多样的方式方法。我不屑于教诲他，本身就是对他的教诲。

针对第二个问题，我们可以小结如下：

对孙教授的这种做法，我们可以辩证地看待。从爱护学生的角度说，他可以和学生充分沟通，采取比较温和的方式来解决，以免影响郝同学的未来；从教育的角度说，孙教授下了一剂“猛药”，是痛后的治疗。郝相赫自报到之后，在微信上屡屡发表攻击他人的言论，孙教授在多次“苦口婆心”劝导无果的情况下，让郝同学真正感觉到痛，也许这才能令其反省，触发其改正的决心，这对郝相赫的成长是有益的。

师：韩愈的《师说》和李贽的《题孔子像于芝佛院》两篇文章都是针对当时的时代而作，我们今天学习它们仍有现实意义。今天，我们的师与生的关系是否还存在问题？存在什么问题？我们应当怎么去处理这些问题？

1. 当今师与生的关系还存在的问题包括几个方面。

（1）从老师的角度而言，功利性教育明显，以高考为指挥棒，重成绩而在育人方面略显不足；不敢放手让学生去探究，限制了学生主动性的发挥。

（2）从学生的角度而言，学生对老师的依赖性强，缺乏自主独立性和批判性思维，导致独立人格的缺失。

（所谓独立人格是指人的独立性、自主性、创造性。它要求人们既不依赖于任何外在的精神权威，也不依附于任何现实的政治力量，在真理的追求上具有独立判断能力，在政治的参与中具有独立自主精神）

2. 方法：树立正确的师生观。

我们在本节课提到的师生观包括几个要点：一是学生需要老师的指导和鼓励才能更好地成才；二是学生要具有内在优秀的品质和主动学习的精神；三是老师要敢于放手引导学生独立思考，主动探究学习；四是学生要有质疑的精神，在内心深处真正地尊师重教，确立良好的师生关系。

师：同学们，学习《师说》这篇古代经典散文，让我们明白了为什么要从师学习，也知道了择师的原则，又通过文本的拓展探究让我们进一步明确

了现代师生观。可见，作为一位现代的中国人，我们需要对经典进行理性的坚守，还要拥有自由的思维空间。面对经典文本，我们要有批判性的眼光，去继承，去突破和提升，要像韩愈、李贽一样大胆质疑，甚至要有抨击和否定的批判精神。这样，我们的古代经典才能成为现代经典，闪耀出新的光芒，助同学们成长，成为身心健康的现代中国人。

师：我们课后的作业是：

1. 阅读李贽的《童心说》，并且分析这篇文章的论证方法。

2. 本周练笔主题："我理想中的师生关系"。

师：我们今天的课就上到这里，同学们再见！

生：老师再见！

研析：国家课程校本化的探索与实践
——校本课程开发中的《师说》课堂教学反思

林莉芳

在校本课程开发的理念指导下，我们对国家课程校本化进行了探索与实践。校本课程开发中的《师说》教学设计体现的是国家课程和校本课程的融合，突出了单元设计的目标，即引导学生大胆提出问题，探究问题，从而提高思考能力和议论能力。同时，体现了校本课程中国家课程与地方文化相融合的特点。

那么我们教育的方向在哪儿呢？作为一所学校或作为学校教育个体的教师，我们又能做出怎样的努力呢？我想，如果把国家课程校本化，使高中教育得以暂时走出"制度性课程"的困境，并将校本课程的精神贯穿于整个国家课程框架内，这是否是一条有效的途径呢？

所谓的校本课程开发，指的是由学校发起的，"以国家及地方制定的课程纲要的基本精神为指导，依据学校自身的性质、特点、条件以及可利用和开发的资源，由学校成员自愿、自主、独立或与校外团体或个人合作开展的，旨在满足本校所有学生学习需求的一切形式的课程开发活动，是一个持续和动态的课程改进的过程"。校本课程开发的灵魂在于服务学校特色发展、学生个性化发展。作为高中课程的校本化，它体现了四个适应性：增强高中课程对时代的适应性，对地方文化的适应性，对学校的适应性，对学生个性化发展的适应性。为此，校本课程开发常常以地方文化资源为课程资源，同时，结合国家课程教材的单元能力训练目标，开发出具有地方特色的校本课程。

本节课是在校本课程开发的理念指导下，对国家课程校本化进行的探索与实践。现以人教版高中语文必修三第三单元的《师说》为例，谈谈校本课程开发中的《师说》教学。

这节《师说》的教学是在掌握文言文知识点和梳理文章思路，并理清文章立论方法与论证逻辑的基础上进行的，从国家课程单元能力训练目标和校本课程的要求出发，确定的教学目标为：通过文本分析比较，探究师生观；学习韩愈不惧流俗、质疑问难的精神，引导学生大胆提问、探究，从而提高思考能力和议论能力。本节课围绕“师生观”进行探究，结合韩愈、明代思想家李贽等人的思想开展教学。

其教学设计包括几个方面的内容：导入新课，引出探究话题；引导学生探究前代名人的师生观，包括小结韩愈从师观点的创新性和局限性，并探究李贽的师生观，在此基础上探究现代师生观：结合“人大历史学教授孙家洲与新招硕士生断绝师生关系”的热点事件，引发讨论，探究现代师生观；总结树立正确的师生观的几个要点：一是学生需要老师的指导和鼓励才能更好地成才，二是学生要具有内在优秀的品质和主动学习的精神，三是老师要敢于放手引导学生独立思考，主动探究学习，四是学生要有质疑的精神，在内心深处真正地尊师重教，确立良好的师生关系；课堂小结并布置作业。

以上教学设计体现的是国家课程和校本课程的融合，突出了单元设计的目标，即引导学生大胆提出问题，探究问题，从而提高思考能力和议论能力。同时，体现了校本课程中国家课程与地方文化相融合的特点。明代思想家李贽是泉州人，其故居就在我们学校的旁边，可谓身边的历史名人。他是明代官员、思想家、文学家，中古自由学派鼻祖，泰州学派的一代宗师。他历共城教谕、国子监博士，弃官后在麻城讲学，从者数千人。他大胆否定孔孟学说是“道冠古今”的“万世至论”。李贽的师生观和他的大胆质疑的精神，正符合我们这节课教学的重点。他的“介入”让学生们感到亲切，提升了兴趣，达到了探究学习的目标。

总之，本节课从教材走向生活，从古代从师观走向现代师生观，学生们在学习过程中作为学习的主体参与思考与探究，增长了知识，也提升了能力。同时，无论教师还是学生，我们每个个体作为一名现代的中国人，都需要对经典进行理性的坚守，还要拥有自由的思维空间。面对经典文本，我们要用

批判的眼光，去继承，去突破和提升，要像韩愈、李贽一样大胆质疑，甚至要有抨击和否定的批判精神，这样我们的古代经典才能成为现代经典，闪耀出新的光芒，有助于我们成长为“身心健康的现代中国人”。

《有容乃大：我身边的多元文化探究》课程开发

谷小艳

【课程开发背景】

我校参与了福建教育学院鲍道宏教授主持的全国教育科学规划2012年教育部重点课题“校本课程开发的文化学研究”，同时申请并通过了子课题：“校本课程开发与学校文化建设关系研究”。《有容乃大：我身边的多元文化探究》是我校在课题研究中开发出来的高中语文校本课程。

泉州是一座历史文化名城、东亚文化之都。它的文化具有多元性和包容性，特别体现在多元包容、和谐共处的宗教文化及体现不同地域文化的民居等方面。一方面，我们学校就在这样的城市，探究多元文化可谓近水楼台。另一方面，学校本身的教师组成、学生来源也特别能体现多元性与包容性，教师来自全国各地，甚至还有多名外教；学生也来自全省各地，还有来自德国、丹麦等国家的留学生。这些都为课程的开发提供了有利条件。

同时，我们学校的育人目标是“培养身心健康的现代中国人，锻造各行各业领军人物”。学生的智能是多元的，我校的育人理念是“每一棵树都有它的春天”，也体现了我校能包容学生的多元性，打造多元文化，实现学校多元发展、特色发展及学生个性特长发展。

要实现“培养身心健康的现代中国人，锻造各行各业领军人物”的育人目标，就需要我们的学生具有开阔的国际视野，海纳百川的博大胸怀，能包容不同的文化；要发挥自由精神，发挥课程建设中的主体作用，体现个性和创造性。本案例旨在充分利用地方资源与校本资源，引导学生探究身边的多元文化。试想，在每届新生入学之初，就引导他们探究自己生活和学习的城市、学校，领悟学校的办学理念，感受身边的多元文化，将有助于提升他们的思想认识，进而实现我们的育人目标。

【课程目标】

通过活动课的探究，切身体会身边的多元文化，在学生心中播下开放、包容的种子，将学生培养成有博大的胸襟，开放的视野，能接受多元文化的现代中国人，以体现学校的育人理念：每一棵树都有它的春天，进而实现学校的育人目标：培养身心健康的现代中国人，锻造各行各业领军人物。同时，也使我们的校本课程与学校文化紧密契合，凸显课程的校本化。

培养学生的实践探究能力，让学生带着课题去调查、走访、探究，感受多元文化，生成与课程相关的资源和内容。

培养学生查阅资料、提炼概括的阅读能力，阅读文本、正确把握文章内容的理解分析能力。

培养学生得体的口语表达和沟通能力，整理归纳、提炼观点、写作讲稿并当堂陈述的能力。

激发学生对多元文化的兴趣，感受多元文化的魅力，培养包容的气度、博大的胸襟和开放的视野，促进将来的主动发展。

【课程内容】

1. 泉州的多元文化。

2. 泉州七中的多元文化。

《有容乃大：我身边的多元文化探究》课程实施

谷小艳

（一）组织学生开会，阐明课程内容及活动意义。

1. 泉州的多元文化

（1）泉州的多元宗教信仰文化

（2）泉州的多元民居和民俗特点文化

2. 泉州七中的多元文化

（1）泉州七中班级学生来源结构的多元化

（2）泉州七中教师来源结构的多元化

（二）学生按课程内容自由组合，自选任务，分成四个小组，确定小组长，并由小组长负责组员分工。

附 1：小组成员分工（见文后）

（三）根据学生分组情况，再次召集学生，进行分组细化指导。

附 2：小组细化指导（见文后）

（四）学生充分利用课余时间，分头行动。

（五）小组集中汇总材料，整理讲稿及 PPT。

（六）小组代表试讲，老师指导。

（七）小组探究成果展示：利用两节课的时间，请小组代表上台，依据课件讲述小组探究成果。

附 3：学生讲稿（见文后）

附 4：课堂展示实录（见文后）

（八）课程的总结评价及材料整理。

课程结束后，请学生对课程进行自我评价，写出参与课程的感受与收获。

附 5：部分学生对课程的自我评价（见文后）

附 1：

小组成员分工

第一小组：泉州的多元宗教信仰文化

组长：朱春津

成员：刘沫含、吴晓云、王昱涵、黄紫珊、刘滟玲、张俊荣、傅杰霖

具体分工：

搜集查阅文字材料：刘沫含、吴晓云

实地采访参观拍摄：黄紫珊、刘滟玲、张俊荣

综合文字及图片材料，制作 PPT：傅杰霖

综合文字及图片材料，整理讲稿，主讲：朱春津

第二小组：泉州的多元民居

组长：陈成鸣

组员：王昇其、张春森、张泽欣、郑婉欣、詹汉杰、章瑶、唐滢婷

具体分工：

搜集查阅文字材料：王昇其、詹汉杰、章瑶

实地参观拍摄：张春森、张泽欣、唐滢婷、陈成鸣、郑婉欣

综合文字及图片材料，制作 PPT：郑婉欣

综合文字及图片材料，整理讲稿，主讲：陈成鸣

第三小组：泉州七中班级学生来源结构的多元化

组长：欧静诗

组员：张婷、胡琪丹、苏子煊、陈楷郁、陈耀佳、吴佳敏

具体分工：

采访来自泉港的同学并整理材料：张婷

采访来自安溪的同学并整理材料：苏子煊

采访来自惠安的同学并整理材料：陈耀佳

采访来自屏南的同学并整理材料：胡琪丹

采访来自泉州市区的同学并整理材料：陈楷郁

综合文字及图片材料，制作 PPT：欧静诗

综合文字及图片材料，整理讲稿，主讲：吴佳敏

第四小组：泉州七中教师来源结构的多元化

组长：林倩雯

组员：郑豪旺、陈丹瑜、柯钰颖、刘雅婷、吴雪琴、黄佳俊

具体分工：

采访老师：郑豪旺、陈丹瑜、柯钰颖、刘雅婷

拍照、记录：吴雪琴、林倩雯

综合文字及图片材料，制作 PPT：黄佳俊

综合文字及图片材料，整理讲稿，主讲：林倩雯

附 2：

小组细化指导

第一小组：泉州宗教文化的多元性细化指导

考察对象：清真寺 关帝庙 元妙观 开元寺 基督大教堂 天后宫

主要内容：

组长负责，分工合作，最后确定主讲人。

搜集整理以上宗教场所的文字介绍，了解其历史渊源。

现场参观并拍摄以上宗教场所的照片，同学必须出现在画面中。

现场采访宗教场所工作人员或游客，了解他们对泉州多元文化的认识。

制作 PPT，图文并茂，介绍以上宗教场所的特点，重点介绍泉州宗教文化的多元性、包容性。

活动建议：

1. 现场考察前，应先搜集相关文字材料，有一些主观认识，以便在现场落实印证。材料可从两方面找：一是找这些宗教场所的历史渊源，一是找泉州宗教多元存在的特有现象分析。探究宗教文化为什么可以在泉州多元共存。

2. 现场采访游客或工作人员时，要注意文明礼仪，多用“您、请、谢谢、请问”等敬辞。

3. 还可以采访泉州市民，问问他们的信仰，再问问他们的邻居有没有和他们不同的信仰。

4. 采访前要先拟定一些问题，不要随意发问，要围绕中心提问。

5. 最好三人一个小活动组，提问、记录、拍照，分工合作。

第二小组：泉州的多元民居细化指导

小组任务：探究泉州的多元民居

探究目标：

1. 了解泉州民居的几大类型及建筑特点。

2. 探究这几类民居产生的历史渊源。

探究建议：

1. 查阅相关文字材料，整理归纳泉州民居的类型及特点。

2. 实地参观采访拍摄，建议地点：泉州东海浔浦蚵壳厝、泉港樟脚村彩

色石头房、市区中山路骑楼、市区青龙巷番仔楼、晋江五店市官式大厝。

第三小组：班级学生来源的多元性细化指导

小组任务：探究班级学生来源的多元性

学生主要来源：泉港、安溪、霞浦、惠安、石狮、晋江、屏南、云霄、南安、漳州市区、泉州市区

探究目标：

1. 了解这些地方特色经济、饮食、服饰、语言、戏曲等各方面的特点，找到它们之间的相同点和不同点。

2. 采访这些地方的同学，了解他们对泉州的认识，他们认为家乡和泉州最大的不同是什么，并与被采访的同学合影。

3. 讨论问题：班级同学来自各地，班级优势是什么？可能出现的困难是什么？要怎样面对？

4. 制作PPT，图文并茂，介绍同学的家乡，引导大家培养包容心。

探究建议：

1. 充分利用课间时间，以和同学聊天的方式进行采访。注意及时记录。

2. 聊天话题：家乡话、特产、服饰特色、节日特色、饮食特色、自然风光等。

3. 地域要广，能涉及班级所有不同来源。一个地方一个代表。要合影。

4. 查找这些地方的图片，制作PPT。

在一个班级里，就可以接触到这么多元的文化信息，比生源单一的班级更具丰富性，我们对外面世界的了解就多了很多渠道。同时，不同的生活习惯、不同的文化背景也可能会带来冲突，这也更需要包容心，正是因为多元才需要包容，正是因为包容才变得多元。

第四小组：七中教师来源结构的多元性细化指导

1. 建议采访对象：

倪晓东、宋莉、王伟、孙贻莲、纪芸华、张桂、涂文、张青峰、外教Jack。

2. 活动内容：

组长负责，分工合作，最后确定主讲人。

分类归纳学校教师的籍贯和毕业学校，做出表格，并进行特点归纳。

采访相关老师并拍照，照片中要出现学生和老师。请老师谈谈教师籍贯多元化对学校的影响。

3. 泉州文化、七中文化的多元性和包容性

搜集相关资料，说说教师来源多元化对学校发展的影响。

制作 PPT，图文并茂，介绍泉州七中教师来源多元化特点及对学校发展的影响。

4. 采访建议：

（1）采访要注意文明礼仪，多用“您、请、谢谢、请问”等敬辞。

（2）三人一个采访组是比较合适的，摄影、采访、记录，分工明确。采访者和被采访者要合影。多拍一些，可以挑选。

（3）先电话预约，说明事由，再明确采访的时间、地点。

（4）采访前先拟好问题。

提供几个主要问题：

（1）请问您的籍贯是哪里？毕业于哪所大学？

（2）请问您哪一年来到泉州七中？泉州的生活容易适应吗？

（3）听说学校有很多来自省外的老师，您认为这种多元化的结构对学校发展有哪些积极意义？

其他问题可自拟，随意聊聊天也可。注意时间的把控，不宜占时太久。

附 3：

小组讲稿

第一小组：泉州的多元宗教文化　主讲人：朱春津

老师同学们，大家好！我们小组要为大家介绍的是泉州的多元宗教文化。泉州广容博纳了众多宗教文化，因此享有“世界宗教博物馆”“泉南佛国”等美誉。周末，我们小组分工合作，一同走访了泉州的以下六处宗教场所。

首先要为大家介绍的是位于涂门街的伊斯兰教建筑清真寺。伊斯兰教信仰是海上丝绸贸易兴起时传入泉州的。1961 年，清真寺被列为首批国家重点文物保护单位，清真寺和古代泉州海外交通、我国与亚非各国人民在历史上长期友好往来，有着分不开的密切关系，是中国和阿拉伯国家的友好与文化交流的历史见证，是泉州海外交流的重要史迹之一。

紧挨着清真寺的是关帝庙。泉州通淮关帝庙是省级文物保护单位，有 1 000 多年历史，是关公信仰六大祖庙之一，也是我省现存规模最大的武庙，长期以来香火兴盛，信徒众多。据采访了解，当地信徒在新春佳节总要连夜祭拜关帝，寄托来年财源广进的美好愿望。

想必大家对我们中国土生土长的宗教——道教是略有耳闻的。泉州元妙观坐落于东街，是道教传入泉州后所建的第一所道观。据采访了解，每年正月初九，当地要作敬礼节，人们会带些红汤圆、面线等作敬，还有法师唱诵经文为民祈福。

接下来为大家介绍的是佛教建筑开元寺。开元寺位于泉州西街，是中国东南沿海重要的文物古迹，也是福建省内规模最大的佛教寺院。据采访得知，每年农历六月二十六被称为斋日，当地有吃斋面的习俗。

下面为大家介绍的是基督泉南堂。基督教于 1306 年传入泉州，并建有一座礼拜堂，称兴明寺。这幅图片是基督泉南堂的外景。由图可知，到这里朝拜的人很多。

古老而神秘的妈祖信仰建筑——天后宫就坐落于我们学校泉州七中的前门附近。有人说，我们七中之所以能取得这么好的成绩，就是因为有了妈祖的庇佑。我们采访了当地的朝拜者，了解到这里每年元宵节都有乞龟的活动，在庭的正中间用千斤大米垒成米龟的形状，以此寄托人们延年益寿的美好愿望。

请大家看这张地图，我们从中可以发现，以上几个宗教场所仅仅相隔几条老街，千百年来不同宗教在这里和谐共存，离不开人们对不同文化的尊重，所以我们要以包容的心去容纳、学习不同的文化。

第二小组：泉州的多元民居　主讲人：陈成鸣

各位老师，同学们，大家好！今天我要为大家介绍的是泉州的多元民居。

众所周知，从古代闻名遐迩的大海港到现代繁荣昌盛的大都市，泉州一直是“多元文化”的代名词。那么，多元多在何处？多元性又从何而来？这个神奇的城市又是如何沉淀多元文化之精华瑰宝，交融荟萃成如今和谐而美丽的泉州文化？让我们一起走近最贴近生活的民居，来一探究竟吧。

首先要为大家介绍的是泉州本土文化的代表之一——蚵壳厝。顾名思义，蚵壳厝就是用海蛎壳建造的房屋。以海蛎壳拌砖石砌墙，是不是相当富有创意且具有独特美感？的确，作为艺术建筑的蚵壳厝堪称一绝，但同时，作为传统民居的蚵壳厝也具有不积雨水、冬暖夏凉、隔音效果好的特点，尤其适合海边潮湿气候环境；蚵壳厝墙体十分坚固，因此素有“千年砖、万年蚵”的美誉！

说完蚵壳厝，下面给大家介绍的是受泉州本土文化影响的另一种建筑——石屋。石屋具备方便筑建，工料可就地取材的优点。并且，石屋造型古朴美观，色泽天然浑厚，实用价值高，一直是闽南传统古民居的优秀代表。

接下来为大家呈现的是受中原儒家文化影响的官式大厝。闽南古厝以“官式大厝”为主，故又名“皇宫起”。在不少地区，又名“红砖厝”。它形似殿宇，富丽堂皇，是中国古民居的典范。它的主要特征是前埕后厝，坐北朝南，三或五开间加双护厝，红砖白石墙体，硬山式屋顶和双翘燕尾脊。

下面要为大家展现的是闽南建筑艺术中独具一格的砌墙方式——“出砖入石”。此种建筑方式可谓特点鲜明——利用形状各异的石材、红砖和瓦砾的交错堆叠，构筑墙体，交垒叠砌，无一不呈现出方正、古朴、拙实之美。用这种方法砌墙不但坚固防盗、冬暖夏凉，而且古朴美观。

那么，下面要为大家呈现的又是一种新的、截然不同的建筑。它是典型的海洋文化代表建筑之一——骑楼。位于中山路的这片特色民居形成于20世纪二三十年代，沿街的廊柱式骑楼浓缩了南洋式建筑精华，正所谓“南国多雨天，骑楼可避风”。值得一提的是，中山路的骑楼还是我国仅有的保存最完

整的连排式骑楼呢！

还要为大家介绍的是一种中西合璧的闽南民居——番仔楼，它同样受海洋文化的影响。番仔楼集闽南传统古民居与南洋建筑的优点于一体，古朴又不乏洋气，堪称闽南侨乡的建筑瑰宝，是一种别样的小洋楼。那些曾经下南洋的华侨归国时自然而然就把西方的建筑元素带入闽南的古民居中来，因此番仔楼不仅建造精美，并且富含华侨南洋打拼的辛酸血泪，其中尤以泉州永宁镇丰富的番仔楼样式及内涵最有名。

既然提到了华侨，就不得不说我们的李妙森故居。李妙森故居位于青龙巷“龙头”地段，就位于我们学校附近。传统的砖雕配上南洋的特色瓷砖，西式建筑的柱子配上闽南建筑的外墙，那些进口瓷砖上印着印度教色彩的“象头人身”图案，至今仍鲜艳如新！像这样富有文化色彩的建筑能够得到进一步保护，也是泉州历史上多元文化并存的最好见证之一。

总的说来，就是因为泉州文化具有包容性，才能把这些各具特色的民居融为一体，形成一道亮丽的人文风景线。这个充满魅力的人文城市，将一直吸引我们探索她灿烂而丰富、蕴含无穷内蕴的多元文化！

第三小组：多元晦鸣　主讲人：林倩雯

老师、同学们大家好！在我们的学习生活中，多元化影响显而易见。我们小组这次研究的主题为“七中教师来源结构的多元性”。七中有很多来自外地的老师，他们的性格、思想、文化背景都有所不同，那么这对学校发展有何积极意义呢?

我们采访了 9 位老师，让我们来听听他们对七中多元化的评价！

首先介绍的是涂文老师，他来自江西南昌，毕业于江西师范大学，2003 年来到泉州。他认为多元化结构能给学校带来不一样的教育理念和不同的风土人情，对老师们的职业成长会产生不同的影响，在教学中也会有所差别。

张青峰老师来自陕西，2005 年来到泉州。他认为不同地方的老师有不同的背景，如生活背景、教育背景，会带来一些不同的想法。泉州近年涌入大量的人才，使泉州七中的教育得到很大的发展。

接下来我们要介绍的是孙贻莲老师，她是一位大方开朗的老师，来自美丽的海南三亚，毕业于华东师范大学，1997 年来到泉州。她认为每个人的文化、出身、背景不同，七中容纳那么多来自不同地方的人才，大家互相融合发展，共同进步。文化交流，能带给学生不一样的感受。

宋莉老师是一位地理老师，来自黑龙江，毕业于佳木斯大学，2007年来到泉州。她认为多元文化能促进教育事业多样化的发展。例如她担任地理科目老师，在课堂上讲授教学，不同地区的经历丰富了她的阅历，让她能为同学们展现不同地方的风土人情和地理历史文化，这为她提供了更广阔的教学平台，让学生在学习中开阔了视野，也为教学增加了不一样的色彩。

王伟老师来自辽宁，毕业于内蒙古民族师范大学，2005年来到泉州。他认为多元化对老师的意义是在思想、性格、文化以及个人修养上与他人相互包容，促进学校进步。

倪晓东老师来自上海，毕业于华东师范大学，1999年来到泉州。他认为不同地区的老师的性格不同，教育资讯及好习惯带给学生不同的影响，大家共同进步。

张桂老师来自陕西，毕业于陕西师范大学，2005年来到泉州。她在七中任历史老师，第一节课对同学们自我介绍说："我从丝绸之路的起点来到海上丝绸之路的起点。"张桂老师将介绍自己的籍贯与自己所担任的历史科目相结合，使同学们觉得新奇而有趣，从而培养对历史学习的兴趣。

纪芸华老师来自江苏，毕业于南京师范大学，2002年来到泉州。她认为来自不同地域的老师本身学习、教书各个方面的风格和内容也会有所不同，这样有利于老师交流教学，有利于老师之间的互相促进与成长。

最后我们要介绍的是来自美国的Jack老师，他因为喜欢中国而来到了这里。这里和他的家乡实在太不一样了，他不怎么适应这里的生活，但是这儿也让他觉得舒适快乐。他教英语和政治，喜欢以和学生交流的方式授课。

著名教授叶澜说："任何一项教育改革，教师队伍都是一个不可缺少的关键性因素。"

教师来源多元化，能使具有不同特长的教师优势互补，使独特的教育教学风格特点得到发挥，给学生提供多元的教育选择。

吸收不同籍贯的优秀人才，可以为学生构建一个合理的师资学缘结构，形成多元合成的学源结构，从而促进各学科之间的交流与渗透，促进泉州七中的发展与进步。

第四小组："七彩班级"　主讲人：吴佳敏

老师、同学们，大家好！根据前面几位同学的介绍，我们知道泉州是一个多元的城市，我们班级也如此，班上共58位学生，来自安溪、惠安、泉港等11个不同地区，因此我们将七班称为"七彩班级"。于此，我们第八小组以"多元"为主题，在班上开展对同学的采访，并将各地区对比总结，以下便是我们的采访结果。

首先，我们采访了来自泉州市区的王晟淇同学和来自屏南的吴佳敏同学。泉州市区和屏南的第一个不同点是语言，泉州市区讲的是闽南话，而屏南讲的是闽东话。再者，泉州市区的饮食口味偏清淡，而屏南的口味偏酸辣。这是泉州的炸菜粿，这是屏南的米烧兔。泉州有著名的南音戏曲，屏南有古老的四平戏。泉州盛产海鲜水产，屏南的特产是屏南老酒。这是泉州著名风景区清源山上的天湖景观，这是屏南远近闻名的廊桥。

接着，我们采访的是来自漳州的朱春津同学和来自安溪的苏子煊同学。漳州和安溪都是讲闽南话，不同的是两地各有各的口音。漳州有美味的柿饼，安溪有淡雅的铁观音。漳州有特别的畲族服饰，安溪则有采茶专用的采茶服，各有一番风味。漳州盛产花卉，安溪盛产的是闻名中外的铁观音。最后这是漳州著名景点土楼，这是安溪同学拍摄的安溪大龙湖。

然后，我们采访了来自惠安的张俊荣同学和来自泉港的何温岭同学。惠安和泉港如前一组的漳州和安溪一样，各自讲不同口音的闽南话，泉港还多了一种莆仙语系。惠安口味偏甜，惠安的崇武就有美味的鱼卷，泉港有香味远飘的红烧猪蹄。惠安有独特的惠安女服饰，泉港的服饰没有什么特别的。惠安的产业是石雕，泉港则是石化产业的重要基地。最后这是惠安的崇武古城，而这是泉港同学拍摄的泉港锦绣广场。

最后，我们采访的是来自石狮的庄舒豪同学和来自霞浦的苏涵同学。石狮和霞浦一样，都是讲闽南话。石狮有螺类小吃，最著名的是老街里面的长钉螺。霞浦和石狮都有芋丸，但最好吃的是霞浦的芋丸。石狮有跟泉州市区一样的南音，霞浦则有闽剧。最后这是石狮的姑嫂塔，霞浦则有让摄影师赞不绝口的霞浦滩涂，风景美不胜收。

在采访过程中，我们小组还收集了同学们对"多元"的看法，并进行了总结。这是我们参访同学后总结得出的结论：多元文化聚集可以使同学间互相了解不同的文化背景和信仰，提高社交能力，认识生活的多元化；可以相互交流家乡文化，增长见识，促进同学们对生活的热爱；可以吸收各地区的文化精华，使班级文化多元、丰厚。

有好的方面就有坏的方面，因此我们小组还总结了多元化聚集的劣势：语言沟通不便，因信仰不同而产生分歧，各地区均有特殊的风俗习惯等。

总结过后我们开始反思，虽然对于刚刚认识的我们来说，这些劣势不会凸显出来，但是认识久了便会慢慢显现出来，但是我相信我们七班能够顺利解决这些问题。最后，我希望七班能在这个多元的氛围下友爱互助，越来越优秀，让别人看见我们班的光彩！

附 4：

课堂展示实录

导入

前段时间，我们刚刚过完了中秋节，我想大家还记忆犹新吧。过中秋节，不同的地方有不同的庆祝方式，现在我投影几张庆祝中秋的活动图片，看看大家能不能说出是什么活动。

投影中秋习俗图片：1. 博饼；2. 放孔明灯；3. 赏花灯；4. 烧塔仔；6. 拜月祭月；7. 舞火龙；8. 家人团圆，品尝月饼，共赏一轮明月。

仅仅一个中秋节，就玩出了这么多花样，可见我们的文化是多么丰富！其实，我们现在就生活在一个文化多元的时代。不必说世界文化已日益多元，单是我们的身边，就可以切身体会到多元文化。为了让大家有直观的感受，我们在开学初就开展了“我身边的多元文化探究”的活动课。同学们兵分八路，利用课余时间，分工合作，实地考察，现场采访，拍照留影，查阅资料，最终形成 PPT，经过几轮试讲，推出小组代表作总结展示。今天这节课可以算是我们为期一个月的活动课的总结了。下面，我们就请这些小组的代表来向大家展示他们的探究成果。

一、小组代表上台展示探究成果。

1. 泉州的多元宗教信仰，春津主讲。

2. 泉州的多元民居，成鸣主讲。

3. 泉州七中教师来源结构的多元化，倩雯主讲。

4. 泉州七中高一七班学生来源结构的多元化，佳敏主讲。

5. 小结。

感谢同学们的精彩展示，看来，这一个月的实践探究还是很有收获的。春津同学带领我们领略了泉州的多元宗教信仰。世界上有两座宗教城，一座是耶路撒冷，另一座就是我们泉州。耶路撒冷一直战乱不断，但我们泉州一派和谐。老城区这几条街道上，居然友好共存着那么多的宗教信仰，难怪泉州被称为“宗教博物馆”和“多元文化宝库”呢！

我很喜欢泉州这座城市，还有一个很重要的原因，就是泉州保留了自己的建筑特色。别的大城市只能看见长相雷同的高楼大厦，而在泉州却可以见到这么多样的民居建筑。刚才成鸣同学介绍了这些建筑背后的文化渊源。泉州民居蕴含的本土文化，包括来自中原的儒家文化和来自海外的海洋文化。是的，泉州真的称得上是一座“有文化的城市”!

不仅那些宗教场所、各色民居在默默诉说着文化，其实，我们每个人身上也留下了文化的烙印。不管是倩雯介绍的我们学校的老师，还是佳敏介绍的咱们班级的同学，我们都会发现，来源结构越多元，它所蕴含的文化也就越多元，我们能接触到的文化也就越丰富。

由此可见，多元文化就在我们身边，我们就生活在一个文化多元的时代。那么，为什么会出现多元文化？面对多元文化，我们应具备怎样的思维方式和价值观？如果说同学们之前的实践探究还只停留在感性认识的层面上，那么我们现在就回归语文，通过文本阅读，由感性认识上升到理性认识。下面，有一篇关于多元文化的社科文阅读练习，大家先独立阅读完成，然后再小组讨论，交流答案，最后推出代表来明确答案。

二、现代文阅读训练，小组讨论，明确答案。

三、小结。

通过这篇文章的阅读学习，我们对多元文化有了一些理性的认识。文化多元，从一个角度看是丰富，从另一个角度看就是冲突。因此，尊重差异，包容多元，就显得尤为重要。刚才佳敏讲得很好，同学之间要互相尊重，包容与我们不同的文化。将来走向社会，大家还会遇到更多来自不同文化背景的人，会遭遇更多元的文化，这就更需要大家有开放的视野、博大的胸襟，海纳百川，有容乃大。当然，刚才的文章也告诉我们，包容多元并不意味着良莠不分、全盘吸收，它还需要我们有理性判断，有批判力。如此看来，尊重、包容、理性、批判，这些都是一个现代人应具备的素质，这让我想到了我们学校的办学理念：培养身心健康的现代中国人。

投影：“办学理念”

什么样的人才算真正的现代人呢？（与学生互动）对“现代”一词，我们可以进行更深层的解读。

投影：“现代”的内涵

《现代汉语词典》对“现代”和“现代人”是这样解释的：“现代”，现在这个时代（我国多指1919年至现在）；“现代人”，当今时代的人（在我国历史上一般指五四运动以后的人）。如果从这个解释看，我们大家都是现代人，学校为什么还要将其作为育人目标呢？

对“现代”一词的内涵，我们也可以作深度的解读。“现代”，不仅仅是一个时间概念，如古代、近代、现代，同时也是一个有特定内涵的文化概念。对于这点，我们可从三个层面理解。一是器用层面，即功利层面，指的是先进的科学知识和技能等，如电脑、网络、3D打印、转基因等；第二是思维层面，如理性、尊重、包容、实事求是、逻辑思维、批判思维等；第三是价值层面，可以上升到“自由”，当然这是制度规则下的自由。有了尊重和包容，多元的文化才可以自由地发展，这也是我们社会主义核心价值观中很重要的一条。明白了“现代”的文化含义，“现代人”的内涵自然也就出来了。

投影：现代人应具备的素质

现代人应具备的素质可分为表层素质和深层素质，表层素质是知识和技能，深层素质是价值观和思维方式。刚才说的功利层面就属于表层素质，而思维层面和价值层面就属于深层素质了。

投影：尊重、包容和理性批判

作为一个现代人，我们不仅要掌握先进的科学知识和技能，还应具备尊重差异、包容多元、理性批判、和而不同的深层素质。只有有了这样的素质，我们中华民族的多元文化才能发扬光大，我们的国家才能出现百花齐放的和谐盛世，世界才能走向和平。

投影：费孝通的话

我们将最终达到著名社会学家费孝通先生提出的理想世界：和而不同，多元一体，各美其美，美人之美，美美与共，和谐世界！希望同学们在以后的学习生活中，努力学好先进的知识和技能，不断提升自我的深层素质，成为身心健康的现代中国人，为建设和谐世界作贡献！

四、作业

我们探究多元文化的活动课现在可以画上句号了。不过，我还是想给大家画省略号，留一个课外作业，作为我们对活动课的回味。希望大家能从中得到更多的感悟。

投影：作业

自开展以“我身边的多元文化”为主题的活动课以来，你一定经历了一些有趣的、难忘的事，产生过很多很多的想法，请结合你参加活动课的经历，写一篇文章，可以叙事，可以议论，不少于800字，题目自拟。

附 5：

学生对课程的自我评价

在 路 上

高一 7 班　陈成鸣

不知是曾于何方漫随天外云卷云舒的逍遥行客，还是曾于某处笑看庭前花开花落的潇洒志士说了这样的话——“身体和灵魂，总得有一个在路上”，我亦深有同感。

文化这东西吧，总是说不明道不透的模样。我也只能在那些远去的斑驳古巷中寻觅她神秘的面容。但倘若要说她毫不隐晦，说她全无半点虚无，倒也有十分的道理。所幸，我参与了本次活动课程，探访泉州之多元民居的项目，才得此机会领略泉州文化之神秘与灿烂。

每到一个新的地方，我总要萌生诸多疑问——我尤为好奇看似遥远的“文化”二字，该如何融入本地的风土人情中去。因此我寻到了蚵壳厝，这是一种难得一见的、创意美感与实用价值并存的奇特建筑。有资料证明，蚵壳厝的工料来源于多方海域，实乃泉州“海上丝绸之路”繁荣的最好见证之一。我不敢说在抚摸那些鱼鳞般精致的蚵壳时我悟到了些什么，但我感到我触摸的是一种文化，一种能在岁月中沉淀下来、经久不衰、历久弥新的文化。这些巧夺天工的艺术承载的是先人的智慧，是文化的智慧。

而更令我叹服的是泉州文化神奇的包容性。泉州是个沿海的城市，但它吸纳了本土、中原甚至海外各国的文化精华，中西元素兼而有之，这莫不成也是文化魅力的一种？

这个问题我想了很久，直到踏上前往那些记录着丰富人文历史的路上时，我才似乎有了些头绪——文化，莫不是充满大智的先人们把那些“人文之精华”化为目力可视之物、耳力可听之物，一代一代流传下来的？

“人生天地间，忽如远行客。”当我们行走在探访文化的路上，我们的身体、我们的灵魂，亦俨然拥抱了半个世界。

难忘的采访经历

高一 7 班　陈丹瑜

接到组长传达的老师布置的任务时，兴奋之余是满满的紧张感。毕竟对

于我们来说，采访老师的活动是第一次面对。

到执行任务的前一刻，我都还是手忙脚乱的状态。没有事先准备好要问的问题，在电话采访的过程中也因为紧张而一直处于半结巴状态。还好，电话那头的老师很亲切，虽然到现在我也不知道她的模样，但因为有了她对我们的鼓励，我们对采访也有了信心。

于是，我们又在当天下午约好了另一位老师。有了上午的经验，下午我们设备都准备齐全了，在设计好全部流程的情况下，和老师进行面对面采访。遗憾的是，我完全失去了上午采访的感觉，只有满满的紧张感，作为采访者的我没能够出色地完成这一次任务。好在有了前车之鉴，接下来的采访就顺利多了。大家轮流分工合作，陆陆续续又采访了其他老师，收集到了各种材料。当我们以为即将大功告成的时候，组长又带来了一个让我们每个人都束手无策的消息：要去采访一名外教。

这下可好，小组的成员乱成一锅粥，压根不知道该怎么办。同桌和我那几天都忙着把各种问题翻译成英语，编排了各样的开场白，通过代课老师联系到外教，利用课间和放学的时间来采访。

临上阵前大家都怯场了，好不容易和他打上了招呼，却因为问题没有问清楚而被误认为是找不到班级的学生。一波三折，问问题的时候因为太紧张，只能把能想到的单词全部凑在一块儿。但感谢这位外教老师，包容我们所有的失误，给予我们很大的鼓励！

做好了PPT，主讲人一次次试讲，在公开课上放映的课件中，我看到小组成员的身影，还看到了其中的自己。那么幸运，我能够成为这个成果里的一部分；我能够回忆起经历的点滴，如数家珍。少不了有遗憾，更多的是难忘。

参与体验的过程比起任何一种结果都弥足珍贵。在写下这篇文章时，我想我们已经能够为这次欢笑带泪的任务画上圆满的句号了。

访后之感

高一7班　林倩雯

“啪啪啪……”随着一阵响亮的掌声，我们班此次举行的“多元”公开课已宣告结束，可在此之前的筹备期间，我们组采访七中教师的经历却是我人生中一笔宝贵的财富，深深地烙印在我的脑海中，成为永不磨灭的记忆。

我们小组负责采访七中教师，我们采访的9位老师中，有来自中国不同省份的老师，也有来自美国的Jack老师。在采访中我们得知，老师们的来源地不同，一些风俗、思想、信仰、文化等也都有所不同，但他们共同聚集在七中，构成了这个和谐融洽的七中教师团体，这就是所说的“多元”……

在我们的采访过程中，我们小组成员也从被采访的许多老师身上学到了很多东西，他们的坚忍、勤奋深深感染了我们。我们采访人员到达老师办公室时，被采访的老师正低头认真工作，他们从百忙之中抽出时间来接受我们的采访，十分配合我们的采访工作。在交谈过程中我们也发现，大部分老师都是大方开朗、平易近人的，教学风格也各有独特之处，但认真负责的心都是相同的。

最让我们印象深刻的是对美国Jack老师的采访。虽然这并不是我第一次跟外国人接触，但想做好这次采访工作却是不易的。虽然交谈过程中也稍有一些小曲折，但总体来说是挺好的。我们也从中了解了美国的起居饮食等与中国的差异之处，以及两地的不同文化等，这些美好的回忆永不褪去……

此次公开课的主题是“多元”。不管是在学习中还是生活中，多元化影响显而易见。经过这次一系列的采访活动，我学会了“尊重差异，包容多元”。不同地区的背景、思想文化都有所不同，我们不应该只重视我们的文化而拒绝他人的文化，应尊重差异，不仅承认其存在，更要承认其价值。在容纳那么多不同文化时，我们要学会包容。每种文化都有其精华，我们要学会吸纳优秀的文化，与其他文化实现优势互补，共同进步。

此次的公开课虽已结束，但我受益匪浅。我会永远铭记这次活动，在学习生活中做到“尊重差异，包容多元”。

一次意义非凡的活动

高一7班　张泽欣

在这次语文实践活动中，我们小组分到的主题为“多元的民居”，我被分到其中的“骑楼组”。说是“组”，其实不然——我是单独行动的。因为要采访，我心里有点不情愿。我怕与人交谈，但任务在身，交差前几天我才终于下定决心出发。

我是从外地来的，沿途问了几个路人才找到了骑楼集中区——中山路。这里与我的家乡的商业区相比，相同的是各种各样的店铺和喧闹的人群。最

显而易见的不同，就是那整整齐齐的、一字排开的骑楼。我悠闲地走在街上，左顾右盼，发现几乎所有骑楼都有两个楼层，第一层是店铺，第二层则用于居住。我在店门外粗略地望了一下，店里的空间安排都比较合理，规模虽小，但也整齐，商品大都展现在橱窗里。在此开设店铺，实在是不二之选。我采访了几家店主，出乎意料的是，店主们的态度都不错。这次顺利愉快的采访，让我对泉州这座城市留下了美好的印象。

到了公开课的那天，同学们都怀着紧张激动的心情开始了自己学生时代中意义非凡的一课，来自福建省各个地区的优秀语文教师齐聚一堂，来听我们的“报告”。课上，几位主讲同学精彩的发言博得满堂彩。其中，让我印象最为深刻的是“宗教多元”那个小组的 PPT 上展现的内容，教堂、开元寺、天后宫等多种信仰的代表建筑相隔不过几条街，而且几百年以来共同繁荣，这一点让我觉得难能可贵，让我深刻体会到泉州是一座包容的城市。随着下课铃声的响起，这次的活动课也画上了句号。

这次活动课，无论是同学们的讨论、分工、行动，还是最后课上的表现，都让我们这个班集体变得更有凝聚力，更加团结。身处这样一个温暖的班级，我对未来充满了信心。

关于本地多元文化探究活动的看法

高一 7 班　陈雨菲

作为一个土生土长的本地人，比起班上其他同学，我对泉州本土的多元文化更能感同身受。

比如，我是一个基督徒，小时候我每周都要去西街的教堂，而隔着一个十字路口，便是闻名遐迩的开元寺。难以想象同一条街上就有着截然不同的东西文化，可又相处得如此和谐。

道教的清源山上存放着弘一法师的舍利子，关帝庙紧邻着伊斯兰教的清真寺；一个常年人声鼎沸，一个独守一片清净。

如果你开启卫星地图俯视泉州，会发现古民居的旁边可能建着小洋楼甚至是现代楼房，邻里之间相处和谐，而且这样的搭配风格也不会太突兀。

说到多元自然少不了要聊一聊吃的。“泉州人的早晨，通常是从一碗面线糊开始的”，我倒是没有这个习惯，不过面线糊确实好吃，西街和水门巷都有不错的老字号店面。同样在西街，还有一种东西也很出名，那就是润饼，润饼通俗一点讲就是春卷皮。泉州人的大型家宴通常都会做一大桌菜，有海蛎煎、米粉、海苔、花生四样主要的菜，然后让家人一人拿一张润饼，将自己喜欢的东西包起来吃。安海的土笋冻也很好吃，但安海油炸类的食品更深得我心，菜粿必须点 32 个赞。

泉州的多元化，更多还是体现在有许多外来人口这一点上。因为班级的特殊性，班上竟只有七八个本地人。也因为这样，我听到了许多以前不曾听过的方言，有些似闽南话，有些则根本听不懂。但所幸这并不影响我们班级的团结友爱。

我认为，这次对泉州多元文化的探究很有意义。一方面让外地的同学们了解了我们泉州对多种文化的包容与理解；另一方面也让同学们在活动的过程中增进了友谊。还有，我也在此次探究中第一次深入认识了我的家乡，第一次发现了这儿的文化是那么的多彩。

我喜欢这儿。

一颗包容多元的心

高一 7 班　吴佳敏

月初，老师就给我们布置了寻找身边多元文化的任务。起初，我总是觉得这个任务有些困难，到哪去寻找多元啊？

同学们到大街小巷采访，街头卖糖葫芦的，店里作陶的，场里唱戏的。渐渐地，我们发现身边真的有多元文化。泉州戏曲众多，其中南音、木偶戏最为出名。傍晚散步在西湖，爷爷奶奶总会哼起小调，这也不影响他们对木偶戏的热爱。他们会搬把小凳子，乐滋滋地在小剧场里观看。

泉州不仅戏曲众多，宗教的门类也繁多。我们走街串巷时发现人们对自己信仰的宗教很虔诚，同时也对其他宗教表示尊敬。七中后门旁的妈祖庙一年四季前来虔诚跪拜的人络绎不绝，而在不远处的开元寺和关岳庙的香火也从未断过。没有人会因为信仰不同而起分歧，也没有人会因为嫉妒香火旺盛而做出一些出格的事情。这里的居民拥有着一颗包容的心。包容的不仅仅是戏曲和宗教的多样性，还有更多来自不同地区的文化、风俗。

一些同学也在学校寻找多元。通过采访与调查，我们发现原来我们的教师队伍是由全国各个地方的教师构成的。他们带着自己家乡的文化，与同学们一起交流学习。突然记起，语文老师在第一天介绍自己的时候提到她是新

疆的。在这短短几个月的日子里，我们看到了她豪迈的气概，而有时却又会因小小一首诗而淌露出内心的柔情与忧伤，给我们带来别样的语文学习体验。

到这里，就不得不提一下我们的班级了。全班58个同学中有5个来自泉州本地，11个来自泉港，6个来自屏南，2个来自漳州……我们就像一个小小家庭一样。正是因为这样，我们才会显得格外团结，有福同享，有难同当。我们相约，要开展一场美食会，把来自各个地方的美食都搜罗来。也许因为地方的差异导致方言沟通困难，但大家都毫不介意，积极学习与交流。这就是包容。

这一个月来的采访与交流，令我感悟极深。从最初的毫无头绪，到最后的成果满满，我们要善于发现身边的事物，更重要的是得拥有一颗包容多元的心。

探索多元之旅

高一7班　傅杰霖

在泉州这片美丽的土地上，多元文化是它的一个亮丽景观，而我和我的小伙伴们就探索过其中的多元化宗教。

刚踏入高中，美丽优雅又大方的语文老师就交给了我们一个重大任务——考察多元宗教。作为一个爱玩的人，我会放过这样的机会？当然是召集起小伙伴，制定好计划，探索去咯！

经历多次问路、搭车，我们来到元妙观。此观是道教传到福建省后建的第一个道观，历史悠久。大殿上有一条飞舞的龙，殿前摆了个大鼎，让我们看到了这个观的气势。拍完了几张风景图，我们也不忘来这的目的。我们找到了一个热心的工作人员，他向我们讲了几个关于道教这个中国土生土长的宗教的典故。其中有一个文昌帝怀才不遇最后自尽的故事让我记忆犹新。又拍了几张合照作为留念之后，我们便离去了。

接下来便是我大显身手的时候了——制作PPT。集齐了小组各个成员的劳动成果之后，我便开始着手制作了。首先，要来个响亮而不俗气的标题，经过小伙伴们的共同研究，我们决定以“千里有缘，会多元泉州”为标题，然后我便开始具体操作，经过几个没有午睡的中午之后终于完成了。接下来的日子里，好几十次的修改和试讲又让我们的作品更加完整。

公开课的那一天，看着自己亲手做的PPT一张一张地展现，我心中的成就感油然而生，那感觉别提有多爽。尽管演讲的时候，主讲出了点小瑕疵，但我们还是很开心。

这趟多元探索之旅让我们受益匪浅，既了解了道教丰厚的文化底蕴，又增进了同学之间的友谊，让我们更加喜欢语文，喜欢泉州。

因容而和——我身边的多元文化探究

高一7班　欧静诗

开学初，我们班接到了一个任务——探究多元文化。我身为第三小组组长，更是业务繁多。我们小组的任务是采访班级同学，也就是调查班级同学来源的多元性。为此，小组用了三个星期的时间完成了采访收集，并且制作了PPT。可以说这过程是很有趣的，我收获不少。

在采访中，我了解到我们班由11个不同地方的学生组成，可谓“七彩班级”。通过调查，我对班级同学有了一定层次的了解，消除了新同学之间的一些隔阂，相处得更为融洽。最后在制作PPT时，虽费了不少精力，但看到公开课上掌声不断，也觉得很满足。

公开课上，同学们踊跃回答，每个主讲人都将这半个多月的努力成果充分展现出来，再加上谷老师那具有独特韵味的讲课，使这次公开课反响极好。

经过这次活动，我了解到了班级的多元性，也深深体会到了身处这个七彩班级的优势。在这个班级里，我们可以在交流中获知不同文化，可以互相体验别人的文化，使我们的日常学习生活变得更丰富。

然而有优势也代表有劣势。语言、信仰不同，在很多时候特别是青春期，会产生较大的分歧，所以我们必须思考如何消除分歧，那就是要拥有一颗包容心。如何包容呢？在这个班级里，我们首先要做的就是互相理解，比如在语言方面我们应尽量说普通话，但是有时也可以互相分享交流自己家乡的方言，互相学习。其次便是取其精华去其糟粕，面对不同文化我们要有一双慧眼，虽然同学之间没有恶意，但有时候总会有文化上的一些坏习惯，这就需要用你的慧眼来判断了。

能在七班这个文化大家庭里学习，我甚感荣幸，这是难得的缘分。希望我们七班能珍惜爱护这份情，让班级发展得越来越好！

多元文化

高一7班　刘雅婷

费孝通先生曾说过这么一句话："各美其美，美人之美，美美相容，人类大同。"我认为这就是所谓文化多元很好的表述，简单说，就是中国古代的一句话——"和而不同"。

前一段时间，我们小组对教师多元结构进行了调查。在这一段时间里，我们虽然遇到许多困难，如台风来临、时间冲突等，但我们还是一一克服了。在我们采访的老师中，有一位美国老师，尽管在采访这位特殊老师前，我们做了大量的准备工作，最后还是闹出了不少啼笑皆非的笑话。面对正宗美式发音时，我们变得有些结巴，甚至这位 Jack 老师面对我们其中一个提问时，说："I don't understand what you said..."我当时也很焦急，但爱莫能助。总之，我们咬牙坚持采访完了。在这个过程中，我们小组同学互相协作，共同成长，收获了不少。这次的经历可谓是生命里一个耀眼夺目的亮点。

采访之后，我们总结出一条：教师来源多元化，能使具有不同特长的教师优势互补，使独特的教育风格得到发挥。

从历史中抽身而出，多元化的思想会反作用于一定的经济、政治，使之朝着积极的方向发展。清朝时，我们曾是世界上最强盛的国家，但清朝统治者闭关自守，对西方先进科学思想加以排挤，最终成为列强瓜分的对象。

尽管我们共同生活在同一个地球，却拥有五彩缤纷的文化，世界是一个文化多元的社会。我们拥有不同的肤色、语言、信仰、风俗、习惯等，却有一个共同的目标——生存。为了实现这个目标，我们必须学会适应。

多元文化的核心价值是各种文化求同存异，相互尊重，和睦相处，促进人类文化的进步，最终实现共同繁荣发展。

我们要用积极的、建设性的观点去看待不同民族和不同文化，真诚地去了解、吸收外来文化的精髓，并将之与本民族的优秀文化进行整合。

让我们一起奋斗！

研析：《有容乃大：我身边的多元文化探究》课程实施的反思

谷小艳

经过一个多月的课程实践，自我感觉跟学生一样，收获挺大。当初加入课题组时，听了鲍老师的专题讲座，对校本课程有了更加深刻的认识，学习了马什的校本课程开发的三维模型，知道校本课程开发可以有多种形式，可以是一次性的活动，也可以是为期一两个月的短期活动，还可以是用几年时间研究的长期活动。我的这个校本课程开发案例，应该属于为期一个月的短期活动，这个课程可以在每学年的第一学期开设，面向高一新生，有助于学生了解体会我们学校的文化理念。

当初设计这个课程时，我是这样考虑的。我们的课题是“学校文化与校本课程开发的关系的研究”，那么，如何让我们的校本课程紧紧围绕我们的学校文化，让校本课程尽量体现我们的学校文化呢？泉州七中是立足促进学生多样化特色发展的，学校坚信人人可以成才，也使人人得以成才。我们学校的育人理念是“每一棵树都有它的春天”，具体落实在育人目标：培养身心健康的现代中国人，锻造各行各业领军人物。

基于学校的文化理念，我抓住“培养身心健康的现代中国人”这一点，对它的内涵进行深入挖掘，发现“身心健康”“现代”“中国人”都是可以大做文章的。为了集中“火力”，我选取了“现代”这个词语，力图通过校本课程来体现“现代”的内涵。《现代汉语词典》对“现代”和“现代人”是这样解释的：“现代”，现在这个时代（我国多指1919年至现在）；“现代人”，当今时代的人（在我国历史上一般指五四运动以后的人）。如果从这个解释看，我们大家都是现代人，学校为什么还要将其作为育人目标呢？

对“现代”一词的内涵，我们也可以作深度的解读。“现代”，不仅仅是一个时间概念，如古代、近代、现代，同时也是一个有特定内涵的文化概念。对于这点，我们可从三个层面理解：一是器用层面，也即功利层面，指的是先进的科学知识和技能等，如电脑、网络、3D打印、转基因等；第二是思维层面，如理性、尊重、包容、实事求是、逻辑思维、批判思维等；第三是价值层面，可以上升到“自由”，当然这是制度规则下的自由。有了尊重和包

容，多元的文化才可以自由地发展，这也是我们社会主义核心价值观中很重要的一条。明白了“现代”的文化含义，“现代人”的内涵自然也就出来了。

而我重点对“现代”一词内涵中的“理性、尊重、包容”作了挖掘。联系我们生活的城市泉州，它本身就是一座多元文化宝库，具有文化多元包容的特点；再联系我们的学校，与周边兄弟学校也有不同，学校教师的来源亦显得多元，可体现学校文化的多元包容；又联系我们班级的学生构成，很多学生也是来自不同地方，拥有不同文化背景的，也需要包容。这不正是我们学校多元文化很好的体现吗？

找到了契合点，接下来便是指导，分组开展学习活动。因为许多内容是需要学生亲自实地考察的，于是，学生们经常利用课余时间和周末时段，小组集体行动，去采访老师，采访游客，实地拍摄图片，到图书馆查阅资料……大家做得不亦乐乎。他们要与人交流沟通，他们要从浩繁的资料中提取有用的信息，他们要把零散的材料整合成有条理的课题研究报告，他们要制作课件，要写讲稿，要当众演讲、分享。这个过程体现了校本课程建设中学生的主动参与和创造性参与。就是在这样的实践中，同学们的能力得到了锻炼与提升。

同时，更重要的是，通过这个校本课程的学习，同学们对学校的文化有了进一步的认识。不论是学校教师的多元结构，还是班级同学的多元组成，都让他们感受到了学校的多元包容的文化理念，再加上对泉州多元文化的认识，很好地引导学生有意识地培养自己开放的国际视野，包容多元文化的博大心胸。也正是有包容多元文化的心胸，才有包容个性特长的胸怀，体现了有教无类、因材施教、人人可以成才、人人得以成才的观点，也正体现了我校的育人目标：培养身心健康的现代中国人，锻造各行各业领军人物。

附录：

学生课件

千里有缘
会多元泉州
泉州七中高一七班灿荣小组、叶帆小组联合出品

泉州的多元民居
婉欣小组与宏典小组联合出品

多元晦鸣
——七中教师来源结构的多元性
雅婷小组出品

七彩班级
泉州七中高一七班

第四章　泉州七中“经典诵读”校本课程开发

引　言

一、经典诵读的地位

2010年6月，教育部和国家语委联合发布了《关于在学校开展“中华诵·经典诵读行动”试点工作的通知》（以下简称《通知》），将经典诵读上升到国家意志之高度。毋庸置疑，经典诵读能“引领广大师生更加广泛深入地感受领悟中华经典，加深对中华优秀传统文化的了解和热爱，增强继承和弘扬中华文化的自觉性，提高思想道德水平；培养学生诵读、书写及讲解经典能力，提高他们的文化素养、审美情趣及语言文字应用能力”。近年来，我国大力弘扬儒家经典、传统文化，对内重塑地位，将中华文化定义为“提高国家文化软实力最深厚的源泉”，“将传统文化吸收为执政党的执政资源”，对外输出文化思想，让世界人民更加了解和接受中国文化的精髓。经典诵读、孔子学院就是其中的突出表现。

二、当前经典诵读实践存在的问题

《通知》发出以来，各大中小学幼儿园纷纷贯彻执行，在“中华诵·经典诵读行动”领导小组办公室的推动下，各种试点学校、各级“诵读”比赛、各类“诵读”活动、经典诵读网站、读本、光碟、视频、课件层出不穷，相关研究文章也不断推出。

然而，经典诵读在学校的开展，存在诸多方面的问题，表现为对《通知》的理解不够全面，过于强调参赛的功利目的和表现形式，忽视现当代优秀诗文的诵读，在高中开展得较为平淡，尤其缺乏在高中开发经典诵读课程的实践，同时对以上问题的研究也不足。

三、在高中阶段开展经典诵读的必要性和相关课程建设的重要性

高中阶段，学生的心智成长进一步丰富完善，学习的经典篇目积累更多，理解能力更强，独立见解逐步形成，所以于高中阶段加强诵读经典，既是对经典诗文的强化，又是学习经典的重要形式；既对学生的思想道德水平和文化素养产生教育作用，又能提高其阅读面、理解力、诵读水平，有利于语文教学，有必要加以重视。通过经典诵读方面的课程建设，发挥课程功能，能更好地解决上述三个问题，实现经典诵读在高中阶段的多方位的教育教学目的。

四、校本课程开发的实践和研究的现状

综上所述，要重视研究高中经典诵读课程建设，实施切实可行的有效的经典诵读课程，就要掌握校本课程建设的理论方法。笔者研究了当前学校校本课程开发实践和研究的现状，情况如下：

（一）关于“经典诵读”的研究动态：多数停留在以往水平，即对内容、形式、方法、作用、学段，作为语文的教学的研究多，而作为课程建设来研究其开发、实施及意义的少；站在“师”的角度研究其意义的多，站在“生”的角度研究其意义的少；研究在义务教育阶段实施的多，研究在高中阶段实施的少。

（二）关于课程改革和校本课程的研究动态：一方面，呼应其理论及应用的研究较多，反思在国内推行情况和存在问题的力作少。例如按照《国家中长期教育改革和发展规划纲要（2010—2020年）》的要求，国内兴起的打造现代学校、打造特色学校的运动，促使许多学校、研究者、教师掀起课程改革和校本课程建设新的热潮；另一方面，有从一开始就对新课程的反思，例如王策三与钟启泉的三次论争，以及这些年来从分析校本课程内蕴的多元课程文化与当前教育体制、学校管理一元文化之间的冲突，校本课程的专业自主文化与当前预设、执行的教师专业文化之间的冲突，“课程”和“教师课程理解”的复杂多样的冲突，“校本课程开发”这一舶来的概念翻译的准确性的考究，而提出的校本课程开发的“再概念化”思想。

五、当前校本课程开发实施的问题

通过对现状的调查研究，我们发现当前校本课程开发实施存在以下问题：

（一）关于新课程改革和校本课程建设。这些存在的争论、反思以及各个学校开展新课程改革或实施校本课程的现状，暴露出两个问题：一是实施者理论知识的薄弱和欠缺，课程理解不到位，课程意识淡薄。二是理论和实践的脱节，表现在教育理论专家、政策制定者和改革的倡导者振臂高呼，而教育实践者却应者寥寥，有的阳奉阴违、消极对抗；有的邯郸学步、盲目效仿；有的因循守旧、极力反对和抵抗。

（二）关于“经典诵读”校本课程，没有全面理解《通知》对内容、形式、方法、作用、学段的要求。作为语文教学手段的研究较多，作为课程建设来研究其开发、实施及意义的少；站在“师”的角度研究意义的多，站在“生”的角度研究意义的少；研究国学经典的多，研究文学经典的少；研究在义务教育阶段开展的多，研究在高中开展的少；研究作为活动开展的多，研究作为课程实施的少；研究作为单一活动的多，研究作为多学科统整的少；研究当前评价的多，研究发展性评价的少；以典型人群为实施对象的研究多，以普遍人群为实施对象的研究相对少。

六、经典诵读课程实施的研究核心

因此，如何开发和开发怎样的经典诵读校本课程，既要解决开展经典诵读存在的问题，又要解决校本课程开发存在的问题。开展新课程，老师也是学习者，也有一个不断建构的过程。作为一名实践者，要在课程改革中担负起学习、实践、反思、再创造的责任，提升课程意识，在校本课程开发中体现多元的、自主的、生成的、本土的、实践的特点。泉州七中高中“经典诵读”校本（活动）课程，是在校园活动的基础上生成的，该课程的实践恰好符合前述理论观点，能克服前述存在的问题，较好地发挥课程的功能。正是有了这种课程建设的责任感，才有课程管理上的主动性和创造性，因而该校高中“经典诵读”校本课程值得作为个案研究，总结提升，以资借鉴。我们结合经典诵读校本课程的实践和效果，力图实证“校本课程再概念化”的理论，提出在“经典诵读”校本课程开发与实践中具有操作性的、有特色的、又有示范作用的做法，进一步总结“经典诵读”活动课程的实施在课程建设、校园文化、语文教学、学生成长、教师发展中产生的积极作用。

七、经典诵读课程实施的研究意义

（一）研究校本课程的实施，对推进课程改革，创建特色学校，培养学生全面素质和个性特长，具有现实意义。

（二）针对高中“诵读教学”淡化，德育工作难抓，语文教学低效，泉州七中“经典诵读”校本课程的实施很好地解决了以上问题，值得推广，具有典型意义。

（三）总结提升校本课程开发途径，校本课程实施方式，校本课程的生成性，校本课程实践的创造性，语文教学本质的回归，语文教学困惑的突破，师生在教学中的角色定位，学生的能力素质、发展和评价，教师课程意识的提升及对课程的评价，都具有理论意义。

八、经典诵读课程实施的研究方法

我们采用文献研究、行动研究、问卷调查、个案研究和图表法，围绕所选论题，参考相关理论资料和具体实践，试图解决高中教育教学和经典诵读中存在的不足，思考校本课程的开发实施方式，形成一种模式，提供一个示范。

经典诵读概述

一、经典诵读的概念界定

（一）经典。《现代汉语词典》的解释为“权威的著作”，《辞源》的解释为“典范的经书”，概括起来就是各个知识领域中那些典范性、权威性的，经过历史选择出来的“最有价值的书”。按照《通知》中“开展中华古代经典及现当代优秀诗文的诵读、书写、讲解”的要求，经典诵读的内容应该包括“中华古代经典”和“现当代优秀诗文”两部分，既要重视传承民族思想文化的古代典籍诗文，又要兼顾承载先进文化的现当代诗文。

（二）诵读。按照“熟读精思、口诵心惟”之说，“诵读是一种阅读和学习的方法，诵读是言语作品的吸收和理解过程，诵读是紧张而复杂的思维过程”。在我国传统蒙学中，“是先生教给蒙童的主要读书方法”，“包括‘诵’与‘读’。‘诵’指‘吟诵’，包括吟诵、熟读、背诵；‘读’指阅读，包括朗读、默读、略读、精读”。目前大家的普遍认识偏重于表现上的吟诵、朗读。叶圣陶先生将“诵读”一词理解成“熟读”“成诵”。他将诵读划分为“宣读”和“吟诵”两种形式，宣读“只是依照对于文字的理解平正地读下去，用连

贯与间歇表示句子的组织与前句和后句的分界”，而吟诵则是“心、眼、口、耳并用的一种学习方法”，且“必须理解在先”才能“传出文字的情趣，畅发读者的感兴”。

可以概括地说，当前开展的经典诵读，就是阅读中华古代经典和现当代优秀诗文，并在理解吸收的基础上以吟咏朗诵等各种方式呈现。

二、经典诵读对高中生成长的意义

（一）高中生成长的特点

1. 学生的智力水平达到基础教育时期的最高发展阶段。“智力是指处理抽象观念、新情境以及进行学习以适应新环境的能力。我国大多数心理学家认为：智力是指在认识方面的各种能力，即记忆力、观察力、想象力、思维力的综合，其核心成分是抽象思维能力。”按照皮亚杰的认知发展理论，认知发展分为4个大的阶段，那么高中阶段（11～16岁）为形式运算阶段，这时的思维是以命题形式进行的，不再刻板地恪守规则，而是能根据归纳或演绎或逻辑推理的方式解决问题。高中生的知识积累、理解能力、接受能力、自主意识、创新能力、形象思维、逻辑思维都达到一个最高阶段。2. 认知发展存在差异。后来，皮亚杰在1972年作了修正，认为所谓正常的人不迟于15～20岁达到形式运算阶段，也就是说即便进入发展的最高阶段，学生的认知发展也存在差异。3. 自我意识加强。按照埃里克森的心理社会发展理论，初中到高中阶段是青少年建立自我同一性的时期，了解自我，了解社会，需要得到最大限度的肯定和尊重。4. 理性与感性交织的阶段。随着高中生心智的逐渐成熟，理性思维与逻辑思维能力增强，自主意识增强，这就造成了与感性思维的矛盾交织，犹如江河入海，交汇处总是或多或少地混沌不清，所以高中生也往往是感性思维与理性思维交互作用，体现为矛盾和战胜矛盾的反复过程。

（二）经典诵读对高中生心智成长的意义

1. 笔者对“心智”的定义。本人并不受限于心理学意义上的“心智”概念，而是从中国文化的角度定义“心智”。“心”，即情感，包括由情感控制的情绪、态度、认识等感性思维；“智”即认知水平，又体现为由知识、能力主导的思想、认识等理性思维。“成长”指正向的发展，与之相对的是心智的不成熟、发展迟缓、发展阻滞、逆生长。2. 经典诵读内容是学生心智成长的营养。经典诵读内容为中华民族文化的精髓，有作为中华民族文化特征和集体意识的国学内容，有百花齐放的丰富思想，有丰富的主题，有丰富的形式和体裁，有丰富的情感体验，有丰富的作者个性，给人以丰富的想象空间，是世界文化中独特的一元。诵读经典，能够使学生获得更为丰富的经历，思想上更加成熟、完备、向善，情感体验上更为丰富，表达能力更强，同时控制能力也更强，并在此基础上不断内化、生成、建构。总之，经典诵读有助于学生心智的成长。

（三）经典诵读对高中生能力培养的意义

心智成长对应的外化表现就是能力的提高。经典诵读能提高学生全面素质，发展个性特长。按照加德纳《心智的架构》中的观点，人类的智能至少可以分成 7 个范畴：1. 语言智能；2. 数理逻辑智能；3. 空间智能；4. 身体—运动智能；5. 音乐智能；6. 人际智能；7. 内省智能。后来，加德纳又补充为 9 种智能，增加了自然探索智能和存在智能。通过经典诵读，让学生们形成正确的世界观、人生观、价值观，提高了他们对事物的认知能力及思辨能力，提高他们解决问题的能力；由于诵读活动有多样的呈现方式，还可以在处理问题的逻辑能力、搜集信息资料的能力、阅读鉴赏能力、合作交流能力、语言表达能力、艺术表现能力、身体活动能力、领导能力、内省反思能力方面让学生得到锻炼和提高，并可以据此发现在这些方面具有特长的学生并加以培养，学生也可能由经典诵读活动发现自己的兴趣特长而制定生涯规划。

三、经典诵读对高中语文学习的意义

《普通高中语文课程标准》指出，“语文是最重要的交际工具，是人类文化的重要组成部分。工具性与人文性的统一，是语文课程的基本特点”，“通过高中语文必修课程和选修课程的学习，学生应该在以下五个方面获得发展：积累·整合、感受·鉴赏、思考·领悟、应用·拓展、发现·创新”。高中经典诵读，能够提供语文学习的有效方式，并较好地实现语文课程的上述功能。

（一）丰富语文教学方式

1. 重拾诵读教学。学生往往轻视背诵，认为是死记硬背，他们的抵触情绪往往也影响了老师在这方面的要求，硬性规定还是听之任之，往往让老师首鼠两端。通过经典诵读活动，要让学生明白诵读教学的作用。诵读经典，自古以来就是我国教育和语文教学的主要内容和方式。从蒙学识字始到经学读物止，都强调熟读成诵。先秦时要求“熟读成诵”，两汉、魏晋南北朝要求

“诵读自学”，隋唐时的读悟相随，宋元时讲贯通译，明清时沉潜反复。总之，熟读精思、口诵心惟向来是最基本的教与学的方式，经典也是其最基本的甚至唯一的教学内容。近代社会西学东渐，来自私塾教学经验的诵读法已渐失去昔日的风光，但是要通过多种多样的诵读活动，让学生明白在语文教学中诵读的宗旨，在传播学法、强调积累、重在感悟、注重熏陶，体会到诵读“是学习书面言语的捷径”，“是语感训练的基本途径”，“有利于激活学生的创造性思维能力”，“能够使人文精神在潜移默化中得以弘扬”。2. 丰富课堂表现。在课堂内辅以诵读教学，可以个人读、小组读、全体读、分角色读、轮读、范读、预读、听读、仿读、品读、巩固性诵读、杂然而读、配乐读、情景读、表演读等，认真加以运用，无疑可丰富课堂的表现形式。3. 扩大阅读范围。《义务教育语文课程标准（2011 年版）》共要求背诵优秀诗文 240 篇（段），并在附录里开列了古诗文篇目 120 篇，还包括一些中国当代和外国诗文；《普通高中语文课程标准（实验）》要求“诵读古代诗文和文言文，背诵一定数量的名篇”，强调“教师应激发学生诵读的兴趣，培养学生诵读的习惯”，并在后面的附录里列出了有关的诵读篇目。在诵读的质和量上做出了规定。但是，除了中小学教材中的经典篇目，师生们往往很难落实《义务教育语文课程标准（2011 年版）》中要求的阅读篇目，通过经典诵读活动，可以要求或促使学生自主阅读这些篇目，并选择需要的篇目来加以表现，从而最大限度地落实课标的要求。

（二）丰富语文课程建设

可以将经典诵读活动建设为一门校本课程，在课程目标、课程资源的开发和利用，课程的组织形式和活动方式，课程的教学原则，课程的内容构架，课程教学评价方面作出规定，发挥课程功能，让更多的学生参与其中，更好地发挥经典诵读的作用。

（三）提高理解鉴赏能力

学生在诵读经典的准备中，必定要对作品内容进行正确的解读，疏通文义，进而对文章的手法、思想、情感、意义等进行分析鉴赏，结合自身经验正确把握，努力使诵读能体现文章和作者的思想情感。所以，诵读不仅是语言的训练，也是思维的训练。

（四）提高自主合作生成的能力

学生的经典诵读活动，必定是教师指导下的学生的自主学习行为，学生的朗读是在自身对作品的理解和鉴赏的基础上，用声音、语言，甚至结合音乐、道具、服装、表演而表现出来。这个过程可能还包含学生之间的合作学习，如查阅资料，交流对作品的理解，安排集体朗诵等。

（五）激发语文学习兴趣

兴趣是最好的老师，经典诵读为语文教学提供了更多可能，可以丰富课堂教学模式，丰富学生课外活动，主动开展阅读延伸，进行多学科的整合，让学生积极参与，为学生的表现欲、创造力、成功体验提供更多机会，相对于课堂单一的、讲解式的、被动接受的、功利性极强的教学，无疑更受学生的欢迎。

四、经典诵读的现状及不足

新的一轮对经典学习的回归，约始于 1995 年，南怀瑾等 9 位文化教育者在全国政协会议上提出《建立幼年古典学校的紧急呼吁》；1998 年，中国青少年发展基金会组织开展“中国古诗文诵读工程”，全国近百个城市开始试点；之后，中华传统文化诵读工程拉开序幕，以“弘扬传统文化，传承中华文明，滋养人文情怀，铸造民族精神”为宗旨；2004 年，由蒋庆先生编写的《中华文化经典基础教育诵本》出版发行；2008 年，“中华诵——雅言传承文明，经典浸润人生”系列活动启动；2010 年，《关于在学校开展“中华诵·经典诵读行动”试点工作的通知》发布，经典诵读活动掀起热潮。

然而，在这热潮之下，也存在不足。

（一）在学段开展的失衡

《通知》要求“在学校开展试点”，对象是“广大群众尤其是青少年”，然而，通过调查我们可以发现，经典诵读在学校的开展，主要集中在义务教育阶段和大学阶段，而高中阶段则较为冷清。

（二）对经典认识的偏颇

《通知》要求“开展中华古代经典及现当代优秀诗文的诵读、书写、讲解”，然而，通过调查我们可以发现，经典诵读的内容多集中在“中华古代经典”或大家通称的“国学经典”，而偏废了“现当代优秀诗文”的诵读。

（三）活动形式化倾向

通过调查我们可以发现，经典诵读多以活动、比赛的形式呈现，虽然能较好地实现“以课外活动及校园文化建设为载体和平台”，但同时也出现了活

动时重形式图热闹、重参赛名次轻教育意义、参加对象上重点轻面等问题。

（四）高中相关课程建设缺失

《通知》要求“发挥广大师生的积极性、主动性和创造性，以相关课程、课外活动及校园文化建设为载体和平台”，“广泛深入开发、建设课程体系”，“在相关课程建设、教材建设、学科建设、活动开展、人才培养等方面有创新、有特色，并取得显著成果”。然而，“以相关课程”为载体，“广泛深入开发、建设课程体系”，在小学较为重视，在初中还稍有开展，而高中阶段则鲜有体现。

（五）对高中经典诵读研究不足

同样，对高中经典诵读的研究，也对应存在上述四个方面的问题。在中国知网、中国基础教育期刊全文数据库上检索“经典诵读”主题，共获得977条文献；“诵读教学”主题，有716条文献。在中国知网、中国基础教育优秀博士硕士学位论文全文数据库上检索“经典诵读”主题，一共只有32条文献，其中涉及“课程观”的只有7条，涉及“高中”的只有2条，同时涉及“经典诵读”和“课程”的，只有1条。

经典诵读校本活动课程开发的理念

这里所说的课程建设是指课程管理的所有方面，包括课程的开发、实施和评价，以及动态的不断生成。

一、校本课程开发的理念

（一）校本课程开发的解释

按照崔允漷与吴刚平等人的著述，“校本”可以理解为以校为本或以学校为本。有三层含义——为了学校，为了改进学校实践、解决学校所面临的问题；在学校中，学校自身的问题，要由学校的人来解决，所形成的解决问题的方案要在学校中有效实施；基于学校，指要从学校的实际出发。

校本课程是指以校为本的、基于学校的、为了学校的、由学校自主开发的课程，它是国家三级课程管理体系的有机组成部分，与国家课程、地方课程一起构建起基础教育课程体系。它是在具体实施国家与地方课程的前提下，通过对本校学生的需求进行科学的评估，由学校根据国家教育方针、课程管理政策和课程计划，针对学生的兴趣和需要，结合学校的传统和优势，充分利用学校、社区的课程资源，自主开发的、多样性的、可供学生选择的课程。

校本课程开发是一种自发、自愿的课程发展过程，也是一种持续的、动态的过程，保持较大的开放性、灵活性与适应性。它更强调行动与过程，不要求自编教材，可以是活动方案或活页资料。与国家课程、地方课程相比，校本课程开发属于儿童中心、兴趣中心、问题中心的课程。在学术性课程与非学术性课程、必修课程与选修课程、学科课程与活动课程诸关系网络中，校本课程开发的定位为非学术性、选修类、活动类课程。校本课程开发还重视学校及社区资源的开发与利用，强调学校办学特色与理念，关注教师作为课程开发的主体作用的发挥。

20 世纪 80 年代后期以来，西方出现了一系列校本课程开发再概念化探索，国内的鲍道宏也做了研究，指出“作为概念，学术界依旧习惯采用‘校本课程’。我们虽可继续使用‘校本课程开发’一词，但在概念内涵上要进行新的拓展，对其进行再概念化，从理论上为校本课程开发提供依据与指导”；“把‘校本课程开发’与‘国家、地方课程开发’严格划界，这一划界不但没有必要，且过于恪守这一边界，已成为校本课程开发推进的掣肘”；“博莱迪，尤其是马什等学者对校本课程开发再概念化的探索，应引起国内同行重视。校本课程开发的终极目的，是要推动基础教育学校课程开发走到服务学生特点、兴趣与发展需要上来，走到课程开发根植学校所在地文化资源的道路上来，走到推动教师专业发展的道路上来。学校、教师和学生不再沦为课程控制的对象，而成为生动的课程创造者”。斯腾豪斯谈到校本课程开发时认为，除了思考与谈论，首要就是要投入行动，“课程的研究和开发应该是一个动态的、持续发展的过程，课程的设计应该是研究、编制、评价合而为一的。人们可以通过详细说明内容和过程中各种原理的方法，来合理地设计课程，而不必用目标预先指定所希望达到的结果”；“重温这一些睿智的观点，在目前我国校本课程开发举步维艰之时，尤其具有启发意义。以校本课程再概念化视野关照，‘明确而独特的学校教育哲学’未必是一个必要的前提，完全可视为校本课程开发实践过程中不断逼近的目标”；“ 澳大利亚学者克里指出，‘世界各国，尤其是东方国家，在引入校本课程开发的时候’，‘不应该忽视校本课程开发在地化问题。他认为解决这一问题有效的办法，就是运用行动研究的方式’”；“在追求校本课程开发的终极教育目的基础上，探索与中国文化特

点相协调的、具有中国特色的校本课程开发模式”。据此，我们认为，校本课程开发不必囿于国家、地方、学校这三级课程的严格界限，学校、教师、学生都可以成为课程的生动创造者，校本课程开发未必要有一个“明确而独特的学校教育哲学”为前提，而是首先要投入行动，以行动研究让校本课程在开发实践过程中不断明晰“学校的教育哲学”。

（二）活动课的解释

活动课程是指“以儿童的主体性活动的经验为中心组织的课程，也叫作生活课程、经验课程、儿童中心课程”。课程的特点是主张以儿童的兴趣和动机为中心来组织，通过儿童的亲身体验来获得直接经验。

活动课程的思想缘于“自然教育思想”，卢梭主张“教育应使儿童回归人的自然状态，从社会的束缚与压抑下解放出来”，“教育必须要适应儿童自然发展的过程，教育的作用在于教学生怎样去发现真理，而不是告诉学生某个真理”，他主张“将儿童放归大自然，在自然界中通过劳动、锻炼、观察事物来发现和学习”。杜威是活动课程的代表人物，他认为“传统的学科分得过细，忽视了儿童的兴趣和需要，同实际生活的距离较远”，他主张“教育即生活”“学校即社会”“教育即成长”“儿童中心”“做中学”分科课程，强调“通过游戏、手工、烹调、活动作业、表演和实验等来获得与社会相适应的经验”。

我们来了解一下活动课的一些特征。

关于活动课程的主要观点有：1. 课程设置不是以学科为中心，而应当以儿童的活动为中心；2. 教材应当以儿童的直接经验为内容；3. 教材编排应注意儿童心理结构。杜威认为儿童有四种本能，并相应地表现为四种活动：（1）语文和社交的本能和活动；（2）制造的本能和活动；（3）艺术的本能和活动；（4）探究的本能和活动。课程设置就应当以这些本能为基础，并尽量满足这些本能的要求。

具体来说，即活动课程的范围和教材的选择，要围绕学习者的动机来进行。学习者的动机可分四类：1. 社会动机，即同其他儿童在一起活动的欲望；2. 建设动机，即对原料加工，建造各种事物（包括饲养动物、栽培植物）的愿望；3. 探索动机，即好奇的倾向和通过实验“追根问底”的愿望；4. 表演动机，即爱好创作、运动和欣赏各种艺术的倾向。在活动课中，教师只是学生的参谋和顾问，例如学生自愿的诗词朗诵，或者诗词朗诵课外活动，都属于活动课程，即在语文学科课程的类型中插入活动课程的因素。

相对于学科课程而言，活动课程具有以下优点：1. 重视实践活动，强调学生通过体验获得直接经验，有利于培养解决实际问题的能力。2. 重视课程的综合性，强调以社会生活问题来统合各种知识，有利于学生获得对世界的完整认识。3. 尊重学生的主体性，重视学生的需要与兴趣，以及主动性、积极性的发挥。4. 强调教材应当心理化，应当把各门学科的知识或教材恢复到原来的经验，通过教学把它变成儿童个人的直接经验，有利于学生在学习过程中，获得人格的不断发展。

活动课程与学科课程相辅相成，并不矛盾。早在1902年，杜威就在《儿童与课程》一书中深刻地揭示了活动课程与学科课程的关系，实际上反映的是人的直接经验与间接经验、个人知识与公共知识、儿童当下的心理经验与凝结在学科中的逻辑经验之间的关系。杜威认为，教师的使命就是要从儿童现有的生活经验出发，引导儿童的现有经验向着教材所含的逻辑经验不断前进和发展，这便是教学过程的实质之所在。学科课程的价值在于让学生掌握、传递和发展人类的系统的文化遗产，活动课程的主要价值是通过活动，让学生获得对现实世界的直接经验和真实体验。二者可以相互补充，相得益彰。“20世纪70年代以后，随着终身教育思想的普及和课程理论而建立的教育心理学等的发展，活动课程被赋予了新的涵义。”学科课程和活动课程二者不断趋于融合，成为一个发展趋势。在目前的课程改革中，活动课程有着比以往任何时候都更重要的意义。

（三）课程的概念和作用

广义上，课程是指学生在学校获得的全部经验，其中包括有目的、有计划的学科设置，教学活动，教学进程以及课外活动和学校环境和氛围的影响（包括制度的和非制度的）。

狭义上，课程是指各级各类学校为了实现培养目标而开设的学科及其目的、内容、范围、活动、进程等的总和，主要体现在教学计划、教学大纲（课程标准）和教科书中（今天所说的课程是狭义的课程）。

课程，是学校有计划地开展的所有教育教学活动的总和，是组织教育教学活动的最主要依据，是实现教育目的的重要途径，是集中体现教育思想和观念的载体，教育目标、价值主要经由课程来体现和实施，因此课程居于教育的核心地位。形象地讲，课程决定了我们的学生走什么路，去什么地方，用

什么交通工具，一路上都有些什么风景，会有些什么样的体验，因此它也叫“路程”，或者叫“学程”，包括课程的目标、内容、实施方式和评价与管理。

因此，课程的作用体现在：1. 教育教学活动的基本依据；2. 实现学校教育目标的基本保证；3. 学校一切教学活动的中介；4. 为学校的管理与评价提供标准。

（四）经典诵读校本活动课程开发的意义

1. 是校本课程开发的有益尝试。按照校本课程开发的理念，经典诵读校本活动课程是立足开展经典诵读实际和本校实际，通过对本校学生的需求进行科学评估，由学校根据国家教育方针、课程管理政策和课程计划，针对学生的兴趣和需要，结合学校的传统和优势，充分利用学校、社区的课程资源，自主开发的、多样性的、可供学生选择的课程。同时，在开发建设的过程中，可以吸纳校本课程开发再概念化的理念，以积极的行动研究，让学生也参与到经典诵读校本活动课程的持续性的、生成性的开发当中，使经典诵读校本活动课程成为促进学科教学，促进师生共同发展，不断培育学校文化的课程。

2. 丰富学校课程。朱慕菊在《走进新课程：与课程实施者对话》中指出：“学校课程类型的多样化是全面实现课程价值的一种重要方式，多种课程类型的有机结合将有助于学生的全面发展，这将为从根本上改变我国学生过分追求学业高分、综合素养低、主动学习能力弱的状况提供有利条件。”开发建设经典诵读校本课程，也是课程结构调整，建设活动课类型、学校课程的需要，有利于为学生发展提供更多课程选择，它能与语文等学科课程相互补充，有利于学科教学；同时进行课程的统整，有利于多学科的融合，有利于对经典诵读活动实行课程的管理，制定课程目标、形成实施办法，对课程实施效果开展评价。

3. 将经典诵读活动课程化，发挥课程功能。朱慕菊在《走进新课程：与课程实施者对话》中指出：“改变课程过于注重知识传授的倾向，强调形成积极主动的学习态度，使获得基础知识与基本技能的过程同时成为学会学习和形成正确价值观的过程”，“打破传统的基于精英主义思想和升学取向的过于狭窄的课程定位，而关注学生‘全人’的发展”。将活动建设为课程，能更好地发挥课程功能，在课程实施中促进学生心智成长，激发学生学习兴趣和创造性，锻炼学生全面素质，发现和培养学生特长。

4. 解决当前经典诵读存在问题的有效途径。当前经典诵读和诵读教学在高中的淡化甚至回避现象，可以通过课程建设得以加强；可以据此改变重形式、图热闹、为得奖的趋利动因，转变为对人的素质教育的追求；可以使活动上升为课程，发挥课程的功能；可以让全体学生参与，而不是少数有特长的学生的专利。

二、当前经典诵读存在的不足的解决思路

本论题是基于对福建省泉州市第七中学个案的研究，提出解决思路和办法的。泉州七中是福建省示范高中、一级达标学校、省文明学校、省素质教育工作先进校、多样化特色发展试点学校。学校自2000年以来，在创建示范高中的过程中，积极推进课程改革，在研究性学习、校本课程、教学方式转变等方面作了积极有效的探索。2010年以来，学校立足以往丰富的文艺活动，结合自身实际，根据教育部要求，开展经典诵读活动。笔者长期跟踪关注乃至参与泉州七中经典诵读活动，通过共同总结反思，我们发现了经典诵读存在的不足，探索了相应的解决方案，这些方案的前提是在高中大力开展经典诵读。所以，以下几个方面的思考，不再提及在高中开展的意义。

（一）针对诵读教学淡化

通过调查发现，老师们普遍认为，小学阶段的学生更爱诵读，敢于诵读，敢于表现，表现出一种童言无忌、无知无畏、乐于模仿的心理状态；初中时，随着青春期的到来，学生们开始变得沉默了；到高中，学生们变得不轻易表达自己的想法，不爱表现自己，上课发言也少了，大胆、积极地朗读的学生少了，更不要说在理解把握作品的情况下有感情地朗读了。

我国生理学家将个体的心理发展划分为八个阶段，青年期在14至25岁之间。青年初期，相当于高中时期，是个体在生理上心理上和社会性上向成人接近的时期。他们的智力接近成熟，抽象逻辑思维已从“经验型”向“理论型”转化，开始出现辩证思维，高中生人格发展体现在自我意识的高度发展、价值观的确立、自治需求，他们的自我意识与被别人接受的意识都很强。他们之所以不爱发言、不敢表现，是一种自我保护、不愿出丑、不希望被否定的心态，然而，他们又都想突出，有表现欲，希望被同学、被群体认可。

经典诵读淡化还有几个原因：一方面在于学生，他们获得的方法指导不够，对作品解读缺少自主性和自我体验；另一方面在于老师，他们自身诵读水平不高，研究不够，方法指导不到位，没有给学生提供自我解读和表现的机会。

我们想，将经典诵读活动上升为课程，建设一种老师指导、学生自主开发的生成性的活动课程，让学生在课堂之外，主要由学生自主、合作、探究学习，理解作品的思想和情感，并开展全员集体开放式的诵读，内容为教材篇目，锻炼学生的心理、胆量；同时开展以班级为单位的精品诵读，内容不限于教材，由学生自己选定，并决定诵读的呈现方式，经揣摩、模仿、创设、演练、成型，最后汇报呈现给大家。这样的课程实施方式，学生有集体练胆的机会，克服了心理上不欲表现、不敢表现的弱势，鼓励了阳光乐观、青春激扬，有助于学生成长，并进一步让学生自主地、创造性地合作，拿出最好的朗诵作品，以班级的集体荣誉感激发学生内心隐藏着的表现欲和希望被肯定的心理。总之，从心理特征上诱导学生突破自我，从课程建设上为学生提供自主、生成的诵读活动，使学生的诵读由被动变主动，由冷淡变热衷。

（二）针对语文教学低效

通过对泉州七中及其在泉州市的联盟合作校的调查发现，大多数学生认为，在语文上倾注的时间、精力与回报不能成正比，也就是说，投入很多，效果不明显；还有的觉得，学习语文，如老虎吃天，无从下口，不知从何处学，学什么，也不知怎样学，要达到什么目标，课堂发言、练习或考试，解答问题往往不知自己的答案对不对。长此以往，学生对语文学习失去了兴趣，也失去了信心。这种情况也会给老师消极的心理暗示，极大地打击老师的教学信心。

仔细分析语文教学低效的原因，有以下几个方面：1. 认识不足，缺乏对学科性质的把握。将人文性和工具性对立起来，将知识和能力分割开来。2. 肢解文本，导致对古诗文的抵触。语文课往往被上成词句训练、篇章分析的课，尤其是古诗文的佶屈聱牙，和必须付出的训诂精神、小学精神，着实让许多学生产生抵触心理。3. 被动接受，没有共鸣或争鸣。课堂以教师为主，学生被动接受，很少主动思考、探究、明辨。4. 模式单一，课堂刻板机械。一成不变地以教师讲授、学生强记为主，课堂千篇一律。5. 目标不明，缺乏成功体验。不知道课文教学和语文作为一门课程要达到的目标，也就不能给学生达到目标后的成功体验，难以产生积极的效果。6. 习惯难抓，没有主动阅读积累。教师布置的课外阅读拓展和积累，往往都得不到有效落实。7. 兴趣不高，难以激发学习内因。兴趣是最好的老师，然而在上述几个方面的作用下，学生很难产生对语文的兴趣，也就不会主动去学好语文。

因此，通过经典诵读，重拾诵读教学，可以发挥诵读教学的积极作用，开展各种形式的诵读活动，并上升为课程，让学生积极参与，主动探究学习，结合自身经验领会作品思想感情，改变教学方式；诵读活动能丰富课堂教学，改变课堂教学弊端，活跃课堂气氛，落实课外延伸；开发成经典诵读校本活动课程，围绕目标，注重活动的评价、课程的评价，给予学生充分的表现机会、创造机会、质疑权利，并通过肯定评价，让学生拥有成就感，激发学习的信心和兴趣。

（三）针对学生德育难抓

前文曾论及高中生成长的特点，到了高中这一阶段，学生的德育工作，抛开理想、信念、价值观等宏观的、发展性评价的指标。以在泉州七中的调查资料为例，我们一起看看在现实情况下学生所呈现出来的具体问题，也就是产生所谓“问题学生”的现实原因和表现。

思想行为方面：因青春期冲动，而采取了不合理的发泄方式；处理人际关系的能力不够，与同学、老师产生矛盾，甚至采取过激的解决方式；因得不到关注而采取错误的吸引关注的方式；因家庭教育和关爱的缺失，与家长沟通的不畅而引发的，或因表现欲得不到满足而采取试图吸引眼球的异常举动。学习方面：表现为对教学知识内容有强烈的选择性，对于自己想要的或喜欢的东西会给予积极的反应，而对于自己不想要的则表现出反感；学困，由于基础差、进入高一后放松思想、过于自负、畏难情绪等原因，造成学业的落后，成为所谓的“学困生”，因此带来自暴自弃、玩世不恭和排斥他人说教等情绪。

细节决定成败，这些具体的问题能否解决，往往关系到课改“三维目标”能否实现，学生能否“学会学习、学会生活、学会做人”的大课题能否完成。而学校和教师，又往往在这些问题的解决上需倾尽全力运用各种德育主体、德育载体、德育方式，力度之大也说明了难度之大。

我们想，经典诵读校本活动课程，既能发挥经典诵读的育人功能，又能发挥活动课的课程优势，让学生的自主性、选择性、创造性得到充分满足，在合作、探究中建立新型师生关系、生生关系，为学生满足表现欲、获得他人肯定、获得成功体验搭建平台，为学生的精力和情绪发泄提供通道，培养学生乐观、积极、向上的精神，激发学生的学科学习兴趣，帮助学生认识自

己，发现自身特长和不足，思考人生规划……形成对学生德育的合围，细致全面地作用于学生，产生合力，从而发生根本性的改变。

创新与生成：经典诵读校本活动课程开发实践

一、高中经典诵读校本活动课程开发的组织保障

（一）省颁学校课程开发与实施指导意见

《福建省普通高中学校课程开发与实施指导意见（试行）》（以下简称《指导意见》）的出台，是由省教育厅布置，泉州七中牵头组织省内四所学校的专家、教师、管理者，以课题研究的形式，参考国内外相关著述和学校实践，得出成果，并最终成为全省学校课程开发与实施的指导意见。《指导意见》将校本课程开发的组织保障概括为以下几个方面：

一是学校课程的管理，包括：1. 组织管理，要成立以校长为组长的学校课程开发实施领导小组、学校课程委员会，负责学校课程开发与实施的组织、管理、审议、重大决策、制订相关制度、检查评估等；2. 制度管理，为了确保学校课程的可持续发展，学校必须制定相应的管理制度；3. 实施管理，学校课程实施后，要做好过程的管理，充分发挥它们对学生发展的不同作用；4. 资源管理，学校课程要充分利用课程资源，原则上由学校独立开发和管理；5. 评价管理，学校要依据学分、论文、调研报告、作品等多种形式进行考核，防止以笔试成绩作为评价学生和教师的单一依据。

二是保障措施，包括：1. 要加强对学校课程开发与实施的检查、监督和评估，成立顾问小组，帮助指导解决问题；2. 要加强对教师的培训，提高教师建设学校课程的水平；3. 要加强课程资源建设，为学校课程实施提供物质保障；4. 要对学校课程的实施成效作出评价，表彰先进，发挥优秀学校课程的示范作用。

（二）对省颁“保障措施”的理解

普遍的观点是保障措施，应包括：1. 树立明确而独特的办学宗旨，没有明确的办学思想和办学宗旨的学校，是不可能进行校本课程开发的，即使有也只能是漫无目标的盲动，或者充其量也只能是原始、初级形态的低水平校本课程开发。2. 有民主开放的组织结构。（1）校长的重要作用。校长要引导

学校作一系列的变革和革新，就必须有积极的具备个性的管理风格和人格特征。“校长应当具备相应的领导素质，包括与上级行政部门和中介机构协调与合作的能力，与教职工进行不断对话和鼓励合作的能力，以及必要时运用权力而又不至强加于人的艺术，必须具有同情心，乐于助人，有开放意识。”（2）组织管理。包括成立以校长为组长的学校课程开发实施领导小组、学校课程委员会。3. 建立体现学校办学宗旨的教学系统。教师要具有学校课程开发意识与课程开发技能，要吸收校内外骨干力量广泛参与，营造一种大家分担责任和积极追求成功的氛围。4. 实施行政部门有效的管理，主管教育的行政部门要有基础教育学校课程开发实施管理小组并发挥作用。5. 实现资源的共同开发与共享。6. 重视对学生的有效评价。7. 形成多方合力，推动学校课程的完善。

二、泉州七中经典诵读校本（活动课）课程开发的理论创新

“教育事业是一份人为的与为人的事业。我们固不可妄言教育活动的‘人为’可以为所欲为，但同样没理由证明这种活动一定会（要）遵循某种固定的模式。”泉州七中立足本校实践，充分理解和运用校本课程开发理论和政策，在经典诵读校本活动课程的组织保障方面，借鉴“校本课程再概念化”的理论，作了思考和创新，体现在以下方面。

（一）校本课程开发不必囿于三级课程的严格界限

泉州七中的经典诵读校本活动课程，是以活动课的形式将活动上升为课程，作为语文等学科课程的延伸和补充，乃至更多学科课程的统整。比如学生改编并朗诵表演《长恨歌》，既研究了语文，又研究了历史，还植入了音乐、美术的鉴赏和创造，使校本课程成为学科课程的延伸和补充，也帮助学生提高学科成绩，与鲍道宏所提的“兼顾现实评价机制策略”的校本课程推进策略一致，也就是“校本课程开发不会与学生考试成绩提升存在简单线性关系，但肯定不应该是对立、排斥的关系。校本课程开发，强调尊重学生差异、尊重学生学习兴趣、重视学校内学习植根当地资源。如此，课程开发，应有助于学生成绩提升，有助于学生获得更高的考试分数，从而使校本课程开发与学校现实评价制度协调，或基本协调。唯有如此，校本课程开发才能获得扎根中小学的生命活力”。

（二）学生可以成为课程生动的创造者

在校本课程开发中，一般认为校长要起到决策者、管理者的作用，课程

开发的主体是教师，同时也认为校本课程开发要关注学生的兴趣、需要和发展，但笔者认为应更多地考虑学生对校本课程的选择。校本课程开发的“再概念化”，认为学生也可以是课程的创造者，并不断地生成和建构。泉州七中的经典诵读校本活动课程据此所做的实践，更倾向于突出学生的课程建设者角色，在经典诵读校本活动课程实施的总体规划、教学模式、课程目标的制定方面，学校和教师起主导作用，而在课程内容、课程资源、教学的开展等方面，几乎为学生自主建设，具有极大的生成建构空间，学生的理解力、创造力和想象力等各方面能力都在其中淋漓尽致地显现出来。

（三）以校本课程开发的行动研究提炼教育哲学

校本课程开发未必要有一个“明确而独特的学校教育哲学为前提”，而是首先要投入行动，以行动研究让校本课程在开发实践过程中不断明晰“学校的教育哲学”。我们通常认为没有明确而独立的学校教育哲学，是不可能进行校本课程开发的。而实际情况是，不是每一所学校都已形成明确的教育哲学，就算有明确的教育哲学，这些校本课程也可以先抛开学校的教育哲学，再反过来“套说”它在某某方面是围绕这个教育哲学的，也就是在逻辑先后顺序上它走的是一个逆行的过程。比如，假设某校的教育哲学是培养“博学、创新”之人才，那么，一位教师根据自己的特长想开设钓鱼的课程，他可以说钓鱼可以增加知识，使学生博学、钓鱼办法可以创新；同样的道理，开设电影课，也可以说能促进博学、创新；开设糕点制作课，也可以认为能达到博学、创新之目的……无一例外，屡试不爽。总之，如此逆行地套用，“要有一个明确而独特的学校教育哲学为前提”就成了一句套话。既然如此，那么校本课程的开发又为什么一定要围绕学校的教育哲学，它为什么不可以只是体现开发者的教育哲学呢？更何况，对于积淀不够，基础较差，频繁更换校长、更换教育理念而不能算有“明确而独特教育哲学”的学校，难道就不可以实施校本课程了吗？所以，首先要行动，以最终“为了服务人、发展人”为出发点，只要认为是对的就去做，在行动中研究，在实践中摸索，使学校的或我们心中的“教育哲学”，像3D打印一个作品一样，不断清晰成型。

对此研究过程的合理性，也可以通过现实中常见的一种情况来说明：许多学生甚至包括我们在写作文时，一开始对自己的文章中心只有一个大致的方向，还没能用文字具体表达，也因此拟不出一个满意的作文题目。但是现实情况是他必须完成作文，所以他必须先行动。在写作的过程中，他的构思逐渐明朗，中心更加明晰，于是一个满意的题目就会后于文章而被拟定出来了。

三、泉州七中经典诵读校本课程开发的步骤和内容

（一）省颁意见的开发实施步骤

《福建省普通高中学校课程开发与实施指导意见（试行）》（以下简称《指导意见》）指出的校本课程开发与实施的步骤概括如下：

1. 分析校情。根据学校确定的课程目标，结合教育资源进行研究分析，使学校课程体现学校的办学规划与特色。

2. 确定方案。在校情分析的基础上，确定学校课程建设的总体方案。

3. 组织实施。学校依据课程建设的总体方案，组织学校课程开发者自主申报，组织审议委员会进行审议。学校课程项目确定之后，要引导学生根据自己的兴趣与需求选择修习。课时可以由各校根据实际情况决定，但均应纳入学校课程表统一管理。

4. 评价。学校要对课程的开发实施方案、过程与结果等进行评价，通过评价促进教师与学生的发展。

（二）泉州七中的开发实施步骤

泉州七中经典诵读校本课程开发实施在《指导意见》的指导下，步骤与省颁的指导意见并不矛盾，但在具体过程和策略上有所不同。

首先，它是立足于经典诵读实践活动，发现经典诵读存在的问题，并针对问题思考课程开发的。它不是严格地以“学校的教育哲学”为出发点，而是响应《通知》的要求，动因是为了更好地开展经典诵读。

其次，它是通过实践，发现了经典诵读在高中潜在的课程价值，进而在课程开发上加以研究和考虑的。

第三，它是通过课题研究，目的是开发为校本课程，并最终形成的。

第四，它是边实践边研究边成型边完善的过程。

2011 年 1 月，由泉州七中校长负责的“经典诵读课程化的实践与意义研究”课题在福建教育学院立项，参与该课题的主要成员还有泉州市教科所语文教研员，泉州七中教务处主任、政教处主任、语文教研组长、语文骨干教师等人。泉州七中经典诵读校本课程开发研究的过程，就是一个课题研究的主要过程。

1. 立项前的实践尝试。2010 年，在高一年段开展了“经典诵读”活动的尝试，以班级课内诵读、集体诵读为主。正是有了这次尝试，我们发现了经典诵读在开展上的不足，以及诵读教学在高中开展的缺失，产生了将活动开发为校本课程的想法，为进一步开展本课题提供了实例研究对象，为活动的形式、组织、评价等各方面提供了经验和教训，有利于课题研究的正式开展。

2. 立项前和课题开始阶段的理论学习和指导。在 2011 年 1 月课题立项前和课题开始阶段，组织课题组成员对校本课程的开发实施、文化经典教学及其作用、诵读在语文教学中的作用、语文能力培养等各方面理论和实践进行研究，参考相关书籍，多次集中交流研讨，思考本课程开发和实施应具备的步骤和内容，探讨课题研究的组织开展策略。

3. 参与部门和课题组成员集中讨论、制定。经研究后，决定由课题组主要成员分头制定《泉州七中“经典诵读”活动课课程纲要》初稿；之后，本人召集各课题组成员，在泉州七中集中研讨，针对各自拿出的初稿，对《泉州七中“经典诵读”活动课课程纲要》的各个环节展开讨论，考虑了内容是否全面、步骤是否合理、表述是否明晰得当、可操作性是否具备等诸多方面，并进行修改、汇总，其中特别统一了一条重要原则，就是表述简约。作为课程纲要，要涉及“课程的地位和作用”“课程的教育目标”“课程资源的开发和利用”“课程的组织形式和活动方式”“课程的教学原则”“课程的内容构架”“课程教学评价”几个方面，既能让教师遵照《泉州七中“经典诵读”活动课课程纲要》，又能在理解《纲要》的基础上创造性地发挥。

4. 开发和实施的过程中充分考虑课程的意义。一是能更好地体现活动课特点；二是能发挥校本作用，体现学校特色；三是能达到课程的目标和功能；四是为进一步总结提升本课程的实施与意义，提供更多实践基础。

5. 制定《泉州七中“经典诵读”活动课课程纲要》。根据集中研讨的结果，形成《泉州七中“经典诵读”活动课课程纲要》，再经讨论后最终定稿，作为本课程开发与实施的指导性文件。在《泉州七中“经典诵读”活动课课程纲要》的指导下，2011 年 4 月，泉州七中开始了经典诵读校本活动课程的实施。

四、泉州七中经典诵读（活动课）《课程纲要》

为利于研究和借鉴，以下提供的是泉州七中“经典诵读”（活动课）《课程纲要》的全文原貌，从中可以看出该校经典诵读校本课程包括“课程的教育目标”“课程资源的开发和利用”“课程的组织形式和活动方式”“课程的教学原则”“课程的内容构架”“课程教学评价”几个方面，以及开发上的特点和创造性。

泉州七中“经典诵读”（活动课）《课程纲要》

摘要：当前我国新课程实验，以调整和改革课程体系、结构、内容，建立新的基础教育课程体系为目标，试行国家课程、地方课程、学校课程，从原来单一的国家课程走向国家、地方、学校三级课程模式。我校将在切实推行国家课程的同时，研究、开发和实施校本课程，以及研究国家课程的校本化实施，丰富我校课程体系，探索课程实施和评价的新路。

我校是福建省“汉语言文字规范化示范校”，语文教研组被评为“泉州市首批基础教育学科教学研究（语文学科）基地校”。在语文教学方面，我校将“经典诵读”作为校本课程进行开发建设，并将此作为国家课程校本化实施的一种尝试。

一、“经典诵读”课程的地位和作用

1. 从教育发展的层面上看。校本课程开发是贯彻课程改革发展纲要，实施新课程的需要，它以学校为主体，充分利用各种教育资源进行开发。校本课程的开发有利于弥补国家课程自上而下的“研究实施推广”周期过长、缺乏灵活性、滞后于社会变革、不能及时反映科技进步和社会需求的变化等不足，有利于课程理论与实践的不断丰富和完善。由于“经典诵读”校本课程的开发是一个连续的动态的生成过程，学校教师拥有课程开发的自主权，能根据具体情况经常进行评估、修改课程，所以“经典诵读”校本课程的开发实施有利于课程向均衡性、综合性、选择性方向发展，使教育体现出时代感。

2. 从学校发展的层面上看。校本课程的开发主要依据党的教育方针、国家或地方的课程计划、学校文化、学生需要以及学校的课程资源，所以“经典诵读”校本课程的开发和实施有利于全面落实党的教育方针，特别有利于学校办出特色。我校作为教育部、国家语言文字工作委员会“经典诵读行动”试点学校，国家汉办“汉语国际推广基地校”，泉州市“孔子学会”分会学

校，开展此课题研究，让经典诵读课程化、常态化，既形成办学特色，又具有现实意义。我校要办人民满意的学校，培养“身心健康的现代中国人”，让学生“全面而富有个性地发展”，成为“全省著名、全国闻名、世界知名”学校，体现“奥赛、科技、体艺、文化”特色，除了落实好国家课程和地方课程外，应有自身的办学思路和风格，而“经典诵读”校本课程的开发有利于这一目标的实现。另一方面，“经典诵读”校本课程的设计、实施和评价主要由学校教师来承担，使教师与其工作效能直接发生关系，这必将有利于教师专业精神、专业技术的提高，有利于教师个性特长的发挥，有利于造就一支专业素质和理论水平高的教师队伍。同时，还有利于学校的自我评价和教师的在职教育。

3. 从学生发展的层面上看。国家课程集中体现一个国家的意志，它是专门为培养未来的国家公民所设计，并依据这些公民所要达到的共同素质而设计、开发的课程。地方课程是省级教育行政部门依据当地的政治、经济、文化、民族等发展需要而开发的。当前课程中的主要部分是国家课程，其设置和教学计划较为死板单一，无法兼顾各地经济文化发展不平衡的实际，也不能兼顾不同学生的不同的个性特长发展的需要。“经典诵读”校本课程的开发主体是学校、教师和学生，他们最了解学生的知识、能力和兴趣，并能集中学校和社区教育资源中某些方面的优势，他们开发的课程也最易被学生认可和接受。经典诵读校本课程实施的主体是学生，课程的内容、实施、方式由学生创设生成。“经典诵读”校本课程的开发和实施可以有效地解决“只有共性、缺乏个性”的课程体系所造成的“千校一面”的现象，开发具有实践性、综合性、可选择性的“经典诵读”校本课程有利于实施素质教育，促进学生的全面发展、自主发展和个性发展，弥补国家课程中综合性、实践性的不足，通过国家课程的校本化实施促进教学多样性和有效性。“经典诵读”校本课程与德育目标的融合，有利于学生从优秀文化经典中收获各种体验，促进价值判断能力的提高和情感机理的改善，有利于学生基本品质的日臻完善。

二、“经典诵读”课程的教育目标

1. 提升学生心智水平。

学生通过学习和了解中国文化经典，尤其是中国古代经典篇目，可以培养人文素养，提高语文心智，培养正确的价值观、人生观，使学生健康成长。

2. 促进高中语文教学。

(1) 语文兴趣的培养。依托本课程活动课的形式、丰富的诵读形式、丰富的理解和创新，以学生为主体、师生互动，对国家课程的校本化实施等特点，提高学生学习兴趣。

(2) 语文能力的提升。掌握自主、探究的学习方式，记忆、理解、鉴赏、评价的能力层级的训练提升，朗读、表达等语言能力的提升。

3. 全面发展学生素质。

(1) 组织能力的提升。在活动课期间和成果展示期间，需要学生分工、协调、组织、交流，发现问题解决问题，提高组织能力。

(2) 实践能力的提升。参与编、备、导、排、演等活动，提高社会交往能力、心理适应能力和自信心。

(3) 创新意识和能力的提升。对作品在理解基础上，以朗诵、配乐朗诵、情景剧等方式加以还原或再创造。

三、"经典诵读"课程资源的开发和利用

1. 校内资源。

充分利用校内活动场地和设施、休闲娱乐场所、校园环境布置等，例如操场、球场、花园、草坪、体育馆、阅览室、图书馆、实验室、网络教室、语音教室，充分利用师生的特长和智慧。

2. 校外资源。

充分利用家庭和社会的资源。

四、"经典诵读"课程的组织形式和活动方式

1. 组织形式。

以班级为组织单位，也可以根据活动内容和组织上的便利把班级分为多个团队进行，在高一年下学期的 4 月份开展，学生全员参与，历时一个月，并充分利用课余时间自主开展活动，折合课时约 20 课时。

2. 活动方式。

(1) "诗吼文啸"阶段。利用每周语文的早读课，要求学生列队于大操场，大声朗读规定的经典篇目内容。从两个班开始，到四个班一起，到六个班一起，直至最后，全年段一起在大操场大声朗读。朗读的经典篇目为必修二教材中国古代诗歌散文和推荐课外篇目，具体篇目由高一语文备课组老师与学生商议后统筹布置。

（2）“班级实施”阶段。以班级为单位，每个班确定一个诵读内容，独立自主开展教学，目标是达到诵读的最佳效果。经典篇目自选，形式自定，可以是集体朗诵、小组朗诵、领诵、“串烧”朗诵、配乐朗诵、朗诵伴歌舞、朗诵结合情境表演、情景剧、创新改编剧等形式，或多种形式的结合。全体学生参与，进行不同分工，可以有编、导、播、演、剧务、后勤、联络、技术等各方面。要求高一年段语文教师也要人人参加，可以参与到学生之中，也可以有专门的教师节目。班级活动的开展，突破课堂界限，给予师生更大的灵活度，可以在课内组织，更多的是延伸到学科教学的课堂之外，利用其他活动课、自习课或社团活动等课外活动时间，以年段管控、教师指导、学生为主组织经典诵读活动课的实施。

（3）“成果展示”阶段。以一台晚会的形式，将各班级成果（即各节目）表演出来。整台晚会从主持到场务全由学生会和学生负责，学生的表演需要的道具、服装、化妆、音乐、音效、场效、灯光、幻灯、录像等也由学生自己解决。

五、“经典诵读”课程的教学原则

“经典诵读”课程作为校本课程和活动课程，与其他课程一样．都是由学生全员参与的学校教育教学活动，在遵循一般教学原则的同时，还要考虑其自身的特点和规律。在教学上还应注意以下原则。

1. 自主性原则：尊重学生的主体地位，以学生自主活动、创设生成为主，教师指导少而精，尽量让学生多练、多动，给学生以尽可能多的时间以及想象、创造空间。

2. 自愿性原则：学生在班级的经典诵读主题活动中，自愿选择承担的任务和角色，充分发挥学生的个性特长。

3. 灵活性原则：活动内容、形式应以学生的实际情况而定，学校应鼓励学生大胆表现，大胆创新，激发学生参与的热情和学习的兴趣。

4. 开放性原则：体现在目标的多元化、内容的宽泛性、即时性，时间空间的广域性、可变性，评价的主体性、差异性。

六、“经典诵读”课程的内容构架

以高一必修教材为基础，对教材上的相关经典篇目进行扩展深化，指导学生阅读朗诵课内外经典篇目，并在自主探究、鉴赏评价的基础上，理解把握作品语言、内容、情感、思想、艺术特色，进而通过朗诵或表演等形式加以表现。

1. 高中人教版必修一、必修二、必修三、必修四和选修教材中的古代诗歌、散文等经典作品。

2. 扩展延伸到学生能接触到的所有中国古代和现当代诗歌、散文等经典作品。

3. 通过开放式的朗诵，朗诵节目的编、播、导、演，节目的服装、道具、化妆等各方面准备，让学生在实践中解决问题，提高各方面能力素质，形成合作、进取、创新的人生态度，健康、阳光、积极地成长。

七、“经典诵读”课程教学评价

1. 学生评价。

(1) 本课程不采用书面考试或其他考查方式，但要记录不同学生参与的内容和分工。

(2) 教师根据每个学生参加活动的态度进行评价，可分为“优秀”“良好”“一般”“合格”“不合格”记录，作为“优秀学生”评价条件。

(3) 学生成果通过汇报演出等形式展示，由现场评委打分，选出优秀成果。

2. 教师评价。

(1) 教师必须有教学手记，记录本活动课程的教学方方面面。

(2) 教师必须参与任教班级学生活动。

(3) 教师应保存学生在本活动课过程中的相关过程性资料。

(4) 所任教班级成果获奖，教师也获得同等指导教师奖，对教师考核，记入业务档案。

五、经典诵读校本活动课程的泉州七中模式

(一) 案例综述

经过对 2011 年 4 月实施的经典诵读校本活动课的调查研究，我们对泉州七中的经典诵读校本课程有了更具体的了解，从中可以看出其在课程开发、实施、目标、评价上具有的特色、优势，可以说自成一个模式。

1. 学校经典诵读课程的管理、实施机构，由校长领导，实现多部门、多处室协作，又融入学生社团和对社团实行管理的政教处、团委，以及课程资源的相关单位、人员，年段和语文教研组是直接进行组织、管理、实施、评价的单位，学生是课程实施和评价的主体。

学校经典诵读课程实施的组织架构是这样的：

		社团			
		政教处			
		教务处			社区
校长——	分管副校长——	课程中心——	班级——	学生——	家长
		总务处			社会力量
		技术中心			
		年段			
（领导机构）		（管理机构）	（实施单位）		（资源机构）

2. 课程实施内容。以下呈现2012年课程实施第三阶段即汇报晚会阶段的节目单，以此结合某具体班级的课程实施，分析泉州七中经典诵读活动课的模式和特点。

场序	班级/表演者	曲　目	指导老师
1	陈淑萍、王芷晗	双人舞《鱼儿》	姜婷
2	11班、12班	课本剧《孔雀东南飞》	林莉芳
3	13班	朗诵《试问闲情都几许》	翁凡凡
4	3班、4班	历史剧《文成公主入藏》	朱秀珍
5	17班、18班	朗诵《相信未来》《热爱生命》	祝雅茜
6	8班、9班	课本剧《红楼梦：宝玉成亲，黛玉之死》	林雁津
7	教师朗诵	《因为爱情》	高一语文组
8	黎善达	《盲人鞋匠》	“善言堂”作品
9	动漫社	舞台剧《凤求凰》	林岩
10	14班	舞台剧《楚魂》	翁凡凡
11	2班	朗诵《蜀道难》	陈慧婷
12	15班、16班	课本剧《诸葛亮舌战群儒》	陈慧颖
13	5班、6班	朗诵《故土，心中不息的吟唱》	吴锡芳
14	1班、10班	课本剧《空城计》	陶志峰
15	19班	舞台剧《原野》	庄爱红
16	7班	朗诵《青春之歌》	卢燕
主持人：梁玉冰、杨晨飞、何珊珊、彭珏巍、郑立蓬、徐钊			

从上述表格我们可以看出，泉州七中经典诵读校本活动课具有如下特点：

（1）全员参与，点面结合。从“诗吼文啸”到“成果展示”，全体学生参加了该课程，在汇报晚会上，以全班、汇报演出组、个人等为呈现单位。如《青春之歌》，是全班集体朗诵，又穿插分角色、分句段领诵。

（2）学生主体，教师主导，学生实施，专家参与。课程的实施、成果的汇报，主体都是学生，教师起指导作用；教师参与了汇报演出，以自己的演出作为示范，如：“因为爱情”主题下教师们各自朗诵了一段或一篇作品；聘请了当地文化馆馆长，其以全国播音主持考级考官的专业身份，和身为语文老师的校长共同表演了一个朗诵节目，并作为评委和现场嘉宾，作了点评。

课程实施，创新生成。在“诗吼文啸”阶段，学生所选内容是一致的，但在“班级实施”阶段和“成果展示”阶段，课程内容和课程实施，不同班级是可以不同的，这取决于不同班级师生的选择，所以课程具有极大的生成性。

（3）内容不拘，课内课外，博采古今，体现经典。课程的内容由各班学生自行选定，不限于课本，不限于“中华古代经典”，包含了“现当代优秀诗文”，如《试问闲情都几许》《故土，心中不息的吟唱》；包含有同一主题下的古今诗文，如《相信未来》《热爱生命》《回答》是现当代诗歌，《盲人鞋匠》是散文或小小说，《原野》是话剧。

（4）形式丰富，不拘一格，雅俗共赏，形态各异。有集体朗诵、情景剧、个别诵读、单独篇目、同一主题下的多个篇目等等，有时还穿插体现古典美，表现古代文化内容的舞蹈，如《鱼儿》。

（二）具体案例：创新与生成

下面，以具体班级为例，详细介绍泉州七中经典诵读课程的实施过程，笔者调查了解的对象为2014学年高一5班。

2月一开学，学校课程开发实施领导小组发出经典诵读课程实施的通知，年段长开始布置班主任、备课组长做课程实施准备，并共同制定课程实施的时间表。

年段长负责向上协调教务处、政教处，班主任和备课组长负责向下布置各班语文科任教师作准备。

高一5班班主任、科任教师布置班级开始课程的准备。语文科任教师对班级进行课程实施的培训，包括课程目标，课程内容，课程的三个阶段及特点、要求。

年段备课组长布置了“诗吼文啸”的内容，为必修一到必修三课本内古代诗文和现代经典诗文，具体篇目由科任教师与学生商讨，最后由年段确认。从 3 月中旬开始，实施两周，每周一、三、五的早读课，学生集中到操场大声诵读，在公众场合大声背诵，目的是体现气势，因声求气，领会古人诵读的要求，把握感情的同时锻炼胆量。

“班级实施”阶段，高一 5 班班长、科代表征求了班级意见，并与科任教师研讨，几经改动，确认了诵读的内容、形式和基本原则。一是内容决定为体现中国古典文学的不同发展时期的文学形态，因此各选用不同发展时期的典型篇目来朗诵，以“中国古代文学发展”这一主线串联起来；二是选拔班上朗诵较好的同学作为主要诵读者，通过情境表演，再现那一时期文学的特点，再现作品的魅力；三是班上同学分工不同，尽可能多地让同学参与并发挥作用；四是要以到位的朗读和情境表演，在成果展示中获得较高的评价。

由此，高一 5 班以“朗朗中华音”为主题，确定了以下篇目，作为诵读内容：

高一 5 班 诵读经典稿“朗朗中华音”

第一章　诗经

击鼓

（A）：击鼓其镗，踊跃用兵。土国城漕，我独南行。
从孙子仲，平陈与宋。不我以归，忧心有忡。
爰居爰处？爰丧其马？于以求之？于林之下。
死生契阔，与子成说。执子之手，与子偕老。
于嗟阔兮，不我活兮。于嗟洵兮，不我信兮。

第二章　唐诗

将进酒

（C）：君不见，黄河之水天上来，奔流到海不复回。
（D）：君不见，高堂明镜悲白发，朝如青丝暮成雪。
（C）：人生得意须尽欢，莫使金樽空对月。
（D）：天生我材必有用，千金散尽还复来。
（C）：烹羊宰牛且为乐，会须一饮三百杯。
（C、D）：岑夫子，丹丘生，将进酒，杯莫停。
与君歌一曲，请君为我倾耳听。

（众）：钟鼓馔玉不足贵，但愿长醉不复醒。

古来圣贤皆寂寞，惟有饮者留其名。

陈王昔时宴平乐，斗酒十千恣欢谑。

主人何为言少钱，径须沽取对君酌。

（C、D）：五花马，千金裘，呼儿将出换美酒，与尔同销万古愁。

第三章 宋词

水调歌头

（E）明月几时有？把酒问青天。不知天上宫阙，今夕是何年。

（F）我欲乘风归去，又恐琼楼玉宇，高处不胜寒。起舞弄清影，何似在人间？

（E）转朱阁，低绮户，照无眠。

（F）不应有恨，何事长向别时圆？

（E）人有悲欢离合，（F）月有阴晴圆缺，

（E、F）此事古难全。但愿人长久，千里共婵娟。

第四章 明清小说

《水浒传》：鲁提辖拳打镇关西

（G）郑屠右手拿刀，左手便来要揪鲁达，被这鲁提辖就势按住左手，赶将入去，望小腹上只一脚，腾地踢倒在当街上，鲁达再入一步，踏住胸脯，提着那醋钵儿大小拳头，看着这郑屠道：“洒家始投老种经略相公，做到关西五路廉访使，也不枉了叫镇关西。你是个卖肉的操刀屠户，狗一般的人，也叫做镇关西！你如何强骗了金翠莲？”扑的只一拳，正打在鼻子上，打得鲜血迸流，鼻子歪在半边，却便似开了个油酱铺，咸的、酸的、辣的，一发都滚出来。郑屠挣不起来，那把尖刀，也丢在一边，口里只叫：“打得好！”鲁达骂道：“直娘贼，还敢应口！”提起拳头来，就眼眶际眉梢只一拳，打得眼棱缝裂，乌珠迸出，也似开了个彩帛铺的，红的、黑的、绛的，都绽将出来。两边看的人，惧怕鲁提辖，谁敢向前来劝。郑屠当不过，讨饶。鲁达喝道：“咄！你是个破落户，若是和俺硬到底，洒家倒饶了你；你如何对俺讨饶，洒家偏不饶你。”又只一拳，太阳上正着，却似做了一个全堂水陆的道场，磬儿、钹儿、铙儿一齐响。鲁达看时，只见郑屠挺在地下，口里只有出的气，没了入的气，动弹不得。鲁提辖假意道：“你这厮诈死，洒家再打。”只见面皮渐渐的变了。

鲁达寻思道："俺只指望痛打这厮一顿，不想三拳真个打死了他。洒家须吃官司，又没人送饭，不如及早撒开。"拔步便走，回头指着郑屠尸道："你诈死，洒家和你慢慢理会。"一头骂，一头大踏步去了。街坊邻舍，并郑屠的火家，谁敢向前来拦他？鲁提辖回到下处，急急卷了些衣服、盘缠、细软、银两，但是旧衣粗重，都弃了。提了一条齐眉短棒，奔出南门，一道烟走了。

接下来，班级在活动课和自习课期间，由班长、科代表带领，先朗诵这几篇诗文，再讨论，以选拔加自荐的方式，确定诵读的方式和参与人员。

《击鼓》由A女同学为主要演员，B女同学饰侍女，着汉以前特征的服饰，A作刺绣状，听到B捎来的消息后，放下手中针线，开始吟诵《击鼓》，起身，走台，动作设计都由同学编排，道具有刺绣圆幅、一台古典长形方桌（于台中）。

《将进酒》由C男同学和D男同学着唐朝服饰朗诵，道具有古典长形方桌（于台中）、酒壶、酒盅。（众）朗诵时，班上其余男生女生几十人走台上场，列队于舞台深处朗诵，诵完下场。

《水调歌头（明月几时有）》，原定为《声声慢（寻寻觅觅）》，由E女同学和F女同学着宋朝服饰朗诵，后改为这两位女同学演唱《水调歌头（明月几时有）》，具体情形和原因下文说明。

《水浒传：鲁提辖拳打镇关西》，由G男同学说书，道具有一台古典长形方桌（于台中）、惊堂木、一把折扇、桌角几本线状古书。届时，班上全体同学在台下，饰演说书现场观众，要适时叫出几声"好"，捧出一些掌声来。

这几个朗诵前后和之间，安排了串词，介绍中国古典文学这一主要脉络，起解释说明作用，由一名同学在幕后旁白，作为画外音。旁白串词如下：

"朗朗中华音"旁白串词

第一章《诗经》：《诗经》是中国最早的一部诗歌总集，先秦时称《诗》，又称《诗三百》，收集了西周初年至春秋中叶500多年间的305篇诗歌。代表作品有《击鼓》等。

第二章唐诗：唐诗是汉民族最珍贵的文化遗产之一，是汉文化宝库里的一颗明珠，唐诗的创作分为初唐、盛唐、中唐、晚唐四个阶段。代表作品有《将进酒》等。

第三章宋词：宋词是一种新体诗歌，句子有长有短，便于歌唱，历来与唐诗并称双绝，代表作品有《水调歌头》等。

第四章明清小说：小说是明清时期主要的文学体裁，这个时代的小说从思想内涵和题材表现上来说，使传统文化以可感的形象和动人的故事走进了大街小巷、千家万户……

溯源中华古典文学史，诗经、楚辞、汉赋、唐诗、宋词、元曲、明清小说，以年份为线，以朝代为轴，古今多少事，都付笑谈中。

在以上内容、表现形式、原则定好后，“班级实施”就围绕这些展开，学生的朗诵训练充分体现了自主、生成的特点。例如高一5班的诵读，从这个阶段开始，不拘于课堂和课时，学生自己找时间和地方训练，训练过程中发现问题，解决问题，就可能会出现内容、形式上的调整。这当中，学生根据需要和资源掌握情况，产生分工。有的同学负责编导，起到了具体指挥、指导的作用；有的同学负责服饰，他们自行联络歌舞剧团、梨园剧团、高甲剧团、汉服社、动漫社、市面上专门出售或租借此类服装的门店，最后服饰问题得以解决；有的同学负责道具，从家中、门店、网店购买，或是自制，最后道具问题得以解决；有的同学负责化妆，他们会请同学、老师、家长、朋友、专业人士来帮忙，某同学因为家长在高甲剧团工作，他甚至联络了3个专业化妆师，无偿给同学们化妆；有的同学负责文字，原本串词太长，不符合表现的需要和时间的限制，最后改成现今的字数；有的同学负责配音，要为每一个表现内容和主体挑选恰当的配音，挑选时他们考虑了网络下载，用去音乐店、网店淘碟的办法，找到后还要后期制作，掐下相应时间长度和旋律的配乐，并制作成光盘或者电子文档，交给负责整台晚会的学生会、团委会同学按出场顺序制作以待播放，根据需要，有时也采用现场配音，会钢琴、古筝、琵琶、笛子等等乐器的，只要需要，都可以作为配音上场展示；有的同学负责PPT的制作，作为本班诵读节目的片头，他们要寻找适合诗文情境，体现古典美学的图片底板，打上与演出有关的内容，如题目、班级、编导、朗诵者、配乐、舞美、道具等，并制作出动画和配音；有的同学负责摄影，要记录下同学们的学习、训练、讨论、解决问题、花絮等过程；有的同学负责宣传联络，要做好与老师、学生会、团委会、课程管理部门的上下联络工作；还有的同学可能要负责伴舞、情境表演、艺术展示、背景阵容，甚至是扮演树木、柱子等静物；有的同学负责勤杂，这也是必不可少的，在整

个过程中，需要跑腿的、使劲的，都由他们来帮忙，例如在汇报展示时，演出道具（如桌子）要抬上抬下；还有的同学就扮演观众，在台下烘托气氛。

在这过程中，学生诵读到位与否，在于他们对文段的揣摩，这离不开阅读、理解、鉴赏、提炼的过程，同时，他们通过阅读相关鉴赏书籍、诵读法书籍，以及搜集录像、录音等资源，进行听读、跟读、仿读，并不断揣摩，加入自己的理解和表达的需要，使诵读活动成为不断生成的过程。

当然，教师和学生也有适时的交流和互动，教师主动了解学生的诵读情况，发挥了指导作用。学生主动寻找教师帮助、指点，教师主要发挥了课程资源的作用。高一 5 班就是在教师指导之下对本班的诵读做了调整改进。当课程进行到 4 月中旬，科任教师对 5 的班诵读情况做了检阅，5 班将诵读内容按照成果展示阶段的要求串演了一遍，科任教师指出了他们朗诵和表演上的不足，并针对一些细节提出了指导意见。在诵读形式上，科任教师也提出了指导意见，有的做了改进，其中一个就是，把原来的情境朗诵《声声慢》改为演唱《水调歌头》，原因是：朗诵《声声慢》的两位女生的朗诵效果不好，根据她们的特点，又考虑到整个“朗朗中华音”的形式都为诵、演，如果朗诵不很出彩，就会显得单一，因此改为演唱《水调歌头》，既保留了宋词的环节，又从侧面体现了诗歌吟咏的特点，还丰富了形式。这一改动得到学生的认可，后经成果展示，高一 5 班得到了全校经典诵读最佳奖。

需要说明的是，整台汇报晚会完全由学生会、团委会的学生负责组织，这当中有许多是上一年 9 月刚入学并经纳新而进入学生会、团委会的高一学生。他们考虑了整台晚会的每一个环节、分工、细节，充分体现了他们的组织协调能力、解决问题能力、合作能力。从学生会的签到表中，我们就可以窥见一斑。

从高一 5 班案例我们可以看出，泉州七中经典诵读校本（活动）课程，除了学生主体作用促进了课题的生成性，该课程的生成性还体现在学年不同（如 2014 学年较 2013、2012 学年），班级不同，各班确定的学习内容不同，实施情况不同，成果不同，评价不同。2014 年的成果展示阶段，年段还加入了泉州七中“南风”文学社成员原创的诗歌、美文的诵读，让学生的作品也成了经典，这就是生成，激发了学生的学习热情和成功体验，现场气氛和教育效果非常好。让我们来看一下晚会主持人的主持词，就能知道学生们如何巧妙地把学生作品纳入晚会的诵读之中；让我们也看看朗诵的文学社作品，它们又何尝不是经过了中华文学经典的熏陶，学生们才有这样的胸臆和才气写出这样的作品？

节目六、南风文学社《我读故我在》

主持人甲：改革开放后，泉州七中开始创办《南风》杂志。泉州七中坐落于温陵南边这样一片钟灵毓秀的土地，因此刊物取名“南风”，喻指《南风》刊物中的文字如徐徐南风，沁人心脾，拂过每一位读者的心田，使人如沐和风。

主持人乙：南风，亦指《诗经》中的国风，借指古代淳朴的诗风。以“南风”为名，文学韵味浓厚，这份刊物定是你舒展心灵，施展鸿儒之才的阵地。

主持人甲：今天，我校南风文学社也将和大家一起分享他们自己创作的作品，让我们一起来听听他们带来的《我读故我在》。

三行情书获奖作品摘选

朗诵者：黄紫晗

（一）

你翻山越岭踏雪寻梅
我盼你初心不忘
你可否许我一盏年华

（二）

锦瑟鸣，夜莺，初啼。
风雨兴，轻骑，别离。
落花影，伊人，谁惜。

（三）

独捻残蕊
誓于此生不轻愁
唯愿君去莫回首

书　生　吟

作者：南风文学社　梁贝蕊

朗诵者：南风文学社　陈曦

星星吃过晚餐，安抚着圆润的肚子，

在云端上迈着小步，袭面而来，
一习习晚风，浅浅入耳，隔岸的缕缕夜笙。
倒悬在你屋上的灯儿啊，多像渔家的烛火，
陪着不睡的海喋喋不休。

我的烟囱里没有爬进过圣诞老人

作者：南风文学社　刘颖

朗诵者：南风文学社　刘颖

我坐在夏夜的草地上哭泣
萤火虫扑扇着翅膀闪入我的泪光里
我站在秋日的苍穹下叹息
大雁们扬起翅膀飞向遥远的天际
望见它们我明白了一个道理
只有自己才是为自己圆梦的上帝

天下情怀论

作者：何瑞祥

朗诵者：南风文学社　胡钰宁　陈瀚钊

故士之成大事者，必有吞吐日月之怀襟，居庙堂之高，经纶运筹，均系民生；入世已极，黎庶疾苦，枝叶关情。折而不挠，宦海起落，惟余忠心为民；摧而不涣，万水千山，更请猎猎长缨。往事越千年，华夏春秋，铁马金戈总难尽；大梦已觉后，锦山秀水，千秋遗爱在人间。

嗟乎！士运何其筚路蓝缕也！江海浪回，犹有波平之日；忠耿此心，岂有收帆之时？九天揽月梦难尽，为民播下太平春！纵惊涛折桅，舟楫倾摧，犹泰然处之。岂其痛之不剧乎？情怀在天下也！

经典诵读校本活动课程开发的意义

一、课程实施的调查

（一）调查说明

根据对泉州七中经典诵读校本（活动）课程研究的需要，现对高一到高三年段全体学生进行调查，目的是了解学生经典诵读的基础，高中以前和高中参加经典诵读的区别，泉州七中经典诵读课程的特点，学生在课程中发挥的作用，学生参与该课程的评价和反思，总结泉州七中经典诵读课程的特色和创新，在分析研究我国当前校本课程实施中存在的问题，经典诵读存在的问题，并力图解决的前提下积极吸收“校本课程再概念化”理论，开展校本课程开发实施的行动研究，希冀提供一种创造性、生成性、可操作的经典诵读校本课程模式。

问卷设计为选择题和主观题相结合。调查尽可能覆盖全员，选择题采用多选模式，由阅卷系统经机读阅卷并统计数据，主观题为随机抽取各年段各300份问卷进行统计。调查的数据分析出来后，对于数据之后隐藏的原因，调查方还组织对学生的访谈，以期得出更为科学的结论。

问题设计围绕四大部分：一、学生高中以前参加经典诵读情况调查。二、学生参加泉州七中经典诵读校本活动课程的有关情况调查。三、学生参加经典诵读校本活动课程的体会。四、学生对课程开展的意见和建议。

（二）调查结果分析

该调查共发出问卷2 732份，收回2 711份。现根据问卷题目顺序，分析如下：

1. 高中以前你参加过经典诵读活动吗？

分析：调查了2 711人，987人选择“有”，1 724人选择“没有”。究其原因，调查的高三年学生为2011年入学，2010年《通知》发出时，他们正处于初三，学校几乎没开展此类活动。调查的高一年、高二年学生有较多人开展经典诵读，但总体还是偏少，原因为原初中只有少数参赛或参与表演的学生参加；学生来自不同初中校，不同初中校对经典诵读的重视程度不同；一些学生缺乏经典诵读观念，觉得学校开展的诵读活动和语文课的朗读没什么区别，更不用说经典诵读课程的概念了。

如果选择“有”，请完成以下2～8题。

2. 是在哪个学段？

分析：621人选择小学阶段，474人选择初中阶段，因为可以多选，总人数超过987人。说明该活动在初中阶段开始有所淡化。

3. 是以什么形式开展的？

选择“课外活动诵读”的占92.6%，选择“语文课内诵读”的占68.7%，选择“安排专门的课程诵读”的占18.7%，选择“以上三者”的占

18.1%。说明绝大部分经典诵读是以课外活动的形式开展的，语文学科课内并不刻意安排经典诵读，还有就是学生认为那就是课文朗读，没有什么区别，以专门的课程安排经典诵读的很少。

4. 如果是课外诵读，你参加的具体形式是？

选择“集体诵读”的占96.0%，选择“个人朗诵”的占0.9%，选择“结合表演的形式”的占42.3%，选择“参加比赛”的占49.9%。说明绝大部分参加过经典诵读活动的同学，是以集体诵读的形式，其中接近一半是参加各级各类比赛，诵读上注重舞台效果，诵读水平较高；单独选拔参加个人朗诵的不多。

5. 你参与的经典诵读活动历时多久？

选择“1天以内”的占4.6%，选择“2～7天”的占76.0%，选择“7～21天”的占11.9%，选择“21～30天”的占7.5%。从中可以看出，大部分经典诵读活动在一周内结束，也有出现没有专门的训练就参加一次活动的现象；经调查了解，一周乃至三周以上的经典诵读活动，主要是围绕比赛、演出的目标任务及早做的排练准备工作。

6. 你参与的经典诵读内容由谁确定？

选择“老师”的占96.0%，选择“学生”的占0.5%，选择“不知道”的占2.5%。可以看出，绝大部分经典诵读内容都是老师布置的。

7. 你当时诵读的内容是？

选择“中国古代诗文”的占84.6%，选择“中国现当代诗歌散文”的占9.6%，选择“其他”的，占0.8%。说明初中以下诵读的内容主要还是古代诗文。

8. 你的诵读由谁指导？

选择“主要为老师指导”的占99.3%，选择“主要为校外专家”的占0.5%，选择“主要为同学自己”的占0.2%。可以看出，初中以前的经典诵读主要为老师指导，学生按照老师的指导和要求来做。

9. 你是否在高一年参与了我校的经典诵读校本活动课？

选择“是”的有2 703人，占99.7%，选择“否”的占0.3%，也就是除了事假病假等客观原因，绝大部分同学都上过泉州七中的经典诵读活动课。

10. 你参与我校经典诵读活动课环节有哪些？

选择“诗吼文啸”的占99.7%，选择“班级实施”的占92.5%，选择

“经典诵读汇报晚会”的占87.5%。从三个环节看，绝大多数学生参与了“诗吼文啸”的课程阶段，在班级自主选择上课内容和进行成果展示的“班级实施”和“经典诵读汇报晚会”阶段，人数上没有太大的减少，但由于分工的原因，有的同学只是作为欣赏者、观察者或是亲友团，没发挥直接作用，所以有的同学不认为自己参与了后面两个环节的课程。

11. 你班经典诵读课“班级实施阶段”诵读内容由谁确定？

选择“老师”的占7.1%，选择“学生”的占49.8%，选择“师生研讨确定”的占43.1%。从中可以看出，泉州七中经典诵读课程，根据高中生特点，在诵读内容的确定上，给予了学生更大的自主权，具有更大的开放性和选择性。经进一步访谈，笔者了解到，也正是因为有了这样的基础，学生的学习主动性、兴趣才被激发起来，学生的阅读面被自由自愿地放大，学生选定内容后，才愿意深入钻研，不惧困难和辛苦。

12. 你班经典诵读课“班级实施阶段”诵读形式由谁确定？

选择“老师”的占27.2%，选择“学生”的占29.8%，选择“老师和学生共同确定”的占43.0%。诵读形式是课程组织形式的重要部分，可以说，在这当中教师的指导作用有所加强，但与学生自主的研究和选择平分秋色。数字显示教师的指导作用略有加强，一是因教师的意见得到学生采纳，二是更多地体现为学生主动“拉拢”教师合作探究，可以说是学生充分利用课程资源的表现。

13. 你班诵读“班级实施”阶段，利用的时间是？

选择“借用语文课时间”的占1.5%，选择“学校规定的活动课时间”的占22.1%，选择“学校规定的自习课时间”的占29.4%，选择“其他课外时间”的占47.0%。这说明泉州七中经典诵读校本课程，在学生自主的前提下，作为校本课程，不拘于三级课程管理上要求排入课表的课时，教学发生的场所也不严格地拘于课堂，这其实有力地解决了在学校开设校本课程或选修课程中课时不足的困惑。

14. 你班的诵读在配乐、服装、化妆、道具、情境表演、与学生社团等各部门的协调等几个方面的准备是？

选择“学生为主解决”的占78.5%，选择“老师为主解决”的占7.0%，选择“家长为主解决”的占14.5%。可以看出，课程进行过程中，解决了诵读什么，以什么形式诵读之后，就要考虑诵读要达到的效果，因此怎样理解

作品，怎样诵读到位，怎样烘托诵读效果，学生们非常积极地考虑，在配乐、服装、化妆、道具、情境表演、协调各部门工作方面，学生主动去解决，提高了协调、解决问题的能力，接触陌生的任务，并在完成任务的过程中增长了见识，提高了能力。经进一步访谈，“老师为主”和“家长为主”的情况，也主要是因为学生根据解决问题的需要，主动向老师和家长寻求支援的结果。

15. 你班的诵读，参与同学的分工，具备多少分工？

①编辑 ②导演 ③演员 ④服装 ⑤道具 ⑥美工 ⑦化妆 ⑧配音 ⑨配乐 ⑩音效 ⑪灯光 ⑫勤杂 ⑬摄影 ⑭制作（PPT） ⑮财务 ⑯宣传（亲友团、粉丝）

“具备10项以上”的占69.9%，“具备5～10项”的占29.1%，“具备1～5项”的为0。从中可以看出，在课程的进程中，每个班都根据课程的需要，自然地进行了分工，尽可能使人人参与，人尽其用。为了达到诵读的最佳效果，每个班都充分地挖掘了课程资源。

16. 在实施过程中，你班诵读的内容、形式有过调整变化吗？

46.0%的学生选择“有”，54.0%的学生选择“没有”，这说明还是有相当一部分班级在课程的实施过程中，根据教学不断调整，使课程产生最好的效果。

17. 这之前你在公众场合大声朗诵过吗？

87.7%的人没有在公众场合大声朗诵过。

18. 这之前你有过舞台上的表演经历吗？

92.7%的人没有舞台经历。

19. 你认为自己在经典诵读课程中的表现如何？

选择“非常好”的占11.8%，选择“很好”的占29.0%，选择“好”的占42.4%，选择“一般”的占11.6%，选择“差”的占5.1%。学生对自己在课程中的表现的满意度较高，从学生参与的热情、创造性、焕发的生命活力、荣誉感，都可以感知到这点。经进一步访谈，选择“一般”或“差”的，有的是源于对自己的期望值较高，对发挥的作用和临场的表现不满意。

20. 你觉得经典诵读课程实施浪费了你的学习时间吗？

90.8%的学生选“否”，9.2%的学生选“是”。大部分同学认为不会浪费学习时间，而是挤出更多学习时间，或时间的利用率更高了。经进一步访谈，小部分同学由于其他学科作业压力大、诵读活动时一些无谓的低效的工作等原因，认为浪费了时间。

21. 你是否愿意在诵读方面能力再进一步提高？

39.5%的学生选择“愿意”，11.2%的学生选择“不愿意”，39.3%的学生选择“不好说”。可以看出有1/3以上的学生想在这方面有所提高，总体上占多数，还有1/3选择“不好说”，其余为“不愿意”再提高者。选择要再提高的学生中，多数集中在高一，选择不愿意提高的，多数集中在高三。

22. 你觉得经典诵读课程的开展对你的语文学习有没有促进？如果有，请你写出对你语文学习促进的现象或理由。

选择“有”的占92.5%，综合来看，同学们认为在以下几个方面促进了自己的语文学习：(1) 扩大了阅读面，开展了探究学习式的阅读，占99.9%；(2) 背诵了多篇经典作品，包括课外作品，占99.9%；(3) 在理解、鉴赏上有一定提高，占87.9%；(4) “原来语文可以这么学”，掌握了自主探究，合作学习，主动搜集资料并帮助理解作品、情境教学诠释作品等方法，占84.8%； (5) 激发了对语文的喜爱，激发了学习语文的兴趣，82.3%；(6) 规划了高考和职业方向，选择编、播、导、演等艺术途径，占0.4%。

23. 你觉得经典诵读课程的开展对大家的思想教育有没有促进？如果有，请你写出对你的思想教育有促进的现象或理由。

选择“有”的占84.1%，综合来看，学生认为在思想上有促进，体现在以下几个方面：(1) 99.9%的人认为诵读的经典，对自己的思想有影响，诵读的是中国文学的优秀作品，包含了传统文化的思想精髓、作品思想和作者思想，在爱国、处事、待人等方面得到熏陶；(2) 6.9%的学生认为爱学习了，掌握了学习的办法；(3) 29.6%的学生认为加深了师生、生生之间的感情。

24. 你觉得经典诵读对你的能力有没有促进？如果有，请你写出对你能力有促进的现象或理由。

92.2%的学生认为有促进。概括起来有以下几个方面：(1) 自主学习、合作学习、探究学习等学习方法和能力，占93.1%；(2) 与人沟通、交往的胆量和能力，占16.7%；(3) 领导、协调、组织能力，占88.5%；(4) 耐心，占6.9%；(5) 办事效率，占1.2%；(6) 理解、鉴赏能力，占83.3%；(7) 锻炼了意志品质，占84.7%。

25. 你对我校经典诵读的开展有何意见或建议？

抛开学生对课程开展的物质服务、细节保障、管理精细化等方面不说，

学生产生的意见建议主要有：要坚持开展这门校本活动课程；要刻录汇报晚会内容，给同学们作纪念；要有资金投入，帮助学生解决服装、化妆等产生的费用，要加强对学生经典诵读的指导，要多听取学生的意见，充分尊重学生的想法，希望高二年仍保留该课程等。从中可以看出学生对课程的支持，喜爱和强烈的主体意识，这是该课程在学校大受欢迎，成为该校教育教学亮点的主要原因。

综上调查了解情况，泉州七中的经典诵读，除了在校本课程的理论指导思想上创新，在具体实施上也体现了创新：（1）教学管理的主体是学生；（2）教学内容的决定权和多样性方面，学生起了主导作用；（3）教学主体为学生；（4）教学形式由学生确定，课堂可以采取丰富多彩的形式；（5）开放的课堂、课时概念：突破课堂限制，没有严格的课表安排；（6）持续的，丰富的生成性：由于学生的不同，改进的原因、学习质量的把控，课程实施不断进行调整、生成；（7）评价的先进性：是过程性评价，以考查为主的评价，对学生是发展性评价，质性的评价，而不是分数的量化评价；（8）课程功能的发挥：对自身的学习成长产生积极的作用，对语文学科教学是有益的补充。

二、课程实施的意义

综上，泉州七中经典诵读校本活动课程的开发实施，具有以下几个方面的意义。

（一）学校的课程管理方面

1. 创新校本课程开发实施思路

其特点是立足实际，坚持校本，自主开发，敢于创新。充分思考当前国内校本课程和经典诵读教学存在的不足，依托“校本课程再概念化”的理论依据，是实践的创新，同时也提出自己的理论创新；充分挖掘和利用学校的特色和积淀，开发校内外各种课程资源；充分体现以发展学生为本的课程价值观，体现了作为校本课程和活动课程，促进高中生对中华文化经典的学习，实现课程目标，发挥课程功能；体现语文学科教学特色，与学科教学相辅相成，促进语文教学；体现基于学校的行动研究，体现实事求是的精神。

2. 充分体现课程开发实施中学生的主体作用

学生是课程的管理、开发、实施、评价的主体，课程推进的“诗吼文啸”“班级实施”和“成果展示”三个阶段，由于学生的主体作用，课程具有持续的丰富的生成性；由于每一个班级和每一年的学生不同，课程又呈现源源不竭的生命力。

3. 充分挖掘课程资源

依托教师资源，让语文教师积极参与，激发教师兴趣，发挥教师特长，指导学生高水平完成本课程。充分挖掘家长资源，家长在服装、道具、化妆、物资、表演、宣传等方面给予充分帮助和指导。充分挖掘社会资源，与泉州市歌舞剧团、高甲戏、梨园剧团、木偶剧团、文化馆、艺校，以及文艺界的校友充分联系，获得帮助和指导，比如有的同学因为妈妈在高甲戏团工作，成果展示的当天就带了团里的 3 个专业化妆师来；比如向艺校借相应的演出服装；比如聘请丰泽区文化馆馆长、播音主持等级考试国家级考官前来指导并担任现场评委。

4. 积极探索校本课程实施的评价体系

一是对课程本身的评价，建立一系列评价指标体系，如课程目标与课程计划评价、课程准备与投入评价、课程实施过程评价、课程实施效果评价，通过对课程实施过程和效果进行评价，反思课程方案的合理性和实施的科学性，提高课程设计质量；二是注重对学生的评价，学生为评价的主体，将评价手段和方式由单一的、静态的，变为多元的、定性的、动态的，坚持发展性、科学性、适用性、动态性原则；三是对教师发展做出评价，注重评价教师参与的热情、指导的水平、取得的进步、预期的进步。

5. 形成值得研究的校本活动课课程模式

按照《泉州七中“经典诵读”活动课课程纲要》，组织实施这一活动课，学生全员参与，教师积极参与。课程在每年 4 月开始，历时 1 个月，折合课时约 20 课时，学生大部分在课堂外和课余时间开展活动，以学生为主体，教师为主导，课程开发实施以来留下许多实施成果和过程性资料，这些都有利于这一模式的示范辐射。

（二）学校的文化建设方面

高中经典诵读校本课程的实施，填补了经典诵读在高中实施的不足，产生了新的思路、新的模式，是学校课程文化的重要组成部分。

让经典诵读课程化、常态化，并发挥学生主体作用，使课程的实施充分体现内容、形式和成果的丰富性、创造性、生成性，加上经典诵读内容的教育意义，与书香校园、学生讲坛、读书活动等结合起来，极大地丰富了校园

文化建设活动和内容，凸显了校园文化特色。

同时，高中经典诵读校本课程的实施，也可以“体现学校的办学理念、教育哲学”，或者为学校进一步提炼教育哲学提供可能。

（三）语文的教学改进方面

经典诵读校本（活动）课程，丰富了语文学科教学，形成了有益补充，促进了高中语文教学。

1. 语文兴趣的培养

以学生为主体，师生互动，依托本课程活动课的形式，丰富的诵读形式，丰富的理解、创新和生成，促进国家课程的校本化实施等特点，提高了学生学习语文的兴趣。

2. 语文能力的提升

掌握自主、探究的学习方式，记忆、理解、鉴赏、评价的能力层级的训练提升，朗读、表达等语言能力的提升。

3. 形成语文教学的新方式

本课程的实施，能在一定程度上解决高中生语文学习忽视朗读、阅读面狭窄的问题，通过课程建设加强古今文化经典诵读，扩大阅读面；强化理解、自主、生成的学习方式，学生主动、自主、探究的学习得以实现；结合情境活动，进行情境课程开发，开展情境教学；与高中语文学习结合起来，进行国家课程的校本化实施；课程内容和特点、教学方式、不同于考试的评价方式，都符合学生内在需要，适应不同学生的特点，调动学生学习内驱力，激发学习兴趣；提高学生审美和鉴赏能力，培养全面素质。

（四）教师的水平提升方面

本课程的开展带来了教师思想观念的转变、课程意识的提升，以及语文教学能力的提升，激发了教师自我发展的需要，催生了教师的创造性思维，构筑起了师生共同发展的平台。

（五）学生的成长发展方面

1. 提升了学生心智水平

学生通过学习和了解中国文化经典，尤其是中国古代经典和现当代蕴含丰富人文精神和德育资源的经典篇目，培养了人文素养，提高了心智水平，培养了正确的价值观、人生观，使学生健康成长，对学生的人文素养和思想品质产生了积极的影响，学生受到文化熏陶，思想品质和人生境界得到了提升，更好地形成了乐观、阳光、积极的心态，保证了学生健康快乐地成长。

2. 全面发展学生素质

经典诵读校本课程首先考虑了学生是否喜欢和愿意学习，注意到了学生的个体差异和创新能力的培养，能满足学生不同智能发展的需要，这种构建过程和作为活动课程的自主性，最大限度地尊重了每一个学生的需求和选择。通过校本课程的学习，可促进学生全面而有个性地发展。

（1）组织能力的提升。学生在课程实施过程中，自行分工、协调、组织、交流，发现问题解决问题，提升了组织能力。

（2）实践能力的提升。学生在活动课期间和成果展示期间，参与了编、备、导、排、演等活动，提升了社会交往能力、心理适应能力和自信心。

（3）创新意识和能力的提升。学生在活动课期间和成果展示期间，在理解的基础上，以朗诵、配乐朗诵、情景剧等方式对作品加以还原或再创造。

（4）人格的健全。课程的实施，弥补了学生人格的不足，提高了他们的自信，使学生得到了锻炼，敢于沟通交流，敢于大胆表达观点，大胆表现，使自己合群、自信，产生积极、阳光、健康向上的心态，对自己的能力素质有更多的审视，能正确认识自我，人格变得更健全了。

（六）弥补当前经典诵读的不足方面

如前所述，作为案例研究，该课程的实施思考了当前校本课程开发实施和经典诵读开展方面的不足，针对“在高中”“经典”含义以及“诵读教学”“校本课程化”“再概念化”“行动研究”等问题，做了很好的理论创新和实践创新。

结　论

时下经典诵读的开展，形成了一整套规模化、系列化的工程，可以说在贯彻国家意志方面，取得了非常突出的效果。在看到宣扬中华文化经典，诵读中华文化经典形成热潮、产生作用的同时，对照《关于在学校开展“中华诵·经典诵读行动”试点工作的通知》，调查了解经典诵读在学校开展的情况，我们也发现经典诵读在高中学段开展的不足。同时我们还看到，经典诵读在内容和形式上，诵读者的主动性和对内容的理解、鉴赏、生成方面有不足，解决的办法就是将高中经典诵读课程化，开发实施经典诵读校本活动课

程，促使经典诵读在高中的常态化有序开展。

而在高中阶段，根据学生生理和心理认知发展的特点，调动学生更大的积极性，赋予学生更多的主动性，激发学生对经典诵读的热情，是经典诵读校本活动课程建设的关键。当前校本课程在中学开发实施存在的现实问题，促使我们寻找并关注了“校本课程再概念化”的理论创新，基于泉州七中这一所学校已有的基础，开展了“经典诵读校本课程开发实施”的行动研究，总结泉州七中这一模式和意义，并推广其模式，开拓同行进行经典诵读和校本课程开发的思路。

通过对泉州七中这一模式的研究我们发现，首先七中思考了理论的创新。这是基于现实情况的实事求是的做法，而不是哗众取宠、自欺欺人。七中提出了“课程开发可以打破三级课程的严格界限”，“学生可以成为课程生动的创造者”，“课程开发的行动研究可以先于教育哲学”的理念，使高中的校本课程开发实施的各种束缚顿时得到松绑。其次七中缔造了一种持续的、生成的、创造性的经典诵读校本活动课程模式。在他们的实践中，管理者只负责组织保障的顶层设计，制定了《泉州七中“经典诵读”校本（活动课）课程纲要》，而“课程的教育目标”的实现、课程资源的开发和利用、课程的组织形式和活动方式、课程的教学原则、课程的内容构架、课程教学评价等几个方面的实施，是以学生为主体的。

因此，相较于其他经典诵读形式，泉州七中模式的经典诵读校本课程的实施体现了它的优点，也可以说体现了实施的意义，概括起来有以下几个方面。

1. 经典诵读校本课程化实现了其作为活动课程，同时也作为校本课程的功能。

2. 打造了学校特色，丰富了校园文化，可以“体现学校的办学理念、教育哲学”，或者为学校进一步提炼教育哲学提供可能。

3. 促进语文学科教学。课程的开展会激发学生兴趣，转变学生学习方式，提高语文学习能力，增强语文教学方式的多样性和有效性。

4. 提高教师专业水平，激发了教师自我发展的需要，催生了教师的创造性思维，实现了师生共同发展。

5. 让学生接受中华传统文化精髓的熏陶，让学生学会主动、合作、探究的学习，激发学生学习热情，锻炼全面能力，促进学生心智成长、全面发展、特色发展。

6. 克服了当前经典诵读存在的不足。

笔者希望借助对泉州七中的经典诵读校本活动课程的研究，提供一种可资借鉴的先进模式，来说明经典诵读校本活动课程的实践和意义，引导更多学校以积极的行动扎实开展经典诵读。当然，笔者的研究水平还十分有限，所提供的模式也并不一定能得到大家的认可，如有不足和值得商榷之处，请多多包涵并不吝赐教。

笔者将在此次研究的基础上，继续关注校本课程开发实施的研究动态，同时关注校本课程和经典诵读在制定者、理论研究者与实施者之间的动态发展，以行动研究的策略研究更多个案，以期有新的思考和发现。

附录：

泉州七中经典诵读活动现场照片

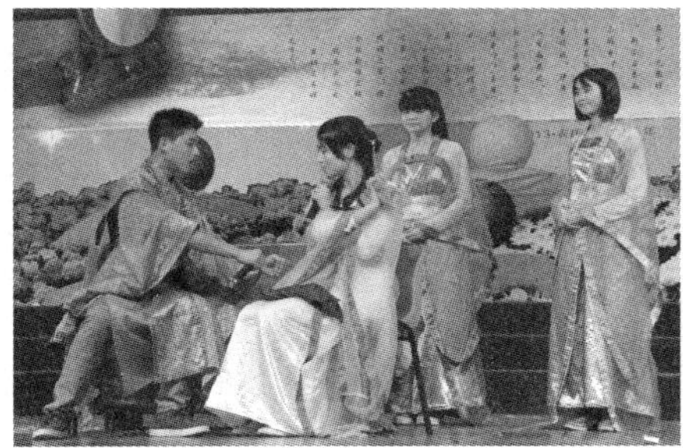

舞台剧《尤二姐之死》 表演者：高一 A10 班 指导老师：谷小艳

课本剧《赤壁赋》 表演者：高一 7 班 指导老师：陈龙斌

诗朗诵《中国，我为你呐喊》 表演者：高一 8、17 班 指导老师：林霞

话剧《红楼梦之海棠诗社》 表演者：高一 7 班 指导老师：谷小艳

第五章 “科技创新与电脑机器人”课程开发

引　言

近年来，泉州七中在“做中学”理论指导下，进行科技创新和机器人系列校本课程的研究和开发，针对中学阶段如何构建创新人才教育培养模式的问题，提出有效的解决方法，将“四动”教学法（“问题驱动”“教师引动”“多元互动”“学生主动”）用于教育教学实践，成效显著。

该系列课程围绕构建具有本校特色的高效创新人才培养模式开展实施。以校本课程实践为平台，为学生提供一种开放性的问题解决方案。在问题发现与解决的过程中，鼓励学生寻求自己独特的解决方法，激发学习欲望，培养学习兴趣，并形成良好的学习习惯，培养创新的意识。学校每年都在学生科技实践活动、科技项目调查和研究、青少年科技创新大赛、机器人竞赛、科技服务社区等方面取得丰硕的成果，成为学校的特色窗口，成就区域教育品牌。

理念、目标与科技创新课程开发相结合

一、课程开发的背景及缘起

根据《全民科学素质行动计划纲要》，学校把开展科技教育特色学校的创建工作，作为争创一流的科技教育的激励机制，进一步推动科技教育发展的重要工作。同时，《国家中长期科学和技术发展规划纲要（2006—2020 年）》的发布，标志着“建设创新型国家”这一战略目标已进入执行阶段。作为面向未来的重大战略，国家将强力实施、稳步推进。无论是中小学生，还是走上工作岗位的成年人，都面临着前所未有的挑战和新型的学习方式。高素质的创新人才培养工作在当前日新月异的科技发展大潮中，具有相当的紧迫性

和必要性。再者，新高考模式的改革也迫切需要学校、教师转换思路，树立新的人才培养观念，实施高效的人才培养策略。

长期以来，我们缺乏对拔尖创新人才培养的足够重视，尤其是忽略了中学在拔尖创新人才培养中的奠基作用。中学生的课堂探究活动相对较少，与生产生活有一定的脱节，学生科技创新实践活动有利于提升整体的认知水平。因此，利用“做中学”理论指导科技创新和机器人教育校本课程开发，和中学人才培养计划是紧密联系的。它基于高中学生认知的水平，让学生充分寓教于乐，在体验中学习知识，构建完整的科学素养教育，这类型的校本教材开发在国内还处于新一轮探索阶段。

泉州七中的科技创新与机器人系列校本课程，正是根据现代教育发展的客观需求，针对如何构建中学科技创新人才培养模式的中心问题提出的，以“做中学”为主要指导理论，以“四动”教学法创设培育环境，分别深入研究包括如何借助校本课程载体来实践“做中学”科学教育理论；如何完善制度机制建设和师资培养，创建硬件环境，保障人才培养的实施条件；如何发现与培养学生科技创新人才，完善创新人才培养的评价体系等系列子问题。在此基础上，整理总结出一套有效的创新人才培养模式，让学校科技教育走上一条有校本特色的发展之路。

二、把“做中学”科学教育理念和课程开发相结合

“做中学”是美国现代著名的实用主义教育家杜威的全部教学理论的基本原则。杜威认为，“所有的学习都是行动的副产品，所以教师要通过‘做’，促使学生思考，从而学得知识”。“做中学”科学教育可以借助课程载体，倡导全新的学习方式、学习观念的改革，以此促进青少年人才培养，为培养具有良好科学素养的未来公民打下必要的基础。

在新课程的实施过程中，随着教学手段的现代化发展，我校具备学生科学探究、课题研究和实践的必要条件，配套的信息技术、理化生开放型实验室、机器人实验室等设备条件都足以让学生敢想敢做，在有经验的教师指导下，能做出出色的成果。

我们认为，在科技创新实践和机器人课程的教学中倡导学生主动探究的学习方式，是“做中学”的基本思想之一。

以创新型人才培养为目的的科学探究活动，往往要以实验为基础。建构

主义学习理论和教育理论认为，学生是知识意义的主动构建者，教师是教学过程的组织者和指导者，是意义建构的帮助者和促进者。在新课程标准的理念下的教学，改革了传统实验教学的目标和性质，要求学生走出课堂，遇到实际问题时，懂得发现问题的所在，能设计解决的方案，在实验中寻求答案，借助老师、同学甚至校外的资源，共同合作解决。

具体实施过程中，师生的角色行为规律可以归纳为：

一方面，教师创设学习问题情境和积极引导，凭借丰富的实践经验，把学生直接推向现实世界中需要解决的问题中，让学生面对真实，向真实发问、与真实接触。另一方面，学生针对问题提出各种假设，设计实验、选择解决问题的方法，检验自己的假设并学会交流合作。在这个过程中，学生提出问题并开始实验探索后，可能还会产生新问题以及需要进一步探索的问题，还可能要离开课堂，走向社会寻求答案。创新人才的培养，就在这细微过程中进行。

有了明确的师生角色定位，再用“四动”教学法具体渗透课程的实施环节。理论和实践并重，为教师启发思维，使学生独立创新成为科技创新课程的常态。

三、学校科技创新人才培养观和校本课程实施对象

学校一向注重加强科学教育机制制度建设，完善科技教育的组织架构，在提高校内师生的科技创新能力和水平、提升竞赛水准等各方面取得了一定的成效。作为示范性学校，我们把全面贯彻协调可持续的科学发展观，落实科技发展战略纲要作为当前工作的总目标，争先进，创品牌，把“做中学”的教育理念、创新人才培养目标与特色校本课程系列开发相结合，有其迫切的必要性。

在具体的实施过程中，考虑到学生具体的课业进程，课程主要参与对象是普通高中学生（高一、高二）。利用校内教师力量，开发自主探究型的科技创新实践和机器人教育实验校本课程，整理实际生活应用的教育案例，形成较完整的研究理论和创新人才培养机制，促进学生创新实践能力的提高。

四、课程开发的具体环节、实施措施和质量评估

以科技创新和机器人实践为载体的探究式校本课程开发，是在积极渗透

“做中学”科学教育理论中逐步形成的，包括了研究应用案例，整合学生历年的研究成果，形成完整的成果体系和可操作性强的实践经验总结等环节。强调学生亲自动手探究学习，让学生在“四动”教学创设的环境下成长，进一步促使学生建构科学知识体系，获得科学探究能力，懂得合作学习。

（一）课程研发具体环节

(1) 初步研究过去几年我校学生认知范围内的各学科创新型实验课题（如物理传感器实验设计、自动化控制等），分学科，以教研组为单位的教师指导团队来整理归纳出有效途径、方法和手段。

(2) 按学科分类和应用分类，形成系统化的校本课程教学模块，同时收集整理学生的实验探究型设计和实验材料，编印成册。

(3) 培养学生时间管理、资源分配、团队合作、信息采集、实验分析、设计等诸多技能，达到学校教育发展和学校素质提高的双重效益。

(4) 对历年各级创新大赛和机器人竞赛学生研究课题进行系统分析，尝试跨越和创新，并给出丰富案例进而形成完整课程，为后续学生的学习研究活动的开展提供依据。

（二）课程研发的具体实施措施

(1) 坚持因材施教，发现和培养学生的科技创新特长。

(2) 形成文化氛围，营造具有科技创新特色的文化理念、环境文化、课程文化、评价文化。

(3) 科学人文并重，在培养学生科技创新特质的同时，坚持做好学生人文素养的培养，使兼具人文素养成为促进科技创新人才发展的底蕴之一。

(4) 坚持多点并进、多元培养模式，打造集课程、活动、竞赛、发明等为一体的发展平台。开展学生课题研究，产出论文成果，申请专利，对接生产实践。

(5) 打造最高水平，致力于选拔拔尖和特长人才，参与竞赛和发明创造等活动，在科技成果和科技竞赛方面领先于国内大部分中学，在人才输送和培养上具备优势。

(6) 人才推荐，为创新型学生提供毕业升学服务，为创新型学生的发展提供更适合的平台和保障。

(7) 学生跟踪，做好科技创新人才毕业后的去向和发展的跟踪反馈，继续发挥对这些人才发展的教育作用，同时反观中学培养的经验和不足，加以改进。

（8）评价奖励，政府和社会力量结合，多渠道设立奖励资金；完善教师奖励和学生奖励方案；评选和激励七中“小院士”。

通过高水平的竞赛，培养创新人才苗子

（三）教学质量评估

从教师的层面上，自然科学与社会科学的研究并重，以研究性学习为主要方式，按学科分类和应用分类，形成系统化的校本课程教学模块。收集整理学生的实验探究型设计和实验材料，编印成册。加强论文撰写，奖励超额工作量。

从学生的层面上，加强学生科学实验记录与日志、过程材料记录、工程笔记、机械制图、三维建模、数控机械的使用等的规范性。以科技创新大赛为成果检验方法，积极组织学生进行相关培训与参与竞赛。以省级专利示范校的工作机制为推力，继续把创新思想融入学生的培训工作中，继续做好项目研究的文本规范性撰写，在发明、实用新型等专利申请上多树立典型。

五、在课程实施中构建高效可行的创新型人才培养模式

我校的科技创新与机器人系列校本课程是根据“做中学”的教学理念，以学生为中心，以创新为重点，以成才为目标，逐步培养学生学习兴趣、创新的意识、知识产权的保护意识，达到课程的目标。

近几年，通过课程的实施，我校构建了高效可行的创新型人才培养模式，即：

（1）以课堂“探究学习”为抓手，让培养对象具备一定的专业理论基础，引导与自学结合，知识与运用结合，从培养学生的好奇心、想象力、直觉和洞察力出发，优化课程体系。

利用课堂教学主渠道，实施探究学习

（2）积极创设课程所需的丰富的有活力的软硬件资源，让学生敢想敢做，想得到做得到，以“做中学”的理念和态度来实践科学研究。

（3）课内与课外并重，校内与校外结合。把课内知识和社会需求连成一体，以任务驱动方式消除只重其一的片面性。

（4）通过创新评价体系，规范评价行为，努力形成“鼓励创新、宽容失败、奖励成功”的制度环境。

六、在课程实施中发现和培养创新人才

课程实践反复证明创新人才应具备以下五个特征：

对问题的高度敏感性——从平淡无奇中发现奇特和不同寻常，展开思考。

观念具有高度开放性——在相同条件下可以发散性地提出多种观点。

思维具有高度灵活性——摆脱定式思维，自我修正，适应性强。

认识具有新颖性——提出不同寻常的观点，又可以被人认可和接受。

人格特征鲜明——个性独立，有较强的动机，不受琐节束缚，敢于冒险。

根据创新人才的特征，在课程的具体实施过程中，我校依托学生科技协会纳新和教师问辩考核等方式，发现创新人才苗子，在周末开设科技创新与机器人校本培训系列课程，包括人工智能、通信技术、算法与程序设计、系统问题解决和设计策略等教学模块。优秀学生项目选送参加各级竞赛，并且根据研究程度申报专利、转化产品。完善评价体系，把学生科技实践作为重要的学习履历载入成长手册。

发现和培养创新人才具体体现在以下几个过程中：

1. 课堂渗透

把科技创新的理念融入高中课程教学进程中，运用任务驱动型的学习模式，挖掘学生科学探究和实践的潜力。同时积极稳妥地开展高中生的研究性学习，全员参与，让学生边学习边体验，进而让有创新人才培养特征的课堂

教学的问题提出者（创新人才苗子）亲自设计和制作创新型的研究课题，与同学交流，研究问题解决的可行性，由指导老师辅导开题。

机器人校本课程与学生课堂实践活动

2. 选题辅导

在操作的过程中，科任教师对课题进行认真的审阅，对其可行性作仔细的论证，推荐指导教师，检查督促学生的研究进程，交流各小组的研究成果，从而使研究性学习逐步进入实质性阶段，也使科技教育的课程化得到全面推进。有创新价值的课题参加当年的各级创新大赛，进行成果评选和展示。

3. 规律推动

积极探索科技创新教育的规律，研究其目标、内容、途径、方法，总结推广典型经验。当前特别要加强对历届创新大赛成果进行调查研究，分析、研究策略，让学生学会问题的研究方法，包括资料收集、调查问卷、实物设计制作、论文撰写、成果展示答辩等方面。协调相关学科研究工作，有计划地确立研究课题、组织人员，落实经费，定期组织专题研讨，交流与汇报阶段成果。

4. 普及提升

依托社区，创设良好的青少年科技创新的社会环境。争取有关单位的支持，组织学生走向社会参观、考察、学习，聘请科技工作者来校开设讲座，辅导科技创新教育工作，提高活动的层次，创建面向广大学生的科技教育新局面，从而对周边社会的科普起到示范辐射作用，并争取把成果转化成实际应用。

课程实施的成效与反思

一、用课堂实践检验，推动学生发展

创新型人才培养的实践主体在课堂。科技创新与机器人系列课程生动活

泼，精益求精，寓教于乐，课堂内容实效性强。精心设计每堂课的教学内容，在实践活动中研究如何组织、管理，以及如何让学生利用学校的特色资源，建立新型的科学研究模式。探究式的教学方法深受学生喜爱，学生在快乐的探索中掌握前沿科学知识和技能。

从这里走出去的学生，在大学期间和工作岗位上大多能独当一面。

二、校本课程编写和成果的理论提升，促进教师专业成长

学校科技教师团队持续推动科技创新与机器人的教育校本课程的系列教材的编写，并列入高一、高二的课表中执行，在周末实践补充，如“机器人制作”“Visual Basic 与机器人通信技术”“8051 单片机 C 语言”“机器人智能移动平台开发”“数字电路入门”“电子电路基础”等学校自主开发的系列模块。

设置学生机器协会的周末培训课程，课程设置中包括人工智能、通信技术、算法与程序设计、系统问题解决和设计策略等系统教学模块。2013 年，论文《问题讨论式——科技类课程的可行选项》发表在《福建教育》杂志，属“十一五”全国机器人教育课题研究结题，并获优秀成果一等奖；2013 年，以自动化研究为主要内容的“高中物理传感器探究实验课程的开发和实践研究”课题获得省级验收。《传感器实验平台的搭建和探究性实验应用技术》《主要传感器类型学生课题研究案例论文集》“主要传感器类型学生课题研究案例分类及技术应用概述”“研究性学习学生论文集”“研究性学习学生学习心得”“知识的汲取、能力的提高”等专题专著编撰完成。

三、学生创新实践成果与竞赛成绩彰显

2005 年以来，我校学生在市级以上科技创新大赛和机器人竞赛中累计获得两项世界机器人奥赛金牌，一项铜牌，一项 FRC 国际专项奖；全国金牌 17 项，银牌 8 项，铜牌 7 项；福建省金牌 42 项，银牌 40 项……共 298 个奖项。就是这些成绩，为泉州七中赢得“全国科技教育创新十佳学校”及中学唯一的“创新之星”学校等荣誉。

附 1:

科技创新与机器人校本课程教学模块（部分）

序号	课程模块名称	作　者
1	主要传感器类型学生课题研究案例分类及技术应用概述	杨　利、陈思鑫
2	学生科技创新课题研究案例分类及技术应用概述	杨　利、陈思鑫
3	传感器实验平台的搭建和探究性实验应用技术	杨　利
4	Arduino 编程设计与创客空间建设	杨　利、梁良飞
5	8051 单片机 C 语言	杨　利、陈思鑫、梁良飞
6	Visual Basic 与机器人通信技术	杨　利、陈思鑫
7	机器人本体制作大纲	杨　利、陈思鑫
8	易安卓手机软件开发与机器人设计制作	杨　利

2011

单位：泉州七中

编者：杨　利　陈思鑫

高中物理传感器探究实验课程的开发和实践研究

主要传感器类型学生课题研究案例分类及技术应用概述

——泉州七中科技创新和人才培养计划教学模块

主要传感器类型	项目名称	辅助传感器	项目研究和技术应用概述
温度传感器	基于 LabVIEW 的温度场测量系统		在科学研究和生产实际中，温度是一个重要的指标，经常需要对温度场进行及时、准确的测量。本项目设计了以 AT89S52 单片机和带有存储器功能的数字温度传感器 DS1624，组成矩形测量网络采集空间 32 点的温度。以 LabVIEW 作为开发平台二者之间通过串口实现数据通信，利用 LabVIEW 强大的数据处理和显示功能，使用自主开发的软件平台对采集的温度场数据进行实时处理、分析、储存和显示。调试结果表明，本系统具有测量精度高、实时性强、安全可靠、易于操作等特点。
	温度水位感应式盲人水杯		温度水位感应式盲人水杯底下装一个温度传感器，再装一个 7 段式 LED 数字显示器装置，使常人可以读出杯中水的温度。这样就可以知道水的温度，不用再用手去度水温了。可以很方便也可以很放心地饮水了。这个盲人水杯可以给盲人带来方便，也可以让盲人避免遭受被热水烫到的痛苦。

续表

主要传感器类型	项目名称	辅助传感器	项目研究和技术应用概述
磁场传感器	自动化盲人导航系统	光电传感器	根据单片机无线电通信，使交通信号灯和盲人拐杖形成一个24小时适用的系统。当盲人过马路时，给予语音提示和路径导航。首先制作一个小型的十字路口模型，在十字路口的人行道上新设一段蓝色标记的盲人专用通道，在盲人专用通道下铺设磁片。盲人专用的拐杖下装有磁场传感器，用于校正行走路径，避免盲人走偏。通过无线与路口信号灯形成整体，为盲人提供适时的语音导航信息，提示红绿灯信息，不让盲人闯红灯。同时我们还在右转车道前装设光电传感器，避免右转车辆对盲人形成安全威胁。
压力传感器	动量定理探究实仪	光电传感器	利用有机玻璃架构基本框架，利用电机驱动坐标纸来横向显示一维变量。在不同质量的物块碰撞中或者支撑弹簧劲度不同时，速度变化结果是不同的，因而坐标纸上也相应呈现不同的曲线。 该项目可以利用控制变量调节砝码的质量比，进行碰撞，或者更换不同劲度的弹簧进行分次实验。在坐标纸上多次实验中求出平均值，保证数据准确。利用电机驱使一维运动在二维平面内得到清晰展示。实验简单易操作。项目研究对工程学上的应力问题有相当的作用。
	智能机械臂控制系统	超声波传感器 光电传感器 颜色传感器 触动传感器	本项目中机械臂结构采用圆柱坐标型，由升降臂、伸缩臂和末端手爪组成。机械臂采用电机驱动，使用LM298构成的驱动电路。升降臂、伸缩臂采用螺杆结构，电机效率高，能达到所需的控制精度。这样所占空间较小，工作范围较大，控制相对简单，能适用于较多的场合。采用VB编程实现了运用逆向运动学的方法进行运动规划，建立了机械臂的动力学方程，控制机械臂末端能进行各种设定好的动作（移动到任意位置；画出任意形状的曲线）以及按照预先给定的轨迹线去识别并自动依据识别信息运动。在控制方面，利用摄像头对工作区进行图像采集，二值化处理，图像识别。可以得到物体所处位置坐标，可以对物体的形状、颜色做出判断。在控制方式上，除了图像自动识别控制，还可以使用语音控制、无线遥控、手动控制，实现了机械臂的网络远程控制。

续表

主要传感器类型	项目名称	辅助传感器	项目研究和技术应用概述
触动传感器	无线手套式便捷键盘输入系统		键盘在平时的应用中最大的缺点就是体积大，占用空间大，而且不方便携带，尤其表现在一些特殊的场合，如室外，汽车内等等。整个键盘输入的中心点是人手，设计这样一个手套式的无线键盘，使得键盘方便、小型化。你完全可以在颠簸的车上、躺在床上、手插在裤兜里输入。 在一副手套上设计安装若干个触动传感器，经过单片机扫描给出各个按键相应编码，并通过蓝牙模域发送。计算机接收到信号，通过 VB 编写的程序后台译码得到相应按键消息，并执行响应，从而取代传统键盘。后期采用单片机和 VB 联台调试，及时发现问题并解决。
	多功能管道机器人	压力传感器 温度传感器	现代楼宇空调管道和通风除尘管道中会积累许多灰尘、病菌、病毒、尘螨及放射物，这些有害物质在送风过程中污染了空气，长期被人体吸入，就会导致许多疾病，因此对管道进行定期清洗势在必行。工农业生产中的蒸汽发生器传热管、石油、化工、制冷行业的工业管道和煤气管道等，人大多不能直接到达或不允许人直接介入，为进行质量检测和故障诊断，也必须有一套多功能的管道机器人系统。 这款管道机器人沿管管内部或外部移动，携带一种或多种传感器及操作器，在操作人员的遥控操作或计算机的自动控制下，进行除污、消毒、检测等系列管道作业。 该系统如果加装不同类型的传感器，可以易于获得管道环境指标参数，如温度、pH、烟尘度等，因而应用范围相当广阔。
	新型单线缝纫机	角度传感器	这台新型单线缝纫机采用乐高积木构建主体，由 Roblab 软件编程控制其运动，包括一台 RCX，三个马达，两个角度传感器，一个触动传感器。从整体结构到每个零件的组合设计上，均经过深思熟虑，实现最优化的设计，最大限度地抑制了噪声和振动。 这台缝纫机的最大特点是单线缝纫，靠一条线来回穿梭，这样就能有效地解决传统缝纫机缠线、断线的问题，使整台机器结构更趋简洁。运动过程由软件控制，按不同需要可以马上进行修改，精度高，细微操作、速度调节成为简单的事。

续表

主要传感器类型	项目名称	辅助传感器	项目研究和技术应用概述
触动传感器	新型地下景观垃圾箱	磁场传感器 光电传感器	目前城市道路垃圾主要通过道路旁设置的垃圾箱收集集中处理，但是设置的垃圾箱随着时间的推移，缺点日益明显。这个项目的基本设计是：当行人把垃圾放置在盖的上方，触动传感器就会将信号传给动力系统，箱子两端的电磁铁就会因为通电而具有磁性吸下Z型盖的尾端，而呈半圆形的顶端（外盖）就会因为杠杆原理抬起，垃圾掉入上层，上层的转动板就会根据红外线的感应，将垃圾分类旋转到具体分类区域，该区域的小盖自动打开，垃圾就掉进装有活绳布袋的箱内，等清洁工来收取时，直接按分类提起布袋，再装入新的布袋。倘若进桶内的是水，水会顺着甬的外缘流入接水管里，进入下水道。
光电传感器	新型电池自动分检系统		现在人们几乎已经离不开电池了，甚至需要大量使用电池，并且要求苛刻。有人不愿意浪费时间检测电池所剩的电量，于是凡是用过的电池都当作没电的扔掉。这样既浪费，又会污染环境。这套系统是结合ROBOLAB软件和乐高的光电、角度、电压等传感器，使用了2个RCX，5个马达、1个角度传感器、2个光电传感器，1个电压传感，实现系统对电池的自动分辨以及分装到不同的目的地。
	数字式振动图像同步实验仪		目前实验室里的振动图像实验仪器由于周期较小，同学观察难度大，质期、振幅、能量变化的规律把握较难。本项目通过单片机实时采集振子位置信息，把位置信息通过串口送PC和液晶屏幕进行显示。实时描绘振动图像，并且可以自动计算周期、振幅等相关物理量，取代了传统用模拟的方法研究弹簧振子的运动。采用多个H42B6光先传感器开关构成位置检测机构。它是利用被检测物对光束的遮挡，由同步回路连通电路，从而检测物体的有无。在显示方式上采用HG12864液晶模块与单片机接口采用3线串行接法，节省大量I/O口。与电脑课件相比，结果更真实、可靠。可让学生感受真实的物理情景，并快速找出规律。

续表

主要传感器类型	项目名称	辅助传感器	项目研究和技术应用概述
光电传感器	全楼无线智能信箱提示系境	触动传感器	我们制作这样一个智能报信系统，目的在于省去人们每天上下楼检查信箱的麻烦，同时也可以提醒人们及时领取信件，以防错过重要事情。 该系统利用了单片机进行无线通信。首先，我们在检测方面使用了两种传感器，在每个小信箱底部都安装了触感，一旦有物品投入信箱，便会压下触动，于是系统就会有数据上的变化；同时，我们也在每个入口处安装上激光发射器和感光二极管，一旦信件被投入，便会截断原本处于通路状态的激光，同样也会使系统中数据发生变化。其次，我们在数据传送方面使用了无线通信模块装置。我们先利用传感器控测信箱中是否有信，然后将数据编码后通过单片机和无线通信模块传送到各家各户中，居民们根据家中接收器解码后形象地转换为家中接收器上的几个LED信息或语音提示，将远在楼下的信箱内的情况形象化，使用简单，提高了人们生活工作的效率。
	福娃民乐迎奥运		项目研究是通过机器人机体组建四名扬琴、萧、大鼓、琵琶民间乐器的福娃造型，用手绘方式完善头部、衣饰、动作等要素。通过电脑编程，把《高山》《流水》等中国乐曲通过NXT转变成机器人动作，形成一台动听的福娃民间乐器交响乐，也可以人机合奏。 在研究过程中，我们研究了乐器的电声模拟，机械的灵活性、机器人之间的信息协作、乐谱识别与演奏、人和机器人的协作演奏等关键技术问题，对机器人编程语言、单片机技术知识等进行了较系统的学习，并逐步尝试实现它们。

附 2：

综合实践活动说课稿

泉州市第七中学　杨　利

今天，我说课的课题是《水下机器人的研究与开发》。

下面我将从教材、教法、学法、活动过程四个方面对本课题做如下说明。

一、说教材

（一）教材的地位与作用

“水下机器人研究与开发”是我校机器人综合实践校本课程内容之一。

水下机器人可在高度危险环境、被污染环境以及零可见度的水域，代替人工在水下长时间作业。水下机器人上一般配备声呐系统、摄像机、照明灯和机械臂等装置，能提供实时视频、声呐图像，机械臂能抓起重物，在石油开发、海事执法取证、科学研究和军事等领域得到广泛应用。

把这一课程活动放在高中生的研究性学习活动中，能突显综合实践活动的实践性、开放性、自主性、生成性以及综合性。中学生通过课程学习，可解决学生与自然、社会生活、自我关系等之间的基本问题，培养学生学会实验研究与观察、调查、收集与分析的基本规范，进一步发展学生的问题意识，培养良好的思维品质，切实提高学生分析问题、解决问题的能力。

（二）教学目标

1. 知识目标

A. 了解水下机器人的概念及发展现状；

B. 引导学生从机器人方案设计、实体制作、结构分析、软件编程、数据采集、实验调试等环节，体验工程设计的全过程；

C. 使学生学会过程性材料的收集整理，论文、专利等的撰写。

2. 能力目标

通过学习使学生掌握水下机器人的设计制作的初步知识，从而转化成从事一般科学研究的基本能力。

3. 情感目标

激发学生与人交流、沟通的能力；锻炼学生小组协作的能力，培养学生的综合素质。

（三）教学的重点与难点

重点：水下机器人的项目研究规划与设计；过程体验与文本材料收集、撰写。

难点：分析研究与开发的具体实施过程以及讲解中学生尚未具备的机电工程设计知识。

二、条件保障

该综合实践活动是学校科技创新活动的长期项目，得到了校领导的高度重视，有完整的课堂学习场所及机械加工中心。学校近年参加各级科技创新及机器人竞赛得到200余项奖励，有丰富的实践案例。老师借助国家级课题研究，形成了完整高效的课程教材。

三、说教法

在“做中学”理论的指导下，将“四动”教学法用于教学实践。

以任务驱动型的学习模式，挖掘学生的科学探究和实践的潜力，同时积极稳妥地开展高中生的研究性学习，进而让有创新人才培养特征的问题提出者（创新人才苗子）亲自主持设计和制作机器人，并在过程中组成学习团队，老师从中补充知识、引导思维、解疑释惑。

四、说学法

（一）学情分析

高一学生好奇心较强，兴趣广泛，逻辑思维正在发展中，机械自动化控制知识不足，需感性材料指导，增加动手实践机会。

（二）学法指导

学生针对问题提出各种假设，设计实验，选择解决问题的方法，检验自己的假设并学会交流合作。在这个过程中，学生提出问题并开始实验探索，可能还会产生新问题，如进一步探索的问题，甚至可能要离开课堂，走向社会寻求答案。对于过程中材料收集的科学性与规范性（如手绘设计图、设计方案、数据记录、问题生成、解决思路等），可给出以往学生的学习案例，并指导论文、专利等文本材料的撰写。

五、说活动过程

第一阶段：提出问题，引导探究（两周）

普及水下机器人知识，以水下机器人发展前沿和学校学生科技创新课题成果案例导入，让学生对水下机器人的基本结构、功能作用、可达成的效果等作交流讨论，列出学习要点，形成学习方案。

第二阶段：知识学习，系统构架（四周）

针对水下机器人所涉及的系统，如机体设计、机械传动、电子电路、通信连接等问题，做专项的知识培训。以单片机C语言作为编程语言，指导如何实现自动化控制，如舵机、直流电机控制、温度、角度、感光、磁场等传感器使用。

第三阶段：动手实践，问题生成（四周）

学生分组确定方案，通过数控机床、手工裁切等方式，制作机器人机体，并制作单片机控制板，完成电路焊接与调试。

对机器人的防水、配重等重要的问题作深入探讨，提出解决方案。水下机器人通过多次实验调试，提升性能指标，实现预先设定的功能。各组之间相互学习，求同存异，相互竞争。做好过程性的知识、设计、实验等记录。

第四阶段：成果汇报，展示交流（两周）

学生小组对水下机器人进行小组答辩，接受同学与老师的质疑，并形成新一轮的思考与改进，以展板的形成向全校公开展示交流，形成浓郁的校园科技氛围。

第五阶段：提升延展，撰写论文、专利（四周）

通过访问校外专家，探讨提升空间，撰写课题研究成果报告，尝试以撰写专利来提升文本表达能力。

六、成效与反思

水下机器人的发展与材料、能源、传感器、控制、通信、人工智能等密切相关。中学阶段以研究性学习的方式，让学生亲身体验这类机器人的设计、研究与制作，能切实提升学生综合科学素养，提高相互学习的能力，达成课程学习的目标。目前这类学习成果已经汇编成册。

同时该活动也对学校基本条件、师资条件提出一定的要求，从成效和特色上看，有助于学校形成特色校园文化，全面培养身心健康的中国人及行业的领军人物。

附 3：

科技创新与机器人校本课程开发

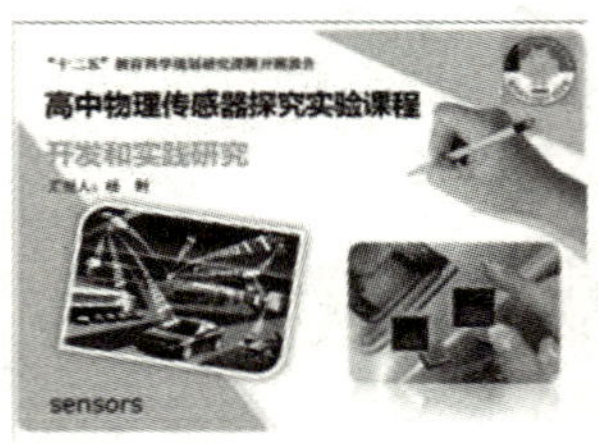

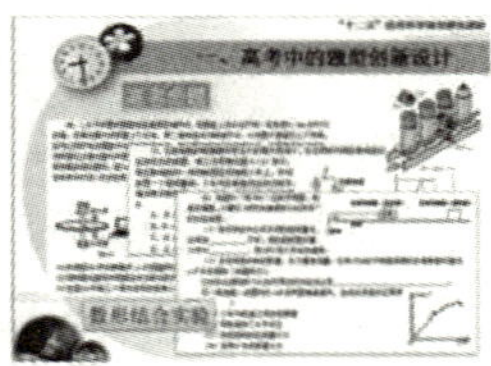

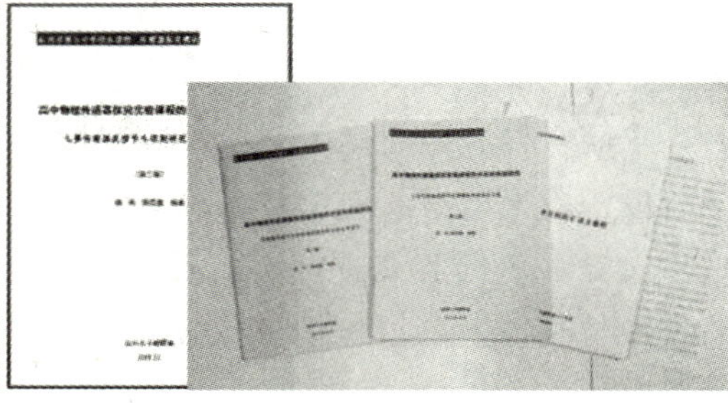

科技创新与机器人校本课程开发

学生机器人社团学生教程

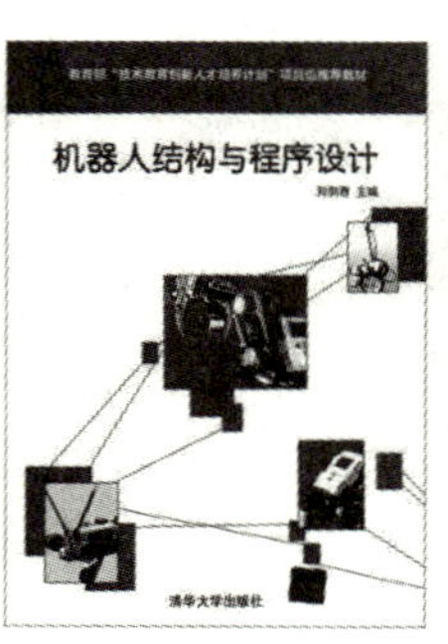

课程研究与学生创新社团活动

科技创新校本课程

创新技法讲座

课堂实践活动

电路板制作

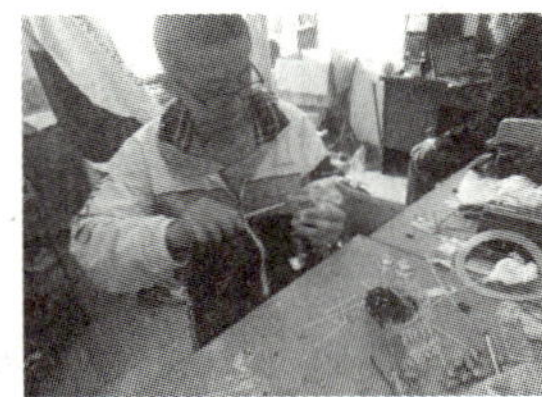

零件制作

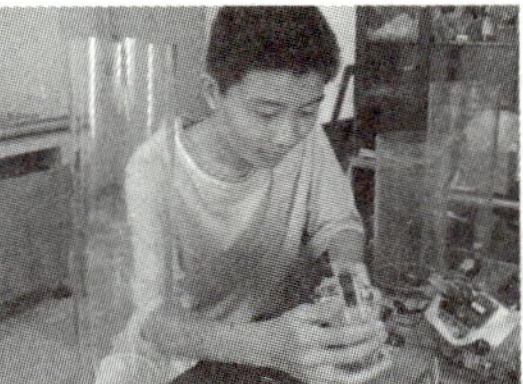

作品调试

操作 CNC 雕刻机

学生科学创新研究记录

通用技术课程：机械制图

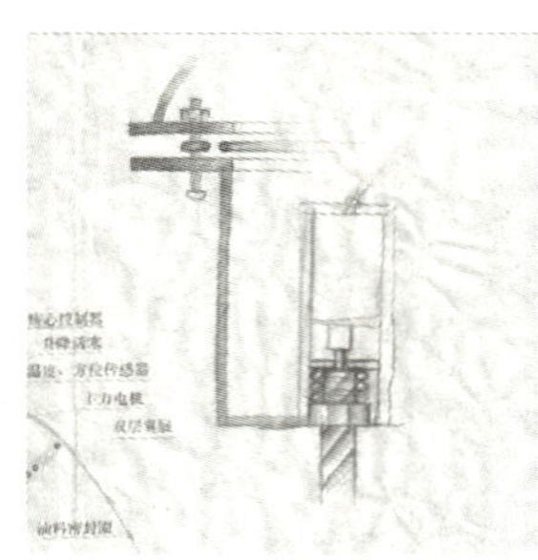

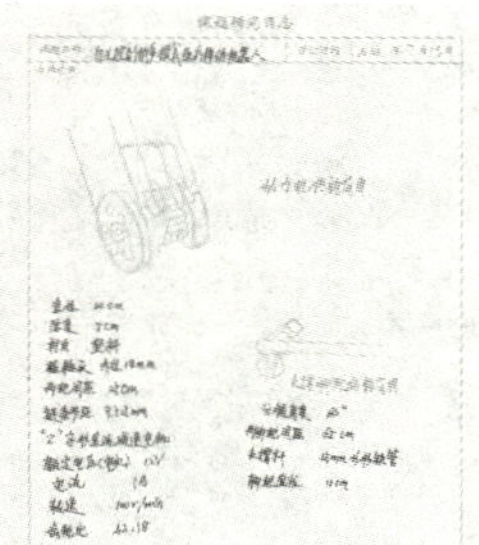

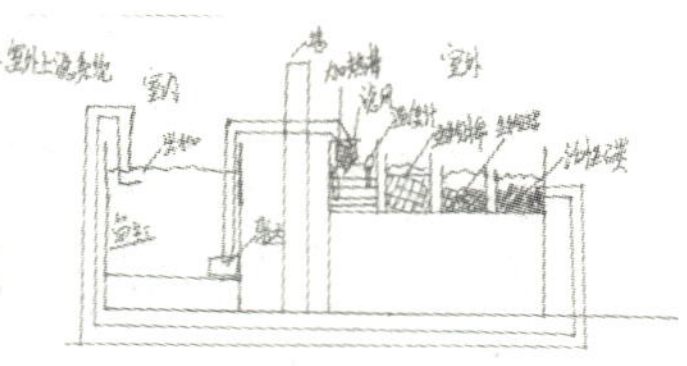

手绘项目设计

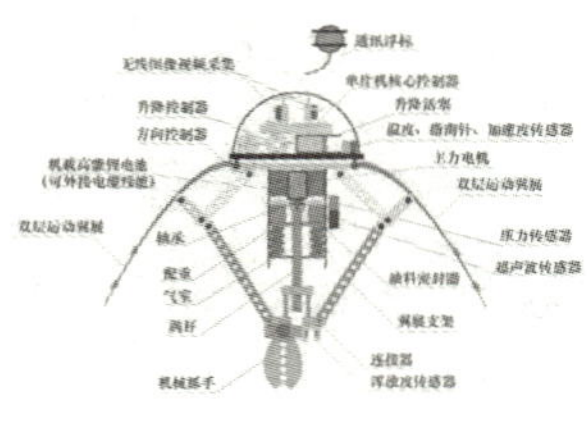

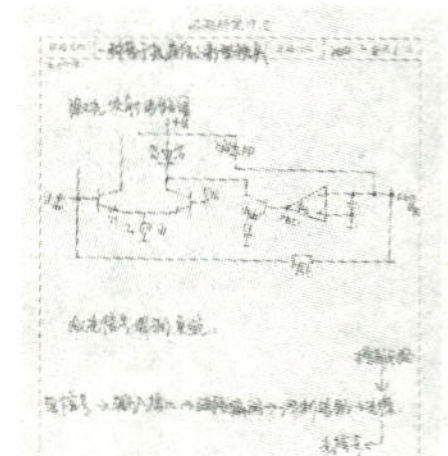

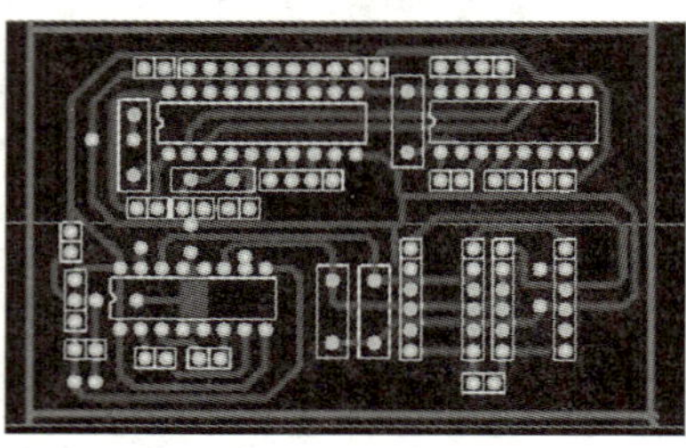

整体设计与电子电路设计

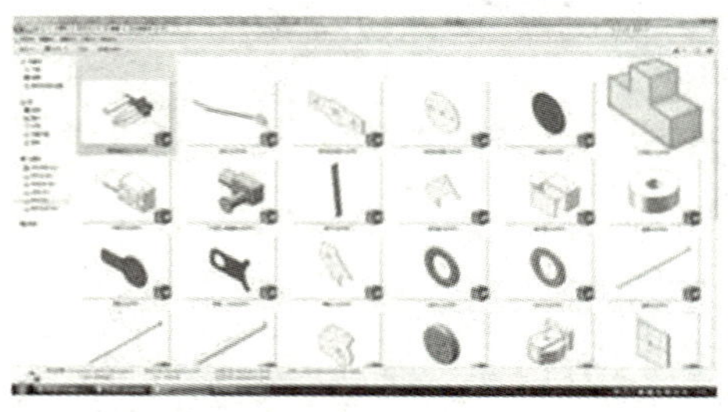

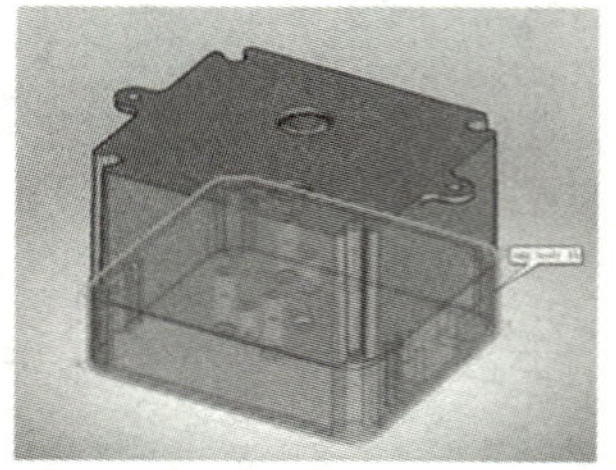

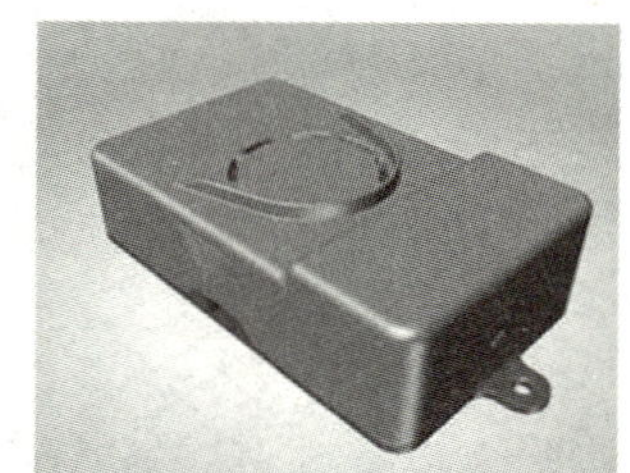

三维建模与产品设计

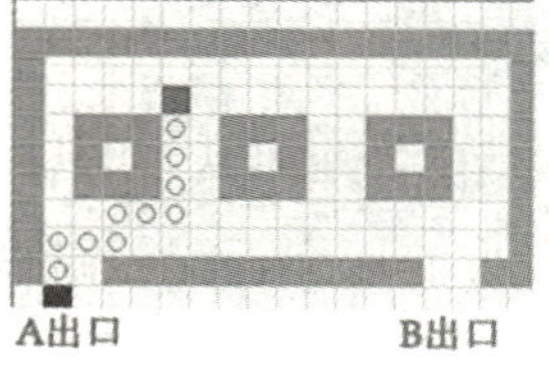

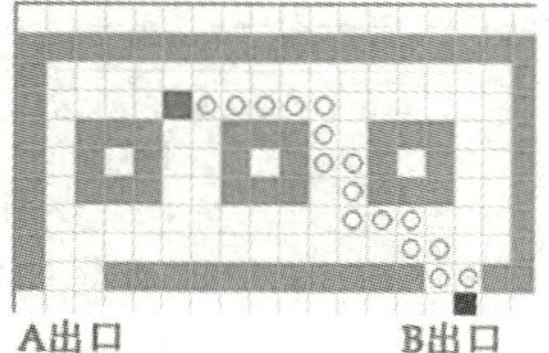

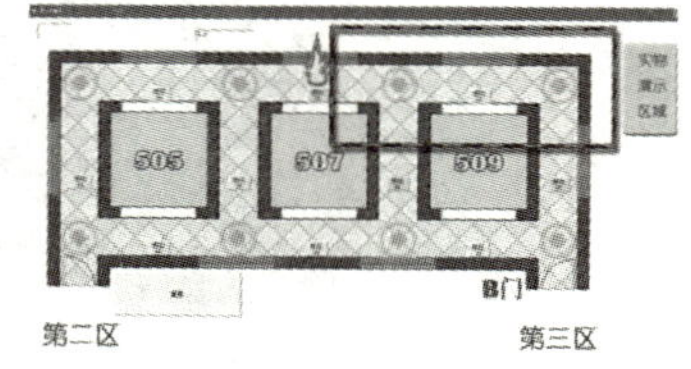

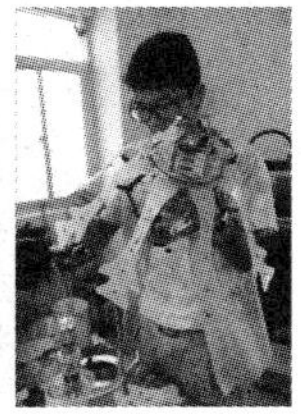

学生电子电路实验课程计划

（以2013—2014年度上学期计划为例）

时间	主要内容	培训目标	具体要求	负责人	硬件支持
一 10.13	机器人概述	了解最新机器人动态拓展视野	什么是机器人，最新机器人的图片视频展示，工作室以往项目，工作室加工机床介绍	杨利	
	单片机介绍	知道开发下载单片机程序的流程	最小系统，开发环境，下载软件	师院	串口线、最小系统
二 10.20	C语言	了解主要语句功能，能读懂基本代码	C语言基本语句（if、for、while……）头文件、子函数、主函数的概念	梁良飞	
	LED控制	会自己设计走马灯模型	进制、延时、循环语句 多种方式控制LED灯 （拓展）位操作	师院	LED
三 10.27	按键输入	实现按键响应走马灯模型	独立按键的接线、控制 （拓展）：矩阵式键盘	师院	按键、插针
	显示输出	数码管、LCD显示	7段数码管控制 1602的基本控制 （拓展）：12864、5110汉字显示、取模	师院	数码管、lcd
四 11.10	舵机介绍	舵机控制原理	舵机控制原理 （拓展）：示波器使用	陈思鑫	舵机
	舵机控制	单片机产生PWM	单片机产生PWM （拓展）：555产生PWM 定时器产生8路PWM	师院	555

续表

时　间	主要内容	培训目标	具体要求	负责人	硬件支持
五 11.17	STC单片机文档	如何读懂芯片资料文档	芯片资料介绍：引脚、主要功能…… （拓展）：学习其他芯片文档	梁良飞	
	STC内部资源	会内部AD、串口等	STC12C5A60S2内部资源应用 AD、定时器、I/O设置、串口通信	师　院	
六 11.24	机器人组装	完成机器人组装	工具介绍、示范、舵机初值	杨　利	组装零件
七 12.1	Solidworks介绍	会基本操作	Solidworks基本操作	杨　利	
	完成一个3D模型设计	完成一个3D模型设计	3D模型实践 （拓展）3D打印机操作	陈思鑫 杨　利	
八 12.8	机器人动作设计	设计出机器人的动作	利用舵机调试器自行设计动作	陈思鑫 师　院	舵机调试器
九 12.5	机器人编程	实现机器人自动控制	把动作编码写入程序，结合传感器等进行调试	师　院	
八 12.22	机器人优化、展示	加入蓝牙等无线控制	通过无线方式控制机器人运动	师　院	蓝牙模块
	上位机软件	VB实现机器人控制	基本VB编程环境介绍	陈思鑫	
八 12.29	功能拓展	基于安卓软件开发	开发环境、基本操作介绍	梁良飞	

课程成果：学生竞赛获奖

2005年WRO世界机器人奥林匹克竞赛金牌

2006年第6届全国电脑机器人大赛金牌

2006 年 WRO 世界机器人奥林匹克竞赛金牌

2006 年第 21 届全国青少年科技创新大赛银牌

2008 年第 23 届福建省科技创新大赛金牌

2009 年 WRO 世界机器人奥林匹克竞赛铜牌

2010 年第 10 届中国机器人竞赛金牌

2010 年第 25 届福建省科技创新大赛金牌

2011 年国际微纳米技术应用大会

2011 年第 9 届福建省机器人比赛金牌

2011 年第 26 届福建省科技创新大赛金牌

2011 年世界机器人奥赛中国区金牌

2011 年世界机器人奥赛中国赛区金牌

2012 年第 27 届福建省科技创新大赛金牌

2012 年第 27 届全国青少年创新大赛银牌

2013 年第 27 届福建省科技创新大赛获 3 金 1 银

2013 年福建省机器人竞赛获 3 金 2 银

2013 年美国凤凰城国际科学与工程学大奖赛

2013 年中国机器人竞赛金牌

2013 年第 28 届全国青少年创新大赛银牌

2014 年第 12 届福建省机器人竞赛获 2 金 1 银

2014 年第 14 届中国机器人竞赛金牌

2014 年第 29 届福建省科技创新大赛获 3 金 1 银

2014 年第 29 届全国青少年创新大赛（学生陈思尧获全国一等奖，得到国家副主席李源潮的关心与鼓励）

课程成果：近年部分科技创新作品

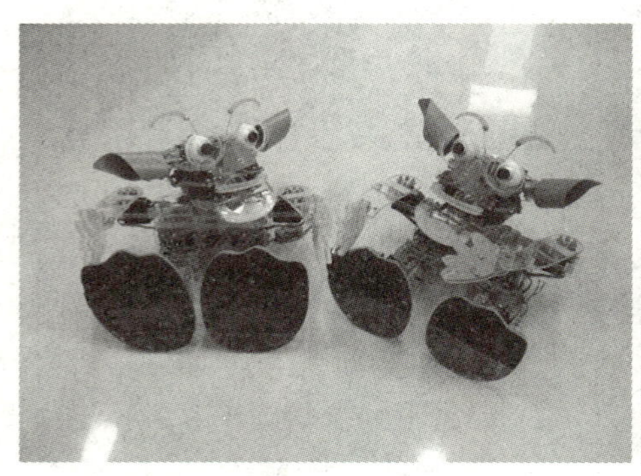

智能艺术机器双人组

三维抓手移动平台

远程控制的护理型洗发机器人

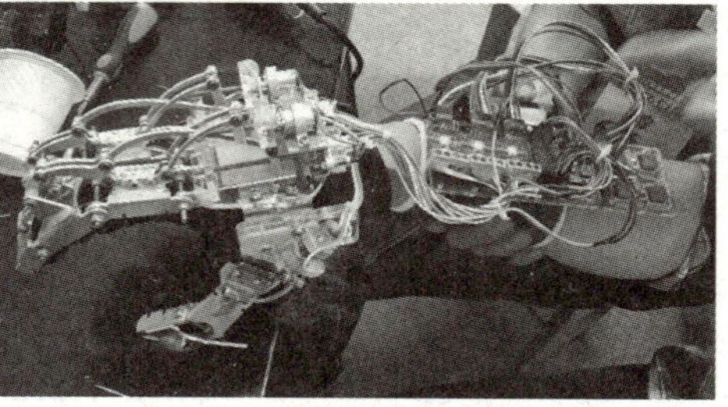

语音控制的助力手套

全天候仿生观测鱼系统

多功能管道机器人

2061 星空机器人乐队

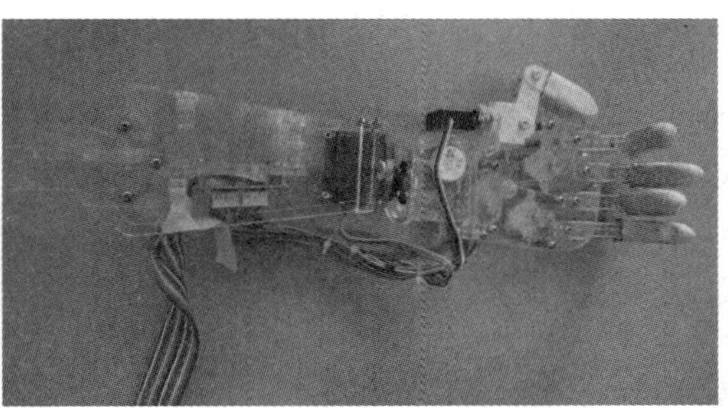

残疾人机械臂

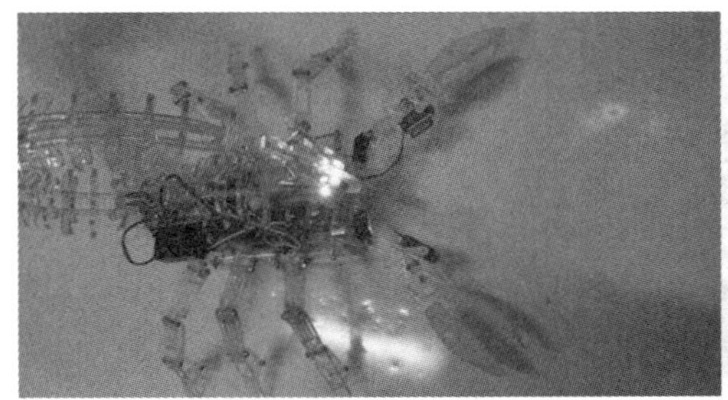

丛林猎手——蝎子

基于 LabVIEW 的温度场测量系统研究

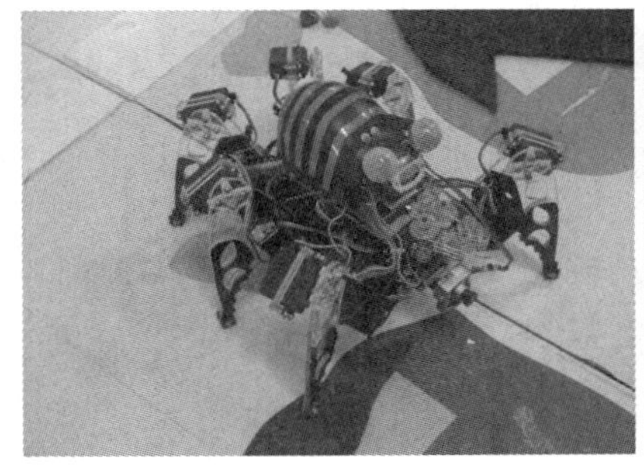

基于视觉分析的仿生蜘蛛

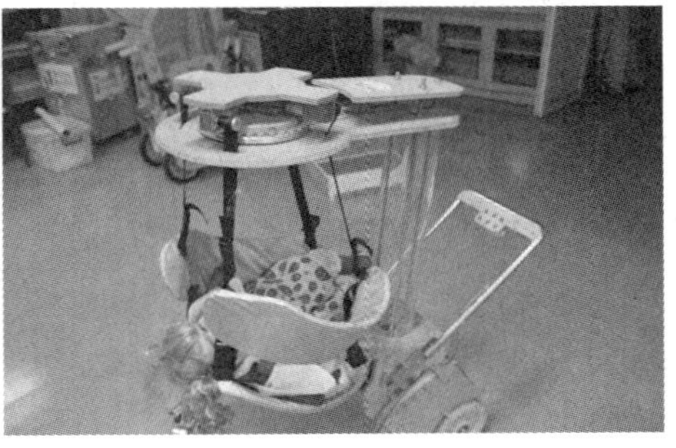

自主控制的多模式医疗移动机器人

智能服务型机器人

外骨骼助力型康复手套

类海蜇运动探测体

传统文化的传承——可编程人机互动木偶

学生专利成果产品转化展示

关于奎星电子与泉州七中董机源、林谛同学科技创作
项目产品化校企合作证明

为推进校企合作，日前，我公司根据泉州第七中学提供七中学生董机源、林谛同学科技创作项目“基于智能路径的火灾动态逃生引导系统”相关实物以及项目研相关资料进行实用性探讨和研究，经我司工程部相关技术骨干探讨，工程部认为：

1、该项目是目前唯一采用扫描激光作为引导信号，具备最佳疏散路线动态规划与救援指挥功能的消防联动系统，兼备火灾报警、火场实时信息采集处理、外部信息交换控制等功能。

2、使用性强，市场空间巨大，任何一座建筑均是潜在的安装使用对象，可以进一步成品开发，批量生产。

3、该项目，我公司定为新产品系列号为：KX-HT-M2013-1。

4、目前生产第一批样品如图：

福建省奎星电子科技有限公司
2013年2月21日

泉州市科技馆文件

项目展示证明

泉州七中李灿昭同学的《类海龟运动探测体》科技创新成果在2011年9月17日泉州市全国科普日大型科普广场展示活动中表现活跃，现场群众对其本人介绍和项目的展示给予充分的关注和肯定。该项目既展示泉州市科普工作的开展取得的成果，也成为中小学校创新型人才培养的一个典型的成功案例。兹对该项目在这一次现场活动展示给予证明。

201[illegible]年9月25[illegible]

泉州市丰泽区公安消防大队

关于泉州七中学生董机源、林谛科技创新大赛
项目成果实用性报告

泉州七中学生董机源、林谛《基于智能路径的火灾动态逃生引导系统》项目成果送我大队作技术性测试汇报，经过参与的消防官兵听取学生项目介绍、观摩项目演示，消防官兵认定：

1、项目选题有实用性需求，对现代楼宇消防报警作出新颖的设计方案，制作的演示模型真实模拟火情现场。

2、通过VB程序控制逃生系统节点，每个节点装有激光引导灯，动态显示不同火情时的逃生路径，演示结果与项目设计预期取得一致，对人员起引导作用。

3、项目的设计与现有的楼宇烟、火感应报警装置有较好的对接，有良好的实用价值。

泉州市丰泽区消防大队
2012年11月5日

关于泉州七中学生潘越科技创新大赛项目成果实用性报告

泉州七中学生潘越《墙体瓷砖脱落隐患自主检测系统》项目成果送我建筑公司作技术性测试汇报，经过参与的建筑设计工程师听取学生项目介绍、观摩项目演示，我公司建筑工程师一致认定：

1、项目选题有实用性需求，只需把悬绳固定于墙体任意两点就能实现高空墙面上瓷砖进行逐块扫描检测，操作快速、方便，这对早期建筑外墙隐患大排查提供了一种新方式。

2、通过labview程序控制检测装置的运行状态，把墙体瓷砖整体隐患状况直观结果同步显示出来，并能利用本身的喷涂功能对瓷砖脱落隐患点进行标示，演示结果与项目设计预期取得一致。

3、项目的设计对现在楼宇外内墙瓷砖质量检测，提高建筑工程的质量有较好的对接，有良好的实用价值。

单位：福建泉州[illegible]装饰工程有限公司
时间：2013年12月20日

第六章　活动类校本课程开发

“学生讲坛”活动课程

当下许多高中生在高考的压力下，往往选择埋头题海，其解题能力获得很大的提升，却弱化了语言表达的能力，同学们或者会写不会说，或者想说说不好，以致虽然腹有诗书却缺乏与人沟通的能力，或者表达时经常出现误区让人曲解，或者患有“上台说话恐惧症”，在台上手足无措，半天说不出话来；再一个问题就是阅读量少，阅读面窄，阅读的方向性不明确，不知读什么书好；还有，阅读时走马观花、浅尝辄止，没有深入领悟、思考、感知、评鉴，没有积累和提高。我校的育人目标是“培养身心健康的现代中国人，锻造各行各业的领军人物”，这就需要学生具有较高的综合素养，因此我校尤其注重学生综合能力的培养，极力创设平台让学生得以欣赏和展现规范语言的魅力，使学生有尽可能多的口头表达、写作和研究的实践机会，练就在众人面前说话的胆子，提高在众人面前说话的表现能力，提升语言表达能力；练就初步的阅读欣赏和评价等学术能力。

从2012年起，我校每年都会举办“学生讲坛”活动，至今已成功举办了五届，主题分别是“我读‘三国’”“我读《论语》”“我读‘红楼’”“读书明志”“读史明智”，目前已发展为校本课程，成为学校文化的一道亮丽的风景线。此活动在语文老师指导下进行，经过一系列的活动安排，最后选出6～8位主讲学生到体育馆正式开讲，活动中穿插相关的文艺节目，以活跃气氛。这对学生来讲，是很有挑战和纪念意义的活动，以前，他们只在体育馆听过专家、领导等的讲座，没想到自己也能有机会面对上千人开讲座，那种成就感是很巨大的。而完成学术文章并开展学术讲座，就是学生参与课程开发的直接体现。

“学生讲坛”课程概述

下面就从几个方面对此课程进行说明。

（一）课程目标

1. 培养学生具有中华民族传统美德，培养学生的人文内涵。

2. 激发学生学习文化经典的兴趣，促使学生通过自主研读，增强对文化经典的领悟，进而提升学生的人文素养。

3. 培养学生的口语表达能力，提升综合素养。

（二）实施对象

本课程面向高二年段全体学生。

（三）实施过程

1. 确立阅读的主题方向，推选阅读书目

阅读的主题方向，阅读书目的选择，主要分老师推荐和学生推荐两个途径，推荐范围在福建高考改革前后有所不同。福建省高考自主命题期间，文化经典的阅读是高中生学习的很重要的内容，福建省把七部中外名著和《论语》《孟子》也纳入高考，而学生的课时是有限的，仅凭课内的学习，远远不够，我们便从中选择深度阅读的书目，如《三国演义》《红楼梦》《论语》，激发学生学习文化经典和名著的兴趣，并促使学生通过自主研读，增强对文化经典的领悟，进而提升学生的人文素养。2015 年起，因为福建将进入全国卷高考，没有了以前必考的七部名著和两部经典，我们就扩大了选择书目的范围，师生们共同推选好书，或是人物传记类的，或是历史类的，更增添了新鲜的活力。

2. 学生自主阅读，做读书笔记，积累素材

书目选定之后，学生便进入自主阅读阶段，这需要一定时间，确保学生能够真正地充分阅读。当然，自主阅读并非不要老师的指导，老师们会对所选书目进行一定的介绍，指导学生阅读的方法，要求学生在自读过程中及时记录心得，摘抄要点，为后续工作做好准备。

3. 发起书评征文活动，引导学生个性化解读

由年段语文备课组在全年段发起书评征文活动，下发征文启事，明确书评要求。同时，老师在课堂上对书评写作进行指导。鼓励学生对作品进行个

性化的解读，除了阅读作品本身，也可以进行拓展阅读，如相关的评论研究论文。书评可写成普通的读后感，更可以写成有个人见解的研究性的小论文。

4. 学生写作书评及研究性小论文

5. 教师指导评价

科任教师对本班学生交上来的书评或研究性小论文进行批阅指导，选出适合讲座的小论文另行指导，然后将班级作品交到备课组汇总。备课组收齐年段作品后，交给书香校园活动组专门聘请的评审组，进行等级评定。

6. 师生互动研学

这个环节主要是针对学生的论文的，语文教师选出本班可以参加讲坛讲座的小论文，跟学生面对面交流，了解学生个性化解读的依据，分析学生的参考资料的可靠性。在此基础上，老师再提供相应的参考文献，进一步进行专业的指导，理论的提升。

7. 学生论文改进

学生根据师生互动研学的改进意见，进一步修改论文。

8. 学生试讲海选

学生试讲前，老师要对学生的试讲明确要求，比如讲座名额的限定、时间的限定、PPT 的制作等，学生试讲时，语文备课组全体成员都要参加，边听边记录要点。试讲结束时，老师们立即现场点评，肯定优点，指出不足。会后，老师们还要合议，确定最终上台演讲的学生人选。

9. 学生讲坛彩排

所有入选的学生，到体育馆再次进行试讲，同时，讲坛主持人、开场节目演员、互动环节等都要在舞台上进行演练。根据具体情况，决定彩排次数，一般都需彩排两次。

10. 学生正式开讲

学生讲坛正式开始前，我们会统一制作电子海报和纸质海报，在校园广而告之，也会面向全体学生征集活动对联，选中的优秀对联将悬挂在活动现场，以此扩大活动的影响面，营造活动气氛，还会邀请家长代表、媒体代表、领导嘉宾、语文教研组全体教师参加活动。活动全程录像，并拍照。活动开场往往是与讲坛主题有关的歌舞节目，例如在“我讲三国”活动中，开场就是请音乐老师现场高歌电视剧《三国演义》主题曲《临江仙》，一下就点燃了全场观众的热情。“我讲论语”活动，是请几个学生集体朗诵学生原创的诗文，也获得了很好的反响。活动过程中，我们还会穿插观众互动环节，设置一些与讲座内容相关的题目，现场抢答，答对的同学当场给予小奖励，这个环节往往会掀起一阵阵高潮。活动尾声，还有颁奖和领导嘉宾点评环节，对前期进行的书评征文获奖的同学和开设讲座的同学颁奖，同时，请专家对学生的讲座进行专业点评，让全体学生再次得到学习的机会。

（四）课程实施效果

1. 学生讲坛活动，始终以学生为主体，学生自主阅读，自主探究，学生开讲座，学生给学生当老师，同伴互助，充分体现了学生的自主学习的能力，让学生成为真正的学习的主人。

2. “学生讲坛”校本课程实施的特色和亮点在于：学生主讲，学生听。以前，他们只在体育馆听过专家、领导等的讲座，现在自己也能有机会面对上千人开讲座，很有成就感，也收获了更多的自信。

3. 学生们不仅加深了对经典作品的阅读理解，而且提高了写作与口头表达能力，同时，我们开发校本课程的一个重要原则是，既要丰富学校文化建设，又要有利于升学，而学生讲坛活动便很好地体现了这个宗旨，可谓一举多得。

4. 营造了浓厚的文化氛围，丰富了学生的课余生活，引导学生多读书，读好书，读有所感，读有所获，通过博览群书丰富学生的内涵，提高学生的综合素养，更好地引领学生进行深入广泛的阅读。

5. 活动充分体现了泉州七中培养现代化人才的目标，不仅重视培养学生的内涵，同时也不忘提高学生的口头表达能力和驾驭现场的能力。

“学生讲坛”案例分享

学生讲坛之“我读《论语》”

泉州七中学生讲坛·“我读《论语》”活动策划方案

为了营造积极参与、热烈互动的轻松书香氛围，调动学生阅读经典的积极性和创造性，培养学生的语言表达能力，规范语言文字使用，特以国学经典作品为依托，以“书香校园·学生讲坛”为平台，让学生在学习和品评经典中锻炼和提升语言表达能力。

一、活动目的

当下高中生大多数人选择埋头于题海，解题能力获得很大的提升，却弱化了语言表达的能力，同学们大都会写不会说，或者想说说不好，以致有些学生虽然腹有诗书却缺乏与人沟通的能力，或者表达时经常出现误区让人曲解，或者患有“上台说话恐惧症”，他们在台上手足无措，半天说不出话来。因此我校尤其注重学生的综合能力的培养，极力创设平台让学生得以展现和欣赏规范语言的魅力，使学生有尽可能多的口头表达的实践机会，练就在众人面前说话的胆子，提高在众人面前说话的表现能力，提升语言表达能力。

同时，为使学生的课外活动与课内学习紧密相连，特创设学生讲坛活动。此活动针对学生高考必读文化经典与名著，让学生任选一本，在语文老师指导下进行精读，如第一期是“学生讲坛之我读‘三国’”，这一期为“学生讲坛之我读《论语》”，然后发起征文活动，要求学生针对所读书目进行个性化解读，再组织老师评选，再指导，再进行试讲，最后到体育馆正式开讲。这对学生来讲，是很有挑战和纪念意义的活动，以前，他们只在体育馆听过专家、领导等的讲座，没想到自己也能有机会面对几千人开讲座，是很有成就感的。

二、活动口号

气凌云霄，儒士情怀参日月；

心极寰宇，晦鸣学子品名篇。

三、活动主题

以《论语》为核心，以“讲坛”为形式，开启学生品读经典的智慧，讲述我读论语的收获，展现语言表达的艺术。

四、活动形式

本次活动以学生开讲座的形式开展，包括“专题讲座”和“同学互动”两个环节。

专题讲座：主讲人结合多媒体，阐述自己选定的话题。（详细要求见附表）

同学互动：围绕《论语》进行知识竞答活动。

五、活动时间：2013 年 5 月 31 日

六、活动地点：泉州七中李群华体育馆

七、主办单位：泉州七中书香校园活动小组

泉州七中语文教研组

八、承办单位：泉州七中2011级语文备课组

九、活动流程：

（一）宣传阶段

时间：2013年3月11日—2013年4月11日

宣传方式：

1. 印发征文启事

2. LED屏幕、书香宣传板、海报

3. 南风文学社刊

4. 学校广播站

5. 通告形式：语文老师在语文课上进行宣传

（二）征文阶段

时间：自宣传之日起至4月11日

审稿时间：4月11日—4月20日

征文要求：具体见附件1（“我读《论语》”征文启事）

（三）选手选拔阶段

1. 自我报名（时间：4月21日—4月27日）

2. 各语文科任老师推选优秀人员（时间：4月21日—5月5日）

（四）第一次试讲、讲坛现场配乐诗群诵培训

时间：5月6日

地点：五楼年段室

对象：自愿报名人员、推优人员、征文获奖人员

评委：2011级高二年语文备课组

讲坛现场配乐诗群诵培训：

篇目确定：《天下情怀论》何瑞祥

表演人员选定：

朗诵者：黄佳旭　彭珏巍　黄子威　郑立蓬　杨煊莹　李　莉

古筝配乐：陈　蓥　郑雯莹

培训老师：吴锡芳

（五）选手培训、准备竞答题目阶段

时间：5月7日—5月14日

形式：各指导老师对入选选手进行指导培训

竞答题目：由指定老师准备（翁凡凡老师）

（六）第二次试讲、讲坛现场准备

时间：5 月 15 日

地点：二楼梯形教室

评委：2011 级高二年语文备课组

书香活动小组

讲坛现场准备：场地、设备申请；奖品、奖状整理；会场座位、秩序表；开讲学生仪容仪表要求、节目单制作等。（指定老师负责）

（七）讲坛现场

时间：5 月 31 日

地点：李群华体育馆

工作安排：

讲坛开始前

1. 张贴海报、LED 屏宣传
2. 承办单位负责人提前 20 分钟到场，布置会场，协调布置
3. 技术人员调试音响，播放暖场音乐
4. 节目主持人、选手和参演人员提前一小时适应会场
5. 观众提前 10 分钟入场，班主任维持秩序

讲坛开始

1. 配乐诗群诵《天下情怀论》
2. 主持人介绍此次活动，并介绍莅临现场的嘉宾
3. 主持人导入讲坛
4. 各选手开讲
5. 每两位开讲同学之后进行 1 轮知识竞答
6. 嘉宾点评
7. 现场颁奖
8. 合影留念
9. 讲坛结束
10. 会场整理

附 1：

“我读《论语》”征文启事

《论语》作为儒家的经典著作，以其丰富的思想内涵及博大的人文精神影响着几千年来中国人的思想和心理。《论语》是孔子思想的集中阐述，表达了孔子对交友、仁义道德、君子小人、社会国家、个人修养、学习育人等很多问题的深刻见解，书中也展现了许多颇有个性的人物形象。自高一学年迄今我们完成了对《论语》的系统学习，我们的同学对《论语》也有很多独到的见解。此次征文旨在创设一个平台鼓励大家各抒己见，将所读所悟所感书写出来，供大家学习交流，立意自选，角度自选，可以是其中的一个论题，也可以是其中的一个人物形象等等。

一、征文对象：高二全体学生。

二、征文要求：

1. 真实、生动，不得抄袭；

2. 体裁限定散文（文学评论），适宜演讲；

3. 稿件为电子版 1 500 字以上；

4. 来稿注明班级、姓名及指导老师。

三、征文时间：即日起至 2013 年 4 月 10 日。

四、投稿方式：以电子版形式发送至 gyywbkz2011@qq. com。

五、评奖方式：征文结束后，校园书香活动小组将组织评委会对所有来稿进行统一评审和奖励。

另外，为了多渠道反馈读书心得，我们还设置对联比赛，同学们可以将《论语》的学习心得以对联形式表达出来，同样以邮件形式发送至 gyywbkz2011@qq. com，标题注明“对联比赛”，来稿注明班级、姓名及指导老师。

附 2：

天下情怀论

高二 B1 班　何瑞祥

士不可以不弘毅，任重而道远。

夫君子行世，犹北斗之高标，察盛衰之理，参人事古今，然后可以任天下之大事。其以仁为任，不亦重乎；死而后已，不亦远乎？

天涯浩渺，破浪乘风，平吞万顷浩瀚；尘土流离，家国山河，惟冀盛世太平。士之修身也，志在四海，情系天下。居不足怀，谤不足畏，而民足以忧。姜太公兴周八百年，张子房开汉四百载，罔不凭此浩然。绝俗高标，青史在怀，司马凌云健笔走春秋；骏气摆雷，雄光倒电，卫青三军铁枪锋光寒。太白庐山，子美草堂，东坡赤壁，稼轩剑门。大笔如椽，行尽江南水泽深；长歌高啸，故国平生梦里长。厚积薄发，修至佳境，天下情怀，可参日月。

然盛衰有时，道之不行，已知矣。太傅长沙凭吊事，青藤东南失意时，故国风雨秋萧索，天涯何处是神州？

连剑阁之高冈，巴蜀云栈晓霞散；枕云梦之浩渺，荆楚洞庭秋水深。高楼独上，山河风景原无恙；寒窗挑灯，塞外风雷入梦来。辞别故土湘水际，曲径烟深，锦缆晓牵三竺雨；远慰此生济世情，澄江日落，一江春水送行舟。秋风芦苇江南岸，十年踪迹十年心。回首云波三楚暮，烟霞一棹向天涯。秦岭岚积，高阁月起，辞根吊影闻风笛；孤灯醒后，耿耿星河，纵宇高才按长安。此心不与白鸥盟，因闻民间疾苦声；荣辱富贵何足论，一片丹心向阳开。长天寥廓，江海沧溟凝清波；青松气节，至今高风极寰宇。

故士之成大事者，必有吞吐日月之怀襟，万物皆备于我，当仁亦需不让。心系天下之安危，言为天下之法度。

居庙堂之高，经纶运筹，均系民生；入世已极，黎庶疾苦，枝叶关情。折而不挠，宦海起落，惟忠心为民；摧而不涣，万水千山，更猎猎长缨。屈子行吟江畔，纵九死而不悔；希文心忧天下，宁改弦而更张？风雨飘摇，中流砥柱，居正挽狂澜于既倒；黑云压城，义薄云天，于谦扶大厦于将倾。张海雾于天际，继光奋师而东进；平风雪于塞北，崇焕扬旗而北征。往事越千年，华夏春秋，铁马金戈总难尽；大梦已觉后，锦山秀水，千秋遗爱在人间。

嗟乎！士运何其筚路蓝缕也！江海浪回，犹有波平之日；忠耿此心，岂有收帆之时？九天揽月梦难尽，为民播下太平春！纵惊涛折桅，舟楫倾摧，犹泰然处之。岂其痛之不惧乎？情怀在天下也！

气凌晴霄，天下情怀参日月，心极寰宇，千秋遗爱在人间。

附 3：

开讲选手具体要求

1. 话题自选，积极健康向上，有利于自身素养；

2. 所讲内容据典于《论语》，主题鲜明，有逻辑性和客观性，所讲内容不得抄袭他人成果；

3. 周五 18：30 准时在体育馆集合做准备，切勿迟到；

4. 注意仪容仪态：穿好校服、戴好校卡；

5. 上台前鞠躬，走入讲坛，开启自己的 PPT，讲完关好自己的 PPT，走出讲坛，鞠躬，下台；

6. 切勿抖脚；

7. 注意再检查一遍自己 PPT 的顺序、错别字等，开讲时用的是小庄老师的电脑，PPT 有再次修改的务必尽早联系庄老师；

8. 讲完最后有颁奖和留影环节，靠近嘉宾席坐下，不离席；

9. 谢谢！大家很棒！加油！

附 4：

泉州七中书香校园学生讲坛之
“我读《论语》”活动流程

主持人：缪　言　彭珏巍

一、配乐朗诵《天下情怀论》

作者：何瑞祥

朗诵者：黄佳旭　彭珏巍　黄子威　郑立蓬　杨煊莹　李　莉

古筝配乐：陈　蓥　郑雯莹

二、《多彩的孔子》

高二 B1 班　郑立蓬　指导老师：朱秀珍

三、《孔子究竟怎么教》

高二 B1 班　林鸿鹏　指导老师：朱秀珍

有奖竞答

四、《“安贫乐道”非“安贫之道”》

高二 B1 班　吴钰铮　指导老师：朱秀珍

五、《〈论语〉中的子路》

高二 B2 班　郑泽琛　指导老师：朱秀珍

有奖竞答

六、《勿溺于物，须精于神》

高二 A7 班　曾诗芬　指导老师：翁凡凡

七、《于不寻常中寻平常心》

高二 B6 班　黄子威　指导老师：林莉芳

有奖竞答

八、颁奖

九、嘉宾点评

十、集体合影

附 5：

且听晦鸣才俊品名篇

——书香校园学生讲坛之“我读《论语》”活动简讯

书香校园活动小组在扎实推进书香校园文化建设中，一直都非常重视经典的学习和传承。这不，4 月份精彩纷呈的经典诵读活动刚结束，5 月 31 日由高二语文备课组承办的学生讲坛之“我读《论语》”活动又博得了师生们的满堂喝彩。

在铮铮悦耳的古筝声中，六位同学慷慨激昂、铿锵有力地诵读着一篇名为《天下情怀论》的诗赋。“士不可以不弘毅，任重而道远……”这是高二 B1 班何瑞祥同学读罢《论语》写下的儒士情怀，旁征博引、字字珠玑，写士子筚路蓝缕，仍心系天下安危，言天下法度，不仅让我们看见了文化先哲们的青松气节，也让我们领略了七中学子的绝妙才情。

这高亢的诗赋朗诵正使人荡气回肠，郑立蓬同学就用她清丽的音色和大家讲起了她眼中集高贵与智慧、包容与谦逊、希望与成长、乐观与豁达于一身的多彩的孔子；而林鸿鹏同学则借孔老夫子对宰予、子贡、子路、冉求等学生不同的教育方式，结合当代教育问题具体说明了他对论语中“因材施教”的理解；不仅如此，吴钰铮同学还在讲坛上睿智地指出大多数人对《论语》里“安贫乐道”的误读，她认为“安贫乐道”有别于“安贫之道”，前者蕴含着最有价值的社会灵魂——不改初衷地坚守道义，并从中体会人生的快乐；B2 班郑泽琛同学沉稳而风趣，亦庄亦谐的讲座风格更是掀起了学生讲坛的高潮，我们在他不缓不疾的措辞里看见当他遇见一个有仁有义、有礼有节、有勇有谋的子路时兴奋不已的稚气，却又分明感受到当子路卫道而死时悲痛的血与泪；A7 班曾诗芬同学提醒我们不要沉迷于物质，而应追求更高的精神世界；最后一位登台的是来自 B6 班的黄子威同学，他给我们带来了很多数据，也给我们带来了很多小故事，他用他轻松自如的讲演方式带着我们思考真正意义的幸福生活，那就是他在《论语》中找到的——“于不寻常中寻平常心”。

这小小的舞台，时时闪耀着智慧的火花，使得陈龙斌校长和庄月芳副校长都禁不住上台盛赞，也对我们的同学提出了更高的要求。活动中还设置了与《论语》相关的竞答环节，台上台下互动热烈。活动虽已结束，但经典正在同学们的心里生根。

附 6：

书香校园 学生讲坛之“我读《论语》”活动现场

吴钰铮的《“安贫乐道”非“安贫之道”》

郑立蓬的《多彩的孔子》

林鸿鹏的《孔子究竟怎么教》

附 7：

多彩的孔子

泉州七中 郑立蓬

于丹教授说："孔子只有温度，没有色彩。"

易中天教授则说："孔子是灰色的。"

可在我看来，孔子是多彩的。

中国是一个特别注重色彩象征意义的民族，更将五色、五德与五行共同构建，使自然的、伦理的、哲学的多种观点糅合在一起，在情感色彩中渗入思辨哲理，形成各具特色的人性色彩象征文化。同样，由于个体价值观的多元差异，人们对孔子的评价自然也是多样的，因此当我给孔子"着色"时，孔子则为"多彩"的。

首先，孔子是黄色的。黄色，象征着高贵与智慧；而孔子就是一位卓越智者。正如南宋理学家朱熹所说"天不生仲尼，万古如长夜"。孔子似一位棋艺高手，以一种大智慧将做人原则和治世理念，生存体验与生活智慧，精神境界和价值修养等等摆在一张棋盘上，不断变幻出深奥的棋局。当然，智慧是洋溢在言行举止之间的东西，不见得从言语中随意拎一两句出来就是名言警句。孔子总是用最朴素的话点明至高的真理。举个例子，当初孔子以"知人"二字回答攀迟何为知（智）。"真正的智慧就有一个重要标准，就是面对人心，你拥有什么样的判断力。"于丹如是说。那么，何为知人？孔子便说："视其所以，观其所由，察其所安。"看一个人做事，要看他为什么这么做，做事的经过，方法是什么，事情的终结给他的心理带来什么。继而，我们思及知人后，及获得大智慧后要做什么。知人更应知如何用人。就如孔子不与子路行三军。在这个世界上，有些智慧是可以观察的，有些则是需要领悟的。循着圣贤讲过的这么多道理，最终我们会明白智慧的最高境界，就在于自己心中通彻的感悟而最终成就生命的欢欣。孔子关于智慧的至理真言为我们提供了种种积极的思维方式，使我们的生活充盈饱满，使我们的身心舒畅怡然。

其次，孔子是绿色的。绿色象征希望与成长。我们是实现中国梦的希望，也是正在成长的一代。因此对于我们来说，修身奋学是首要任务。正如习近平总书记在同各界优秀青年代表座谈时说，学习是成长进步的阶梯，青年人应该把学习作为首要任务，作为一种责任、一种精神追求、一种生活方式，

让勤奋学习成为青春远航的动力，让增长本领成为青春搏击的能量。而关于学习，孔子可是大有研究，有许多“金点子”。孔子曾说过：“群居终日，言不及义，好行小慧，难矣哉。”由此可见，学问必须化入内心，道德修养必须日益更新；而“知之为知之，不知为不知”“敏而好学，不耻下问，三人行必有我师”，不仅是我们学习过程中应持有的态度，更体现了孔子的一种心胸、一种气度、一种涵养、一种朴素而伟大的人格魅力；再有，“德之不修，学之不讲，闻义不能徙，不善不能改，是君忧也。”既诠释了学习对于点化和润泽生命的重要意义，也告诉我们若一个人学问很多，可是学的东西对他的生命无多少意义，那么这东西就不叫学问。在今天这个时代，世界上充满形形色色的信息，很多无效的、未经筛选的信息充斥着我们的耳目、头脑。那么，我们就该静下心来，仔细思考什么东西真正有价值，学了之后又如何使其与我们的生命融合？孔子关于学习的这些“金点子”，直至今日，仍带给我们希望的光芒，因而我说他是绿色的。

还有，孔子是灰色的。这句话，我倒是认同易中天教授的观点；但我对“孔子是灰色的”的理解与易中天教授则大不相同。在我看来，灰色的色彩感不强，但它是最具有普适性的色彩，因为它可以和所有色彩搭配。因而，灰色象征包容与谦逊，孔子就是这样的一位贤人。子曰：“君子矜而不争”“君子和而不同，小人同而不和”“攻乎异端，斯害也已”。孔子反对斗鸡似的百家争鸣，反对对别人的观点、对异端的观点进行批判、围剿。相反，他主张百家宽容，有理性、有礼节的争鸣；孔子还提倡“当仁，不让于师”，以激发学生的想象力、创造力和勇于表达自己思想观点的勇气；孔子虽反对“以德报怨”，主张“以直报怨，以德报德”，在朱熹看来，夫子“以直报怨”的意思是“于其所怨者，爱憎取舍，一以至公而无私，所谓直也”，即对于跟自己有怨恨的人，仍以公正无私的态度来对待他，这也是宽容。以上这些，都可见孔子的谦逊与包容。

孔子是朴素的，而他的朴素就在于他不仅有天下大道之志，更重要的是他永远都不会失去脚下朴素的起点——孝敬之道。孔子曾淡淡地说出自己对理想人格的描述，很简单，就三句话“老者安之，朋友信之，少者怀之”。孔子先不谈怎样建设国家社稷，怎样建立多少功勋，而是将“老者安之”摆在第一位。一个“安”字，绝非仅让老人外在安其身，更要让老人内在安其心。子游问孝，子夏问孝，大家都铺陈了一些孝的行为，但孔子反问一句，这些跟饲养牛马有何区别？在孝顺这件事上，民间有论心不论迹的说法，说到这，孔子的“事父母几谏，见志不从，又敬不违，劳而不怨”又给人以启发：真正爱自己的父母，就意味着包容和尊重他们的习惯。这是真正的敬，敬而不违。在物质生活大为丰富的今天，正是孔子在教授并督促着我们，对父母的孝敬心思绝非闲时可浓，忙时可淡。因此孔子是白色的。

孔子是乐观的，他“乐以忘忧，不知老之将至云尔”，即使在艰难困苦时、曲折坎坷处，也能保持睿智与乐观，因此孔子是橙色的。

……

我有太多的“颜色”装扮孔子的“亮丽多彩”。我相信每个人心中都有一个属于自己的“孔子”，无论是作为“圣人”的孔子，还是作为普通人的孔子，“走近”他，你都会感悟到孔子的多彩人性，领略到孔子的多彩人生，直至影响着你对多彩梦想的追寻。

孔子究竟怎么教

高二 B1 班　林鸿鹏

孔子曾在《论语·卫灵公》篇提到“有教无类”，但纵观整部《论语》，孔子在他的教学实践中又无不处处体现着“因材施教”的原则。对于这，有的同学纳闷了：你孔子作为一代圣人，怎么说话不算话呢？刚刚还说教育要对每个人都平等，结果又对弟子们态度都不一样，你这不自相矛盾吗？其实啊，咱不能这么冤枉孔子，他的两个主张并不矛盾。“有教无类”指的是入学条件。你想想，春秋战国时期，是没有什么中考高考的，这么一来也就没有什么分数线，同学们也没什么正取、择校之分。而且啊，在那个时代，是“学在官府”，如果你不是什么官二代、富二代，想读书？没门。所以呢，孔子本着仁爱宽广、以教化天下百姓为己任的胸怀，只要你想学，提上两条腊肉，来我这恭恭敬敬地磕几个响头，好，你就是我的学生了。那“因材施教”是怎么回事儿呢？我们不妨先来看看孔子的几个弟子。

我们都知道，宰予和子贡都是孔子的学生，两个人口才都很好，能言善辩，伶牙俐齿，在政治外交上都很有才华。然而就是这样两个相似的学生，孔子对他们的教育却是大有不同，为什么呢？因为孔子看出了两人本质上的不同。我们说，子贡会说话，关键就在于他说的是好话，他对孔子忠心耿耿，总能理解老师话中的真理并矢志不移地践行。有人毁谤老师时，子贡能挺身

而出，说道："无以为也（不要这样做），仲尼不可毁也。他人之贤者，丘陵也，犹可逾也；仲尼，日月也，无得而逾焉。人虽欲自绝，其何伤于日月乎？多见其不知量也。"你看，在他眼里老师就是天上的日月，一般人是可望而不可即的，还想诽谤他，简直是不自量力，您还是哪凉快哪待着去吧。短短几句话就让诽谤者哑口无言，可见子贡确实是个能言善辩、品学兼优的"三好学生"啊。那么反过来看看宰予呢，他也会说话，但他有时说的话比较损人。例如，他就曾当面质疑孔子的三年守丧制度，他说："三年之丧，期已久矣。君子三年不为礼，礼必坏；三年不为乐，乐必崩。"意思就是说，老师你让君子去白白守丧三年，守得花儿都谢了，结果呢，三年不学礼仪，礼仪被破坏了吧？三年不奏乐，音乐也退步了吧？所以啊，我看守上一年就够了。你看看，他也很会讲啊，以子之矛攻子之盾，说得孔子也是一时语塞。而且宰予不仅不够尊重老师，他的学习态度也有问题，他怎么了？他白天上课睡大觉啊，被孔子揪起来骂："朽木不可雕也，粪土之墙不可圬也；于予与何诛？"看把老师气的。可见宰予虽有才华，但比起子贡来，在知理通达这一块还是有欠缺的。两个学生，即便都是在口才上颇有造诣，但为人上也大有不同，所以孔子对其的教育目的、教育手段、教育方法自然也不一样。孔子对子贡非常器重，往往将其学说的真谛传授给子贡，如何为仁、何为士，何为"己所不欲，勿施于人"，怎样为政、为仁等。而对于宰予这样叛逆的孩子，孔子如果想和他大谈忠恕之道，估计也没啥共同语言，指不定还会吵起来，所以他更多的是教育他的礼仪德行，使他不至于误入歧途。

孔子的另一个学生子路，大家都认识吧？以擅长"政事"著称，为人勇武，看到别人做有违仁礼的事，他就想上前跟他理论，要是理论不过可能还会动手，好勇鲁莽。因此，常遭到孔子的痛责，说他"好勇过我，无所取材"，甚至笑骂他是"不得其死"的人。而另一个学生冉求呢，与子路同属政事科，同样在处理政事方面颇有造诣，但他性格过于恭谦，做事常犹豫不决。面对这样一刚一柔的两个学生，孔子自然不能一概而论。所以有一天，子路激动不已地跑进来大声问："闻斯行诸？"老师啊，我听到一个正确的主张，要不要马上去做呢？孔子一听，慢条斯理地说："有父兄在，如之何其闻斯行之？"急什么，总要问一下你的父亲兄长吧？怎么能一听到就去做呢？过了一会儿，冉求也过来问了相同的问题，孔子却跟他说"闻斯行之"。既然知道了，就要立刻付诸行动。截然不同的两个答案，只因两个人性格不同，孔子倘若没有因材施教，恐怕就难以达到教育的目的。冉求天性较迟缓、稳重，孔子鼓励他要勇于实行；而子路因为好勇胜人，孔子教育他遇事应三思而后行。这便是孔子的因材施教。

孔子因材施教的思想和实践，不仅对我国古代教育的发展产生了深远的影响，而且对今天普及义务教育仍具有十分重要的启示意义。现如今，中国的义务教育制度已是越来越完善，全国上下莘莘学子不计其数，世界上找不到两片相同的叶子，那么肯定也没有两个完全相同的学生。面对这一事实，中国的教育却始终坚持要学生“全面发展”。“全面发展”本没有错，但学生不是圣人，全才毕竟只是少数。倘若我们的教育工作者没有立足每个学生的实际情况而因材施教的话，那么这些被寄希望于“全面发展”的学生，最终很可能只能是一个“全面平庸”的结果。或许是因为这一点，咱们七中专门招收了艺术生、体育生，成立了各种各样的社团活动，为有不同特长的学生提供了属于自己的舞台，这就是因材施教的体现。

所以，因材施教是普及义务教育的根本措施和质量保证，从每个学生的特点出发，依据他们的特长和兴趣实行多样化教育，培养真正的高素质人才，这才是中国教育的出路。

相传，孔子的弟子多达三千人，当然这多是弟子的弟子及再传弟子了，不过孔子真正言传身教的为数不多的学生中，就有72人成了贤才，也就是后来的“七十二贤”。这些“有教无类”收进来的弟子风格迥异，最后却都成了贤才，这正是“因材施教”的成果所在。孔子的“万世师表”的荣誉，确实是实至名归，他独创的教育方法至今仍值得广大教育工作者学习和借鉴。

“安贫乐道”非“安贫之道”

高二B1班　吴钰铮

首先，我有一个故事想和大家分享。

孔子和弟子子贡、子路和颜回一起在农山游玩。孔子四望，喟然叹曰：“你们各自说说你们的志向，我将从中选一个（我赞赏的）出来。”

子路欲率军队，征战四方。夫子曰：“勇哉。”

子贡辩才无碍，欲消弭战祸于言语之中。夫子曰：“辩哉。”

颜回说：“我希望能遇到圣明的君主，辅佐君王，用礼乐教化人民，让人民安居乐业；将兵器铸成农具，将牛马放到田里耕种，不用于战事。这样，

子路就没有地方施展勇气，子贡也没地方施展他的辩才了。”

故事说到这儿，不知道有没有人在心里想：唉，颜回这不是当着当事人面说要砸了他们的饭碗吗？所以说到底，咱们不是孔圣人。

听了颜回的回答，孔子就感慨了：“美哉！不伤财，不害民，不繁词，则颜氏之子有矣。”这是说啊，不劳民伤财，也不用费口舌啊，天下趋于和谐，颜回这孩子很不错嘛。可见，孔子最终青睐于颜回。因为他反映了孔子的毕生追求：天下和谐。

孔子对颜回还曾有过这样的评价：“一箪食，一瓢饮，在陋巷，人不堪其忧，回也不改其乐。贤哉，回也。”由此引出我们今天的话题——“安贫乐道”。“安贫乐道”是儒家思想中一个十分重要的观念。

从开头的故事我们可以明白，在颜回的“安贫乐道”中，最重要的是内涵“乐道”，即追求天下和谐之道，而非表象“安贫”——安于贫穷。虽然，儒家讲求的是君子固穷，谋道不谋食，君子是安于贫穷的，这种说法有点类似于禁欲主义，就像中世纪天主教会压抑人性对财富的渴望以及宋明理学中“存天理灭人欲”这么一说。看上去很像是说：你想当君子吗？想的话，那就穷并快乐着噢。

可是重点呢，在于两个字“类似”！为什么呢？因为孔子以及他的弟子们也从未反对过正当的财富追求，有一句名言可以印证此观点——“君子爱财，取之有道”。孔夫子还说：“不义而富且贵，于我如浮云。”只要是符合于道，钱嘛，我也想要，我也会去赚。所以说，儒学核心“仁义之道”无处不在。就像“安贫乐道”一词所表达的含义，君子是可以忍受家徒四壁的，因为追求仁义和谐之道是快乐的，这种快乐是超越贫穷和艰苦的。另外，有一段对话也可体现“乐道”的重要性。子贡曰：“贫而无谄，富而无骄，何如？”子曰：“可也，未若贫而乐，富而好礼者也。”这意思是说，子贡说：“人虽然贫穷，却不去巴结奉承；虽然富有，却不傲慢自大。怎么样？”但孔子说：“还可以，比不上贫穷的人乐于道德的自我完善，富有却有崇尚礼节的了。”而这“富而好礼者”类似于今天的首善陈光标，他高调做慈善，劫自己的富济别人的贫。放在孔子那时代，他就是个“富而好礼者”。

可惜啊，现在一听到“安贫乐道”这个词，我相信许多人脑海中一下子想到的就是穷酸书生，迂腐没下限。所以听到或看到这个词，许多人还是会很嫌弃。奇怪，这是为什么呢？

我想啊，这是因为后世许多人曲解了真正的“安贫乐道”，只把这当作“安贫之道”，宣扬活着本身就是快乐的，丝毫没有真正体现“乐道”二字的含义。正如《孟子·陈仲子》中，孟子对于齐国名士陈仲子虚伪地执着于贫穷生活的行为，是非常反感的。在这种庸俗化的歪曲中，就容易抽掉了“安贫乐道”中最有价值的社会灵魂——不改初衷地坚守道义，并从中体会人生的快乐。可是，数代统治者硬是只见“安贫”不见“乐道”，死死地把人民可以拥有的欲望按在地上，还“有理有据”。而这一歪曲事实的解说却令许许多多的人信以为真。君子本该贫穷。唉，一代又一代的误解啊！

除此之外，我们也应清楚，由于孔子主张因材施教，所以他教授的内容不一定具有普遍针对性。更多的，他的安贫乐道思想，特别针对的是那些心怀大志的君子和统治者。他认为，上位者你们穷点没事儿，一定得谋取苍生的快乐和天下的和谐，为人民服务，不要将公共权利用于牟取私利。然而，现在官员腐败的事件就属于典型的欲壑难平，以权谋私。当然，官员该拿的工资不拿，就是廉洁了吗？笑话。那就与孔子的原意相去甚远了。

对于儒家思想的理解，若只是浮于表面，容易失之偏颇。我们一定要透过现象看本质，才能真正感受到儒学对我们思想的积极的启发意义。

谢谢各位。

先贤子路

郑泽琛

《论语》一书总共只有16 000多个字，塑造的不仅有孔子，还有诸多孔门弟子的鲜活形象。孔圣人门下弟子三千，贤者七十二，其中更著名的有“孔门十哲”，这十哲的风采也多见于《论语》。像颜回、子贡、子张、冉有、宰予等，当然还包括我们今天要说的子路。

这个子路，在孔子的诸多弟子中肯定是一个另类。《论语》里面给他的评价最经常用的就是一个字“勇”，可以说这个字很中肯地评价了子路这个人。那么我们今天就要从这个“勇”字入手，来剖析一下《论语》中子路这位先贤留给我们的智慧与思考。

勇与礼

子路，名仲由，子路只是他的字，又字季路，是春秋末期的鲁国人，小孔子9岁。其为人亢直鲁莽，好勇力。说子路好勇是有根据的，在当时的鲁

国子路可是一名知名的武士，不但刀剑功夫了得，而且力大搏虎，现在山东济宁地区还存留着传说是当初子路打虎的地方。

就是这样一位勇武的人，与孔子的第一次会面就十分有意思。《史记》有记载当时子路的装扮是“冠雄鸡，佩瑕豚”，活脱脱一副非洲兄弟的扮相，孔子看到这样的野人当然十分不高兴。大家都知道孔子的身材也是相当高大的，而且力气也不小，所以有的人就推测孔子年轻的时候也是武艺超群。两个人第一次见面的时候应该打过一架，至于谁输谁赢，根据《史记》记载，子路最后“陵暴孔子”，解释起来就是孔子被打败了……当然，有更加可信的推测是，孔子真的就是一个文质彬彬的斯文人，手无缚鸡之力。面对子路的无礼，孔子完全是凭借着智慧和人格魅力征服了他，这与唐僧用佛法降服了孙悟空的故事是一样的。孔子得到了子路后，吃饭更香了，觉也睡得安稳了，更可以安心地搞教育事业了。最直接的证据就是孔子说：“自我得由也，恶言未闻于耳。”可见子路的勇，像护送唐僧西天取经的孙悟空，是孔子进行教学的十分重要的保障。子路虽然好勇，但是内心依然是知礼的，依然是有向善从学的心的，他师从孔子就是最好的证明。所以子路的“勇”并不能单纯地解读为匹夫之勇。这个勇，也是受到礼的约束的，也是要对礼低头的，这样的勇，并不违背孔子的“仁礼”。《论语·阳货》中说，子路问孔子：“君子尚勇乎？”子曰：“君子义以为上，君子有勇而无义为乱，小人有勇而无义为盗。”可以看出，仁义也是好勇的子路追求的，也是他“勇”的原则。

勇与仁

但毕竟子路与孙大圣不一样，子路走的是一条不断自我修身的道路。在孔子门下，虽然说子路好勇的天性并没有改变，却不断地注入了儒家的血脉。我们可以对子路这个时候的勇做多面的解读。

首先，子路的勇表现在他的果决上。我们可以举出一例，《论语》中说：“片言可以折狱者，其由也与？”意思是，凭借几句话就可以判决案件的，只有仲由了吧。这是孔子对仲由的赞赏，可是我们大家读完不禁要问了：问几句话就下定论，不就可能错枉好人了吗？但换一个角度看，子路断案不假思索，不正是证明了他心中曲直分明、坦率公正吗？同学们想一想，正是因为他心中是非分明，才能决断迅速，一点儿都不含糊；也正是因为他坦率公正，才会心直口快地说出来，三言两语就能说明白判决，使人心服口服。那么这样说来，“片言折狱”反而应该决断得更好才是。为了证明我们的推断，我们找一些史料来验证。事实证明，子路当官时政绩都是相当不错的。子路治理蒲地时，孔子曾经去看望他，称赞说：“善哉由也，明察以断矣。”说的就是子路断案明察秋毫。我们可以明显地感受到子路勇于决断，不为世人的声名所累，只要认为是自己该做的，就要当机立断。

其次，子路的勇还表现在他的亢直、率真。作为最早追随孔子的人之一，子路在孔氏集团里的地位其实是很高的。当时孔子的学校越办越大，孔子不可能事事亲力亲为，很多地方都得靠子路这样的老弟子帮忙管理。如果把孔子讲学的地方比作学校，孔子就是校长，而子路呢，可以算得上是政教处主任，只不过他不用亲自检查头发、抓校卡罢了。可见两个人的关系非同寻常，一直到后来周游列国的时候也是如此，要不然孔子怎么会说那一句：“道不行乘桴浮于海，从我者，其由也与”？基于这样的关系，孔子教育子路时说：“由，诲汝知之乎？知之为知之，不知为不知，是知也。”这样近乎谩骂的口吻。同样，子路对孔子也是毫不客气，作为唯一管得住孔子的人，他看不顺眼的都要管。你可以去翻翻《论语》，就会发现子路直接对孔子进行批评的地方有很多。最著名的当然是我们熟知的“子见南子”。在这件事情上，因为“子路不悦”，孔子只好对天赌咒自证清白。还有一件事，鲁国大夫公山不狃在费邑叛乱，召孔子前去治理。当时孔子正值人生低潮，就动了心，结果子路听说了这件事以后，很生气。《论语》中又是一个“子路不悦”，子路曰：“末之也，已，何必公山氏之之也？”孔子自知理亏，只好辩白说去了也是要做好事之类的，遂作罢。从这里可以看出，子路的心里是有一个善恶的标杆的。在他的心中，对错是界限分明、势同水火的，只要他认为是错误的，不管是谁，即使是自己的老师，也勇于直言不讳地提出批评。

再次，子路的勇更体现在他敢于有独立的见解，同样有事例为证。有一天子路问孔子：“卫君待子而为政，子将奚先？”子曰：“必先正名乎。”子路听了以后嘲笑孔子说：“有是哉，子之迂也，奚其正？”孔子一听也火了，一时找不到理由辩驳，只好骂道：“野哉，由也。”子路听不惯孔子的说法，认为应该力主实践，因此笑孔子迂腐。他觉得道应该是活的，运用在实际的，而不是运用在空谈的。这一次子路与孔子冲突的焦点不再是行为是否符合仁义，而是学术思想上的分歧。子路始终坚信自己是对的，这让孔子也觉得很

头疼，甚至有点儿烦他。子路在孔子的门口弹瑟，孔子就说："由之奚瑟为于丘之门？"《论语》里接着有一句说："门人不敬子路。"然而子路呢？不改其乐，依然自顾自地弹奏。还有一个事例，子路在季氏家当总管的时候，任命还没有毕业的子羔当费邑宰，孔子说那是害人子弟，子路却反驳说："有人民焉，有社稷焉，何必读书，然后为学？"子路一直强调的是实践能力和在实践过程中的学习，而讨厌空谈。对于老师的学说，子路敢于持怀疑的态度，勇于提出自己的见解，这又是子路的一勇。

卫道而死

最后，子路的勇最能体现在他卫道的精神上。纵观子路的一生，从莽汉出身，到拜入孔门学习，再到一方之宰，他无不希望用自己的力量来捍卫正道，捍卫仁礼，捍卫真知。子路的勇是天生的，是天生用来守卫着身边他所钟情的一切的，如他的老师、他的仁义、他的道。然而也正是因为他所捍卫的这些，最终令他丧失了性命。卫国爆发一场内乱，当时60多岁高龄的子路只身前往国都。面对着叛军，他头盔上的红缨被人打断了，目眦尽裂，依然严声呵斥"君子死而冠不免"，然后放下了手中的刀剑，将遗落的红缨从容系上"遂结缨而死"，最终被砍成了肉酱。孔子听说了子路的死，大哭失声，大叫："噫，天丧予，天丧予！"悲痛不能自已。从此以后，孔子再也不吃肉酱，因为怕睹物思人，悲痛不能自禁。之后不到一年，孔子也离开了人世。

或许他还会碰到子路吧！正是这个子路，在心中的仁义面前，勇于高擎着是非的标杆；在心中的仁义面前，勇于维护真理，执拗到底，从不放弃真理；在心中的仁义面前，勇于做着自己理念上的先行者，撑一叶小船在仁义的未知水域里涉行。正是子路，也唯有子路，能成为那个最终为了真理付出生命的人。对于这样一个终生捍卫着他所忠实的道义的勇者，卫道而死确实是一个最好的归宿。

勿溺于物，须精于神

高二 A7 班　曾诗芬

早在1988年，诺贝尔奖获得者聚首巴黎并发表了一份宣言，第一句话就是"人类要在21世纪生存下去，必须回首2 500年，去吸取孔子的智慧"。一讲到孔子的智慧，大家就都想吐槽了，其实这个还真的有点道理。一是礼乐，二为仁义，三则是他循循善诱。处于当代的我们，勿溺于物，而须精于神。这是什么意思呢？即不要沉迷于物质，而应追求更高的精神世界。

人们在光怪陆离、灯红酒绿中奔走忙碌，狂欢舞蹈时，物质与精神也在展开相互撕扯的拉锯战。渐渐地，沉溺于物质世界的人们，身上的腐味与瘴气已越来越浓。

倘若过于计较物质，那么必将与精神失之交臂。子曰：“士志于道，而耻恶衣恶食者，未足与议也。”在孔子眼中，一个人如于衣食斤斤计较，那么，即便他再如何壮志凌云，如何志存高远，其口中的理想也不过夸夸其谈罢了，冠冕而堂皇。这样的人是不值得与之为伍的。

讲到这里，肯定有人要说，这孔子有病吧，干吗讲得这么夸张？其实不然，给大家举个例子。假设现在有个人跟你说，告诉你个秘密，我要考哈佛。哇，这么有志气，你肯定这么想。结果，他昨天刚买了一双阿迪达斯的鞋，今天觉得不好看，又想去买一双耐克的了。昨个，晚自习不知道跑去哪吃饭到 7 点才赶回来，今天又想着去吃牛排。同学们，你们觉得这个人如何呢？

难道物质与精神是不可兼得的吗？我们须看到物质致命的诱惑力和物欲潜在的危险性。因纽特人捕狼的方法，我们都感到不可思议。锋利的刀刃划破狼的舌头，狼却毫无知觉，沉浸于满足的快感之中，最终死去。《山海经》中有言“人心不足蛇吞象”，便是对过度膨胀的物欲的极为形象的描述。这种危险性常常“覆水难收”，对人构成致命的威胁。

况且，一个真正心怀大志的人，他又哪来的时间去注意吃与穿呢？我们会发现，许许多多有作为的人都是衣不丰食不足的，甚至不约而同地表现出对物质的轻视。因为他们的心被种种“更重要的事”占据着，物质被搁置在无足轻重的角落里。相信大家都知道袁隆平吧？大家觉得他身价有多高？千万？亿？不止，有千亿！可是你们知道他穿过最贵的一套衣服多少钱？只有 800 元，还是那天他上北京领奖，夫人逼着他买套好的呢！

大文豪东坡先生也于绿筠轩吟道：“宁可食无肉，不可居无竹。无肉令人瘦，无竹令人俗。人瘦尚可肥，士俗不可医。”没有肉啊，人会瘦，可是没有竹子，人便会变得庸俗。当你被物质绑票，你将沦为不可医的“俗人”，理想也将渐行渐远了。

一个不会被物质所牵绊的人，在孔子看来，称得上是“君子”了。《论

语》中向我们讲述了这样一个故事：在陈绝粮，从者病，莫能兴。子路愠见曰："君子亦有穷乎？"子曰："君子固穷，小人穷斯滥矣。"说的是有一天在陈国，孔子和弟子们没粮食吃了，结果子路很生气地跑来见孔子，问："君子难道也有困顿的时候吗？"孔子回答："君子可以固守贫穷，而小人，就按捺不住了。"这孔老师啊，告诉我们从"吃"便可看出君子与小人的区别，从面对诱惑时的态度便可以看出一个人的修养。孔子曰："君子谋道不谋食。"君子之意不在"物"，而在于"道"也。然而，要做到如此并不容易，"贫而无怨难，富而无骄易"。但即便在贫面前，"无怨难"，君子仍能处之泰然。

对待物质的最高境界，便是安贫乐道。孔子最满意的弟子莫过于颜回，他赞美颜回道："贤哉，回也！一箪食，一瓢饮，在陋巷，人不堪其忧，回也不改其乐。贤哉，回也！"说这个颜回啊，一箪饭，一瓢水，又住在简陋的屋里，别人都忍受不了这种穷困清苦。大家看看，这没房没车的，又只吃一碗饭配一杯水，真是太穷了。可是孔先生说了："贤哉，回也！"为什么呢？原因便是"回也不改其乐"，即便如此清苦困顿，他依旧没有改变学习的乐趣。正是因对学问的痴迷，才使得颜回成了孔子口中的"贤人"。

孔子又说："饭疏食，饮水，曲肱而枕之，乐亦在其中矣。"吃粗粮，喝白水，弯着胳膊当枕头，这种纯粹的快乐与自由恐怕是沉溺于物质享受之中的人永远也无法体会、无福消受的。正如当代作家梁遇春在散文《途中》写道："对于人生有了清澈的观照，世上的荣辱祸福不足以扰乱内心的恬静，我们的心灵因此可以获得永久的自由。"

西方先哲的话与我们孔圣人的论调遥相呼应。苏格拉底说："一无所需最像神。"其后，第欧根尼又提出更为完整的说法："一无所需是神的特权，所需甚少是类神之人的特权。"什么都不需要是神的特权，需要的东西很少是像神那样的人的特权。诚然，我们都有生存所需，但至少我们可以将物质所需限制在真正必要的范围之内，尽量少为伺候身体花费精力。在一个人的生活中，精神需求相对于物质需求所占的比例越大，他离神就越近。

伊壁鸠鲁曾说："更多的钱财不会使快乐超过有限的钱财已经达到的水平。"再多的钱也不会使人变得更快乐。哲人们早已看清了物质快乐的有限，明白精神快乐的无限。孔先生和他的学生们身上的精神，兴许是这个时代最需要的，我们不妨也停下匆匆的脚步，好好灌溉我们的精神花园。

于不寻常中寻平常之心

高二 B6 班 黄子威

今天上台，我想先跟大家聊一个话题。是什么呢？就是关于幸福感的问题。

“你幸福吗？”

可能大家会觉得熟悉又滑稽，但如果真的面对这个问题，你会怎么回答呢？（采访去……）

可以看得出，每个人都有不同的回答，这是大家对幸福的不同理解，对如何得到和接受幸福的一种自我诠释。在此，我想和大家分享一组数据：

大家都知道 GDP，那大家知道 GNH 吗？它的全称叫 Gross National Happiness，即国民幸福指数。我国在 20 世纪 80 年代末参加了一次国际性的 GNH 调查，显示的结果是达到了 64%的水平；到了 1991 年，这个水平达到了 73%。怎么理解这个增长呢？我想这应该归功于改革开放后国民经济的快速发展。然而到了 1996 年再一次参加这个调查，这个数值跌到了 68%。唉，仅仅 5 年时间，又降下来了。我们不禁要问，为什么经济快速发展的同时，国民却越来越找不到幸福感了呢？我想，排除了外在因素后，问题就出在内心了。所以这告诉我们一个道理，即使在物质文明极度发达的今天，人们也很可能面临极大的心灵困惑。

如何解决这个困惑呢？让我们回归《论语》。

子曰：“学而时习之，不亦说乎；有朋自远方来，不亦乐乎；人不知而不愠，不亦君子乎？”《论语》开篇第一句，孔夫子就告诉我们，学习是快乐的，有志同道合的朋友是快乐的，宽容亦是快乐的。可见，真正的快乐来源于内心，快乐就是这么简单，幸福也就是这么简单。那么，幸福需要的是什么呢？就是一颗简单的平常心。所以今天我们就来谈一谈《论语》中的平常心。我认为这种平常心包括懂得满足、正确面对人生的遗憾以及发掘内心这三个方面。

首先，要怀一颗平常心，要懂得满足。

我们要解读一个词，常常可以站在对立面来试试。“简单”的对立面就是“复杂”。当今社会的“复杂”，我个人理解，就是追求太多。一个人追求太多，会给自己和家庭带来麻烦；太多人追求太多，这个社会就会被拖累。就拿“房子”这个话题来说，现在大家都要或即将要买房，从中就会衍生出许

多问题。首先是房价，房价关乎什么？就是买在哪，买几楼，大户型还是小户型，交通方不方便；其次装修，地板铺什么，吊顶买什么，防盗门买什么牌子。现场做个调查，如果是你，你喜欢买什么颜色的沙发？（再次采访去……）

当然还是一样，每个人都有不同的选择。从中可以看出什么呢？一方面国家的市场经济发展起来了，我们生活富裕了，从而个性也展现出来了。另一方面呢，物质生活的丰富带来的选择和追求太多，会不会拖累自己？关于这个问题，孔子告诉我们要安贫乐道。“子曰：‘贤哉，回也，一箪食，一豆羹，一瓢饮，在陋巷。人不堪其忧，回也不改其乐，贤哉，回也。”说的是孔子最喜爱的弟子颜回，平时居住在简陋的巷子里，只吃一小筐饭、一小碗汤，人们都觉着自己受不了，住不下去了，而颜回仍然不改变自己的快乐之道。我们都知道《论语》诞生在春秋这样一个物质极度贫乏的时代。在这种时候，颜回仍不改变他的快乐之道，为什么？因为正如我们所说的，真正的快乐来源于内心。孔子曾经解读过这种真正的快乐。有一天子贡问他的老师，说：“贫而无谄，富而无骄，何如?”老师你觉得一个人贫穷却不谄媚，富有而不骄傲自大，怎么样？孔子是这么回答的：“可也。未若贫而乐，富而好礼者也。”孔子说，这样也不错，但不如虽然贫穷却乐于道，即使富裕仍秉承礼的人。颜回正是坚守了一颗孔子所认同的安贫乐道的平常心，所以孔子才会连续赞叹“贤哉回也”。因此，现代人经常被过多的物质追求所拖累，正是因为看外界太多，看心灵太少。

举个大家熟知的例子吧，就是陶渊明“不为五斗米折腰”的故事。说的是陶渊明曾经在彭泽这个地方做县令。有一天，上面来了个督邮视察工作，陶渊明的助理就跟陶渊明说：“明哥，咱见领导要把腰带系上，鞠躬的时候要毕恭毕敬。”“以束带拜之”，拿今天的话来说，见领导嘛，正装穿戴整齐这很正常。不过人家陶渊明不干了，说了一句：“我岂能为五斗米折腰向乡里小儿?”我怎么可以因为一点点俸禄，向这样的人鞠躬？说完把官印一扔，归隐田园去了。后来他写下了著名的《归去来兮辞》，辞中说“既自以心为形役，奚惆怅而独悲”，过去啊，我的心都被外在所奴役，我感到很惭愧。“悟以往之不谏，知来者之可追”，过去的事情不必再怀念了，我要追求以后的生活。从陶渊明的事例中我们也不难看出，当一个人真正拥有一颗平常心，他就不会太看重外在的选择和追求。所以，《论语》中告诉我们的平常心，首先要懂得满足，要学会追求内心的满足。

其次，要怀一颗平常心，要正确面对人生的遗憾。

当一个人不懂得满足的时候，生活对他来说是什么呢？到处充满了遗憾，不可弥补的遗憾。试想，当一个人很想得到什么而一直得不到的时候，他首先会愤怒，然后是忧虑。比如你今天无缘无故被人打了一顿，你就会想他凭什么打我？我招谁惹谁了？我怎么这么倒霉啊？第二天，你可能会向你的同学倾诉，第三天你可能会向你的父母或师长倾诉，到了第四天第五天，你还在想，然后打电话找几个兄弟要去报仇。这样一来，本来你只是被打了几分钟，因为愤怒和不满演变成你整整被“打”了一个星期。这虽然只是一个玩笑，但事实上很有现实意义。医学上有这么一个研究，当一个人在愤怒或者忧虑的时候，呼出的二氧化碳浓度会显著增加，这说明不良的情感已经影响到了内分泌，进而影响到了生命的质量。愤怒和忧虑是一种心理暗示，心理暗示的力量有时候可以强到夺去一个人的生命。有这么一个故事，英国著名的网球明星吉姆·吉尔伯特，她在11岁的时候，和她的妈妈去一家牙科诊所看病。我们知道牙病如果控制不当是会引发心脏病的，而吉姆正是在那个时候，眼睁睁地看着自己的妈妈死在牙医的病床上。这件事情成为吉姆一生的遗憾，你想，亲眼看见母亲的死亡，那是多么痛苦。不幸的是，后来吉姆也得了牙病，由于有了这个遗憾，她死活不肯去诊所看牙，到疼得实在不能忍受的时候，家人就劝她说要不咱把牙医请到家里来，我们都陪在你的身边，不用怕。吉姆勉强答应了。然而当牙医来到家里，正在做准备工作的时候，回头一看，吉姆已经直挺挺地死在那里了。这告诉我们什么呢？这说明如果以一种不健康的态度面对遗憾，就会对自身产生严重的损害。

同样是面对遗憾，《论语》是怎么说的呢？有这么一段：“司马牛忧曰：‘人皆有兄弟，我独亡。’子夏曰：‘商闻之矣：死生有命，富贵在天。君子敬而无失，与人恭而有礼。则四海之内，皆兄弟也。’”说孔子的弟子司马牛很忧虑，他说别人都有兄弟唯独自己没有，是一件遗憾事。另一个弟子子夏就过来劝他，说我听说了，生死富贵这些事，都是上天安排的。君子只要对待事情严肃认真，对待他人恭敬有礼，天下人就都是自己的兄弟了。《论语》告诉我们什么呢？第一，要承认遗憾的客观存在；第二，要正确地处理和弥补遗憾。其实总的说来，一切都要注重内心，泰戈尔有一句诗：“乌云自己遮住了太阳，却抱怨天气不晴朗。”遗憾本身是没有生命的，但它对我们的影响其实都取决于我们的内心。孟子也说：“祸福无不自己求之者。”是祸是福得看

自己怎么去理解它。一寸长的伤口，对一个只有几岁的小姑娘来说是挺严重的，要不停地敷药，换药，再敷药，休息十天半个月；但对于一个十几二十岁的小伙子来说，可能从受伤到伤愈，他都完全不知道这件事。所以，你面对遗憾时的心智到底是像小姑娘还是像小伙子呢？当不满足作为现代人的一种自我折磨的时候，其实最主要就是不能让愤怒和忧虑冲垮了自己。因此《论语》告诉我们的平常心的第二点，就是要正确面对遗憾。

第三，也是最后的一点。《论语》告诉我们的平常心，最重要的，就是要发掘内心。

都说眼睛是心灵的窗户，实际上眼睛有两种功能：一是向外远望，二是向内无限延伸。发掘内心首先就是要对自己坦诚。《论语》有这样一段对话："司马牛问君子。子曰：'君子不忧不惧。'曰：'不忧不惧，斯谓之君子已乎？'子曰：'内省不疚，夫何忧何惧？'"说司马牛有一天问师父什么是君子，孔子说不忧虑不恐惧的人便是君子。司马牛很惊异，觉得仅仅这样就足够了吗？孔子补充道，一个人自我反省的时候不会内疚，难道他会忧虑和害怕吗？这就是君子。在《论语》中，我们可以看到出现频率最高的词就是"君子"，而从这段对话可以看出，孔子其实对君子这个形象也是持平常心的，君子并不难当，只要反省不内疚就可以了。有这么一个小故事：有一个很富有的老太太，她准备雇一个司机，有三个司机来应聘。第一个司机很有信心，他说我可以在离悬崖一米的时候把车刹住；第二个司机呢，以前是个赛车手，他说，我可以在离悬崖只有十厘米的地方把车刹住；第三个司机有点腼腆，他说，我可不敢这么干，我会在看到悬崖的时候尽量绕开它。最后，老太太雇用了第三位司机。这位司机赢在什么地方？就是一份坦诚，他承认自己车技没那么好，但正是这一份真诚让他赢得了老太太的青睐。所以，发掘内心的真诚是一种迷人的品质。

其次，对他人要宽容。《论语》里有一句大家都很熟悉的话："子贡问曰：'有一言而可以终身行之者乎？'子曰：'其恕乎，己所不欲勿施于人。'"曾子也说："夫子之道，忠恕而已矣。"所以孔夫子是绝对赞同作为一个君子，哪怕是普通人，对他人宽容是最基本的做人之道的。

再次，平常心需要有对生命的一份坦然。讲最后一个故事：在日本江户时代，有一个茶师，茶师是专门为别人泡茶的下人。有一天呢，这个茶师的主人要去京都做生意，准备带上他一起去。当时日本社会上有许多浪人武士，茶师不会武功，害怕路上出什么事，他的主人就说，没事，要不你就穿着武士的衣服跟我出去吧！茶师就照办了。到了京都，主人去做生意了，茶师一个人在街上逛，还真的遇到一个浪人，那个浪人过来挑衅，说我们都是武士，来决斗吧。茶师说我只是个茶师，不会武功。浪人说你这样就更应该死了，你不是武士还穿着武士的衣服，这是对武士的侮辱。茶师想了想觉得也对，于是就答应了他，约好黄昏时还在这里决斗。茶师说完就前往京都最大的武馆，那种门口排着许多学武术的人的地方，他什么也不顾就一下冲进了武馆，要求见最厉害的武士。他对武士说，请您教我作为武士最有尊严的死法。武士很疑惑，茶师便把事情说了，武士听完，说你给我泡壶茶吧！茶师想这可能是我这辈子泡的最后一壶茶了，便噙着眼泪，很认真地捻茶叶，洗茶杯，浸茶叶，等山泉水开了再倒茶。武士喝完了茶师泡的茶，就说了一句话，你用泡茶的心去和他决斗吧！茶师一听不知道什么意思，但也只好走了。到了黄昏，两人见面，茶师很坦然。面对杀气腾腾的对手，茶师很冷静地将武士的外衣解下，叠好放在身旁，把白布条一下一下地束在自己的头发上，然后又慢慢地系上腰带。对面的武士呆住了，他不敢相信他的对手竟然如此冷静。只见茶师拔出刀，突然大喝一声，向对手冲去，这时对面的武士突然崩溃了，扑通一声跪在地上，说我输了，你是我见过最强大的武士。

子曰："人自古皆有死。"和这个茶师一样，孔子明白死亡是每个人都必须面对的，但最可怕的不是死亡，而是失去一份坦然的心态。茶师没有失去尊严，没有失去对泡茶以及人生的坦然心态，才使得他能勇敢面对对手并取胜。子曰："君子不忧不惧。""内省不疚，夫何忧何惧?"所以心灵的力量是巨大的，从容、笃定是一种气势。要拥有这种气势，就一定要有一颗敞亮的心。

《论语》以经典诠释智慧，以智慧诠释人生，以人生诠释人性，以人性安顿人心。我们说《论语》博大精深，其实仔细读过之后才会明白，一切平常而已。"君子泰而不骄，小人骄而不泰"，我们需要拥有的，正是从《论语》中体会出来的一份君子般的气定神闲。这不仅需要我们不断加深自身修养，更需要我们用一种平常心培养自己。面对外物，面对遗憾，面对自己的内心，只有拥有平常心，才能看得更透彻。

所以，同学们，无论在学校还是走向社会，请给自己一颗平常心，养人，更养心！

谢谢！

文体艺术与社团活动课程

校园文化艺术节等各项活动的积极开展，对实施素质教育、促进学生身心全面发展、提高学生的综合素质等方面起着重要的作用。近年来，泉州七中文化艺术节活动内容越来越丰富，参与者越来越多，在学生中的影响力越来越大，泉州七中“培养身心健康的现代中国人，锻造各行各业领军人物”的办学理念，在各届校园文化艺术节中得以体现。

按照马什的校本课程开发三维模型，我们知道校本课程开发可以有多种形式，可以是一次性活动，也可以是为期一两个月的短期活动，还可以是用几年时间研究的长期活动。按照“校本课程再概念化”理论，校本课程开发的终极目的，是要推动基础教育学校课程开发走到服务学生特点、兴趣与发展需要上来；学校、教师和学生不再沦为课程控制的对象，而成为生动的课程创造者；校本课程开发首先以行动研究，让校本课程在开发实践过程中不断明晰“学校的教育哲学”。

泉州七中校园文化艺术节各文艺活动，已经在理念、目标、活动形式、评价上相对固定，具有活动课程的相应特点；又因每年参与活动的学生的变化，而体现了学生自主性、生成性，使课程表现出不断创新、生成的特点，具有生命活力，丰富了校园多元文化，体现了学校的教育哲学。

泉州七中校园文化艺术节每一届均有一个主题，围绕主题组织开展元旦晚会、校园歌手赛、歌咏比赛、社团嘉年华、辩论赛、征文比赛、朗诵比赛等，活动内容丰富、学生参与面广、组织周密严谨、水平较高。校园文化艺术节的举办，充分发挥了文化活动的育人作用，以丰富多彩、形式多样的文化活动为载体，营造健康、文明、和谐、进步的校园文化氛围，为高中生搭建成长的平台，培养学生的人文素养，发现和挖掘学生个性特长，促进学生身心全面发展。

一、元旦晚会

于每年 12 月底举行，是每年辞旧迎新的一大盛事。

活动由政教处、校团委联合主办，主要由高一、高二师生自编、自导、自演，节目形式丰富多彩，内容积极向上，集生活娱乐性、艺术欣赏性于一体。活动从节目策划编排到登台演出历时 1 个多月，并历经数次节目审核和 2 次带妆彩排。演出中，师生们以饱满的热情、优美的舞姿、动听的歌声、激情的演奏，表达了对学校、对生活的热爱，充分体现了全校一家亲的祥和氛围。元旦晚会的成功举办，是师生对新的一年的美好期待，同时也为师生提供了一个展示自我的平台，不仅有利于学生挑战自我、提升自我，也推动了我校的校园文化建设。

2017 年迎新晚会节目：乐曲演奏《前前世世＋匈牙利第五号舞曲》

南音《鲤城古厝听南音》

二、校园十佳歌手大赛

是由学校团委主办的歌唱类比赛，同时也是学校的品牌活动之一，至今已经成功举办了 15 届。每一次比赛，参与表演的同学和到场观看的同学都热情高涨。

校园歌手

比赛主要分为三个阶段：初赛、复赛以及决赛。初赛在每年 9 月份开始，从高一、高二自愿报名的同学中进行海选，每年初赛报名人数都达到 100 多人。晋级的 20 人进入复赛（在期中考后举行），最后决出 10 名选手进入决赛。学校团委每一年都在继承原先优良传统的基础上，进行大胆的改革和创新。2014 年开始，决赛中加入了师生合唱的环节，掀起整场比赛的小高潮，引起师生的共鸣。

近年来，活动的精彩度和影响力不断提升，得到了师生的一致好评。此项活动为热爱音乐的七中学子提供了挑战自我的舞台，积极展示了七中学子的才艺风采和校园的多元氛围，并且充分体现了泉州七中发挥学生个性特长和提高学生综合素养的办学特色。第三届校园歌手赛的冠军、2007 届校友徐林参加“中国好声音”第四季，凭借一曲《姐姐》赢得了三位导师的转身并进入了周杰伦战队。

2016 年校园十佳歌手赛

三、歌咏比赛

是我校纪念五四运动的系列活动之一，在每年的 5 月份举行，由高二年段学生参与。一年一度的校园歌咏比赛是深受学校师生欢迎的文化盛宴。每年 4 月份，高二年每个班级都为歌咏比赛紧张排练，教室里的琅琅书声与操场上的阵阵歌声相互应和，此起彼伏，成为学校一道独特景观。这书声、歌声交织的景观，是学校实施素质教育的一个缩影。比赛前，各班积极准备，利用休息时间紧张排练。赛场上，同学们精神饱满、歌声洪亮，通过慷慨嘹亮的歌声传达出他们的青春活力、昂扬斗志、团结精神和实现中华民族伟大复兴的赤子情怀，同时在服装造型、演出形式等方面下足功夫，颇具创意，各显特色。同学们通过合唱比赛，增强了班级凝聚力和荣誉感，充分展现了学生积极进取的精神风貌，为打造精品校园文化增添了无限色彩。

近年来，泉州七中将歌咏比赛作为“践行社会主义核心价值观”系列活动之一，把《晦鸣中学校歌》列为必唱曲目，激励学生将个人成长与学校发展相结合，将个人的成才梦与伟大的“中国梦”结合起来，使学生获得思想启迪和精神升华，从而进一步提高爱国修养和思想道德素质。

四、社团活动

社团作为学生的第二课堂，在锻炼学生能力、完善人格方面可以起着重要作用。学校在“培养身心健康的现代中国人，锻造各行各业领军人物”办学理念的指导下，历来重视学生个性特长的发展，通过社团丰富的课程体系，全面提升学生的能力素质。学校目前有南风文学社、晦鸣话剧社、晦鸣摄影社、机器人社等19个学生社团，这些社团涵盖了文艺、体育、科技等领域。校团委通过落实“145工作机制法”，对学生社团进行了统一有效的管理，定期开展活动并进行量化考评，形成了长期有效的工作机制。近年来，各社团经过各自的磨炼和进步，在推动校园文化建设方面成绩显著，得到上级部门的充分肯定，如：机器人社团在国际、国内的青少年科技创新比赛中独占鳌头；魔术社被评为“泉州市中学生百佳社团”；话剧社两次编排演出的大型话剧《雷雨》获得各界校友的一致好评；学生会文娱部编排的小品《虎父犬女》获得泉州市“校讯通杯”预防青少年违法犯罪文艺调演特等奖；摄影社成员作品多次荣登《泉州晚报》等当地权威媒体；等等。

学生社团作为培养学生专业素养的第二课堂，以其更大的活动空间，更丰富的活动内容，更灵活的活动方式，深受学生的喜爱，发挥着重要的作用。因此，学校重视加强学生社团建设，将学生社团建设作为培养学生综合素质的重要途径，学生社团的规模不断扩大，精彩的社团活动日既丰富了学生的校园文化生活，促进了学生全面而富有个性的发展，也充分展现了学校特色办学及多元发展的办学成果。

2015年5月，学校团委联合泉州市教育系统团委主办了泉州市第三届高中生社团嘉年华，活动历时近150天，市区10所重点高中校参与，参与学生团员数达8 000人次，让普通高中生进一步了解了高中社团文化的意义，获得了社会各界的广泛好评。这些活动极大丰富了我校师生的课（业）余生活，给大家创造了一个展示自我的平台，涌现出一大批创新人才。学生通过一系列的校园科学、文化熏陶，在情感、态度、价值观上将重塑自我，提升科学素养。《泉州晚报》《东南早报》等媒体先后对泉州七中的社团活动进行了报道，扩大了影响力。

五、学生会、团委会工作

精彩纷呈的校园文化艺术节成功举办的背后，是鲜为人知的繁杂调度，是学生会、团委会干部不辞辛劳的付出与汗水浇筑。学生会、团委会的工作也是一个活动课程，结合每一次文艺活动课程而开展的工作，就是具体的课程实施。在指导老师的带领下，学校团委、学生会的每一个部门分工明确，

2015 年 12 月文学社诗歌沙龙

2013 年话剧社《雷雨》剧照

2016 年话剧社《雷雨》剧照

魔术社同学正在表演

摄影社同学正在拍摄

摄影社作品

活动前期的各项工作准备和策划细致到位，活动期间的各种执行、创意以及解决各种临时出现的问题，都需要通过数次的工作筹备会议策划完成。

每次活动前，全体学生会工作人员便早早来到会场，按照预先分配好的小组开始晚会前的筹备工作。从熟悉舞台环境，到调试音响设备，再到完善舞台布置，会场的每一个角落都活跃着他们忙碌的身影。

晚会开始后，他们不停地穿梭在后台与舞台之间，为整场晚会的顺利进行保驾护航。每个同学都有明确的分工，在科学的组织下高效运转，所以学生的文艺活动充分展现了学生的自主能力和创新能力，往往是编导、主持、策划、灯光、音响、字幕、化妆、服装、布景、道具、摄影、采访、协调、宣传、海报、票务，甚至拉赞助，都有人负责，自主运转。有了他们这样不求鲜花与掌声的辛勤付出，才会有呈现在大家眼前的一场场精彩演出。

这些丰富的校园文艺活动，除了给参与的同学们一个展现自我的舞台之外，也能极大地提高参与组织和承办这些活动的学生会干部的组织合作能力以及协调能力。每一次活动，学生会的同学总能在这个过程中不断提升自己的组织能力、沟通能力以及跟各部门的协调能力等，全面提高自己的综合素质。

让“每一棵树都有它的春天”，办好校园文化艺术节的每一场活动，包括社团活动，有利于发掘学生的潜力，发挥个性特长；有利于培养兴趣，陶冶情操，提高审美情趣；有利于丰富校园文化生活，加强校园精神文明建设，营造良好的学习氛围。泉州七中校园文化艺术节已经走过多个春秋，取得了丰硕的成果，数个晚会已经成为学校的品牌活动。校园文化艺术节始终抓住“培养身心健康的现代中国人，锻造各行各业领军人物”这一主线，以人为本，文化育人，在校园内营造出健康、文明、和谐、进步的氛围。校园文化艺术节活动的开展，展示出了师生“团结协作、敬业奉献、拼搏进取、开拓创新”的七中精神，树立了七中校园文化的内涵和健康向上的形象，为学生提供了展示青春、展示自我的舞台，也为学校德育的发展注入了新的生机与活力。

六、篮球课程

泉州七中为国家级体育传统校，在篮球和田径上特色鲜明、优势突出，2015 年又成为全国中小学校园足球示范校，在乒羽、游泳、棋类、自行车、

武术等方面也有相应的社团和较多的学生参与。七中篮球校本课程有广泛的基础，深受学生喜爱，人们说七中的学生走出去都可以让人看出篮球打得好。在普及的基础上，七中同时培养了大量篮球人才。多年来，该校作为华侨大学第一所中学篮球后备人才培养基地校，为华侨大学输送了许许多多优秀的篮球运动健将，包括多次为华大夺得CUBA冠军的主力队员蒋欣欣、吴德琳、李炜、张鸿林、蔡鸿晔、王少峰、林敬河等，及活跃在CUBA舞台上的陈泰权、吴灿煌等队员。

吴德琳等代表福建省获得第十三届全运会男子三人篮球公开组冠军

2015年8月福建省中学生篮球锦标赛（高中组）冠军队成员与教练、领队合影

2013年8月托尼·帕克莅临泉州七中

国际交流活动课程

国际汉语课程班

泉州七中秉承“培养身心健康的现代中国人，锻造各行各业领军人物”的办学理念，以“爱国、感恩、勤奋、卓越”的校训精神激励师生，深入实施素质教育，推进多样化、特色化办学，深化教育教学改革，在高考、竞赛、艺体等方面取得优异的成绩，特别是在对外交流及办学方面勇于探索、锐意进取，先后成为“汉语国际推广基地校”“国家语言文字规范示范校”“歌德学院中国合作学校”等。多项对外合作项目顺利落地并成功实践，是新时期泉州七中特色化办学的一张名片。

2013 年 9 月，泉州七中开办了中美课程班，并以此为平台陆续引入了美国交换生项目、海外励志修学项目、外国友城访问项目、中德青少年夏令营项目、姊妹校交流项目等。项目课程活动的引入，不仅培养了大批在校学生的语言交际能力，而且开拓了学生的国际视野，培养了国际能力，提升了泉州七中的多元办学内涵和特色办学品质。

2015 年春，泉州七中和德国 GLS 学校签订合作意向，并于同年 9 月招收第一批德国留学生，成立国际汉语班，成为福建省第一所招收外国留学生的中学。2016 年 3 月，泉州七中与丹麦霍尔拜克市石斧中学结成姐妹学校，并于同年秋开始招收丹麦留学生。

国际汉语班由泉州七中优秀教师团队管理和执教，师资团队包括外籍教师及有海外教学经历的中方教师组成，教学、管理及评价均执行国外先进教学管理体系标准，由我校国际部全程参与管理。

国际汉语班的课程由“语言学习”和“文化体验”两部分组成，结合中国优秀传统文化和泉州地方文化，课程实现校本化。

“语言学习”每天上午 4 节，每周共计 20 节，其中有 10 节综合汉语、6 节汉语阅读、2 节汉语听力以及 2 节汉语口语。教学以语音、语法、词汇为基础，课堂讲练结合，以此提高学生听、说、读、写等各项语言技能。

“文化体验”每天下午 2 节，每周共计 10 节，其中有葫芦丝、书法、国画、太极拳等课程供学生选择。学校选派具有丰富教学经验的音体美教师来

担任文化导师，带领留学生在学习课程的过程中感受中华五千年文化的魅力。课余时间，学校还为留学生牵线搭桥，帮助他们联系实习工作，使他们在积累工作经验的同时，以一个全新的角度更深入地感受泉州的民风民俗及中国文化。

2016 年 9 月德国留学生参加七中运动会

通过开设国际汉语班，开展相关课程、活动，并和学校已有的学生社团深度融合，陆续衍生出德语第二外语课程、英语角、寄宿家庭活动日等活动。多项活动的开展丰富了我校多语种的学习和多文化的交流，有力地促进学生的核心素养发展，深化学生个性特长发展，提升综合素质；引导学生自我认识，积极探索生涯规划，创建有利于学生发展规划指导的新体系，也成为泉州七中学生课程学习的重要资源。外籍留学生逐渐适应不同的语言环境及文化，掌握了语言，了解了文化，结交了朋友，收获了亲情。有效的教学手段加上全中文语言环境的浸润，使他们的汉语水平提高得很快，留学生们都能比较流利地用汉语与人交流了，参加 HSK（汉语水平考试）都取得了满意的成绩。与此同时，这也成为国际学生接触、了解、体验中国灿烂文化的机会。

国际汉语班的开设是泉州七中实现内涵发展、品牌发展和多样化特色发展，逐步实现“全省著名、全国闻名、世界知名”办学目标的重要里程碑。在与世界各国学校和学生的交流与合作中，泉州七中重视在中外文化认知与跨文化沟通中发展文化品格。参与项目的中外学生在获得文化知识，理解文化内涵的同时，能比较文化异同，吸收文化精华，形成正确的价值观和自信、自尊、自强的品格，具备一定的跨文化沟通和传播中华优秀文化的能力。

中德青少年交流活动课程

一、课程目标

根据与德国奥博豪森市建立的定期青少年交流协定，我们开设了中德青少年交流活动课程。本课程旨在为学生对外交流与学习活动提供语言、能力和跨文化的支持，为学生家长积极参与学校活动创造机会和提供平台，为学校真正实现多样化办学和人才培养模式提供资源，为中德青少年友谊奠定坚实的基础。

二、资源开发与利用

我校一直以来都非常重视国际交流与合作，搭建平台为学生开拓国际视野，为学校办学注入新鲜血液，不断摸索尝试国际化办学实践。泉州七中在泉州市外事侨务办公室的支持下，与德国奥博豪森市建立了青少年定期交流的机制，即泉州七中在奇数年接待德国学生，奥博豪森市在偶数年接待泉州七中学生。

为了创造更好的青少年交流与学习的环境，双方做了大量的工作，力争让本项目成为一个持久、有效、有趣的项目，在课程资源的开发和利用上投入了大量的人力物力。

首先，充分利用公共资源。为了展示泉州悠久的历史，泉州七中开发了国家级博物馆——闽台缘博物馆旅游项目，泉州市博物馆陶瓷制作体验项目，泉州宗教文化参观项目，泉州地方传统文化体验项目，如刺绣、木偶等。

其次，充分挖掘学校自身的传统和优势学科，在学校老师的协助下，开发了太极拳、五祖拳、舞剑、啦啦操、书法、国画、篮球等项目。

再次，充分利用学生家长资源。除了周末时间由学生家长联合或者独立组织活动之外，成立家长交流群，充分交流各种资源和活动，让周末的每一天都有特色。

三、组织形式和活动方式

在为期 15 天的时间里，学校组织了丰富多彩且富有地方特色的活动。

第一阶段以了解和认识为主，主要有开营仪式、破冰游戏、城市游戏等等，主要目的是让中德学生互相了解，以团队的形式进行活动，增进彼此的了解，同时在活动中了解泉州这座有着千年历史的文化名城。

第二阶段以学习为主，主要是汉语、体育、文化、陶艺、团队建设、地方文化学习等。学生分组抽签组成团队一起学习，准备学习结束后的表演。这些课程内容让德国学生兴奋不已：初次体验中文，读音和书写为什么这么难？武术的一招一式，是否还有更厉害的招式？毛笔字歪歪斜斜，像文字还是图画？这些引起他们兴奋和兴趣的内容，就是中国源远流长的历史和文化积淀。

第三阶段以体验为主，如与寄宿家庭的城市之旅，与中国朋友的 K 歌体验，还有集体旅行等。这些活动巩固了友谊，进一步了解了彼此，为今后长期的交流与互动打下基础。当然，大家还要为告别晚会准备富有中德特色的节目。

四、内容架构

中德青少年交流活动的内容架构，主要是了解、学习、体验和友谊。

了解彼此的文化背景、风土人情、双方的家庭、学习经历和未来展望。

在学习中增进友谊，学习知识、语言、才艺，在不断地交流中提高中文和英语能力，在不断尝试中体验对方语言之美。

在体验中感受彼此文化的博大精深，了解不同文明的伟大之处，学习对方的长处。

在以上活动中认识彼此，开始一生的友谊，在不同的活动和体验中加深认识、加深友谊。

五、活动过程评价

跨越距离的沟通：中德学生一开始用英语交流，慢慢地开始夹杂着生硬的中文和德语；从开始只是青少年的交流到和所有家庭成员的沟通，尤其是老人和小孩；从中德家庭只在活动期间的沟通扩大到结下长久友谊的沟通。

文化的魅力：在一个陌生的国度里如何让自己迅速融入，是一个永远的命题。在不同的活动中，在与不同的人的交流中，学生们开始感受到了文化的魅力；在学习活动和体验活动中，学生们触摸到了文化的脉搏，感受到了文化的生命。

永远的友谊：在短短15天里留下永远的友谊，由文化、家庭、历史和共同体验浇灌的友谊，将随着时间的推移不断地成长，壮大。很多中德家庭在此后的若干年中保持着互访、视频交流和书信来往。

附录：

国际合作交流活动照片

2007 年 8 月美国励志修学营参观哈佛大学

2011 年中美交换生邱诗岑同学参加美国学校军乐队演出

2015 年 7 月参加夏令营的中德两国师生参观泉州南少林寺

第七章 “树”的故事

学生成长案例

屡获民族唱法金奖的歌唱家岳璐

岳璐，当年校园十佳歌手，毕业于中国音乐学院，为中国广播艺术团独唱演员。2004 年 9 月高考，以当年该院校声歌专业女生第一名的优异成绩保送进入中国音乐学院声歌系。2006 年 7 月参加文化部文化艺术服务中心举办的第二届华夏艺术风采国际交流选拔活动，并荣获专业组民族唱法金奖。2007 年 12 月荣获第六届中国音乐最高奖“金钟奖”声乐大赛优秀奖。2008 年 3 月获第十三届全国青年歌手电视大奖赛黑龙江赛区民族唱法金奖。2010 年 3 月 15 日在欢迎大不列颠及北爱尔兰联合王国外交大臣戴维米利班德阁下访华的欢迎晚宴上演唱《芦花》，并得到好评。

岳 璐

《中国好声音》周杰伦战队歌手、音乐制作人徐林

徐林，当年校园十佳歌手，中国内地男歌手，毕业于星海音乐学院。2015 年，参加浙江卫视“中国好声音”第四季的比赛，获得周杰伦组 12 强、全国 48 强。同年，徐林凭借自己极佳的创作才能，为邓超创作了电影《恶棍

天使》的第一支推广曲《娘娘我错了》，并在周杰伦的巡回演唱会徐州站中担任表演嘉宾，收获了不少人气。

2015 中央电视台春晚为羽泉/于魁智《三家店＋奔跑》编曲；为 2015 腾讯应用宝星 App 颁奖盛典制作主题曲《就要玩在一起》；参与中央电视台《直通春晚》、北京卫视《最美和声》、浙江卫视《王牌对王牌》、江苏卫视《盖世英雄》及 2016 上海时装周音乐制作，担任浙江卫视《言值大作战》音乐总监。

徐 林

2016 年 10 月，“音乐魔法师”徐林在北京召开首张个人迷你专辑《加大先生》发布会。现场，阿里音乐董事长宋柯、高晓松、周杰伦、庾澄庆、邓超、范玮琪等徐林圈内前辈纷纷发来祝福视频。

合作艺人：周杰伦、邓超、庾澄庆、冯绍峰、TFBOYS、张柏芝、任贤齐、羽泉、谢娜等。

北京大学“学生五四奖章”和“首届学生年度人物”获得者陈正勋

陈正勋，当年校学生干部，文体活动积极分子，他是北京大学授予学生个人的最高荣誉“学生五四奖章”的获得者和首届“学生年度人物”。陈正勋大二即竞选为经管学院学生会主席，他不仅学业突出，全面发展，而且在创新创业领域也取得了优异成绩。陈正勋连续三年在院系 GPA 综合测评中排名年级第一，曾任院学生会主席；学术学工知行并

徐正勋

重的他，又成功创立了“趣寻榜样”科技公司，向着梦想不断前行。

2011 年 9 月，陈正勋以福建省泉州市区高考原始总分第一的优异成绩进入北京大学经济学院学习。入学以后，他勤奋学习，取得了丰硕的成果：三年 GPA 综合测评排名位列全院第一，并荣获“挑战杯”五四科研竞赛一等奖，还在多家经济学核心期刊上发表数篇论文。与此同时，他还利用国际交换的机会，赴斯坦福大学、康奈尔大学和新加坡国立大学等国外高校学习，以全 A/A＋的满分成绩完成了十余门横跨经济、政治、法律、统计、规划等学科的课程。

2012 年，陈正勋曾在纽约联合国总部担任见习协调官职务，协助当时的联合国大会主席推进组织文明对话的项目，该项目致力于通过联络世界上相关的专家学者，共同讨论文明沟通与发展和谐的议题。

2013 年秋季，他出任北京大学经济学院学生会主席。他告诉记者，学生工作应当避免流于表面形式，但求“走心”，要以组织的力量凝聚起同学们对这方校园的认同感和对这个国家的使命感。不论是荣获阿克苏诺贝尔中国大学生社会公益奖的经院青协“关爱农民工子女——北京市海淀区行知实验学校支教活动”，还是被评为首都大学生社会实践优秀成果的“寻梦青海谋发展，志愿西部促腾飞——北京大学赴青海省暑期实践团”，都体现了他这种使命在肩的担当。

2014 年 4 月，陈正勋带领学生会同学主办了“新时代中国青年经济论坛”，邀请专家学者就十一届三中全会后的改革议题发表演讲并点评学生代表的展示，其中不乏中国财政部部长和法国前总理等国内外重量级嘉宾。

除了北大本科生以外，陈正勋目前还有另外一个重要身份——互联网教育社区科技公司“趣寻榜样”的联合创始人、合伙人。在这个最年轻的获得顶级风投估值过亿与数百万美金 A 轮注资的大学在校生团队里，陈正勋负责渠道拓展和商务运营，同时，他利用自身的经济学背景和精算师资格，运作着公司的融资业务，将这个年轻团队的创业激情与合同制度有机融合。谈到公司的迅速发展，陈正勋不无感慨。从 2014 年 4 月网站上线、5 月公司注册、6 月天使融资、7 月团队搭建、8 月 App 开发、9 月 A 轮融资、10 月 App 内测、11 月 App 公测、12 月 App 1.0 版上线，“趣寻榜样”一路奔跑，他们的创新性与执行力也受到了如聚美优品、滴滴打车、京东商城的投资人的肯定，

成为这些互联网大佬、先行者的兄弟公司，迅速完成了天使轮和 A 轮融资。

陈正勋 2015—2017 年在北大燕京学堂攻读研究生，现在英国剑桥深造。

“福布斯最受全球关注的 12 位中国服装设计师”苏仁莉

苏仁莉，泉州七中 2006 届校友。高一时，苏仁莉自称梦想是有一天自己的画能挂在卢浮宫。苏仁莉 2006 年考入中央美术学院，2010 年赴英国伦敦时装学院深造，2012 年获女装设计专业硕士学位，2013 年创建 RENLI SU 品牌。

苏仁莉（中）

苏仁莉自然、有机的设计风格在伦敦、巴黎时装周中大放异彩，并引起了 VOGUE UK 等大量国外媒体的关注与报道。2014 年，苏仁莉荣膺“中国年度十大新锐服装设计师”。2015 年 10 月，入围环保时尚大奖。2015 年 12 月，荣膺“福布斯最受全球关注的 12 位中国服装设计师”称号。

2016 年 2 月 25 日，《福布斯》杂志“30 位 30 岁以下亚洲人物榜”公布。此次评选涵盖了法律、金融、艺术等 10 个领域的 300 名亚洲青年领军人物。苏仁莉荣登艺术领域榜。

对手工艺的热情是苏仁莉每一个系列作品的主题来源。苏仁莉的品牌频繁出现在伦敦时装周和巴黎时装周，引起了某位著名编辑的注意。她形容苏仁莉是“带着自己对世界的见解”在创作。苏仁莉一直惯用的是有机材料，如爱尔兰棉麻，青藏高原面料，加上传统手工艺的编织，使衣服拥有精细至浪漫的品质。苏仁莉出生于福建，后在北京中央美术学院学习，最后于伦敦时装学院取得硕士学位。

据 BBC 报道，福布斯亚洲高级网络编辑卫华娜表示，这份名单不是以收入排序的“富豪榜”，而是选出各领域具有创新精神与领导力的人，选出“在未来五年、十年可能成为下一个比尔·盖茨或马克·扎克伯格”的人。

评选从去年10月启动，由福布斯在各地的记者推荐，也接受业内人士互相推荐候选人，最终阶段由各领域的专业人士评选，共有十个领域：企业科技、消费者科技、艺术（艺术设计以及饮食）、制造和能源、体育和娱乐、金融和投资、市场和传媒、医疗和科研、公益创业以及零售和电商。

亚洲是继欧洲之后的第二个国际版，“推出亚洲版是这份榜单走向国际化的自然进程。特别是在中国、印度有许多新创公司。世界对于发生在中国的事很感兴趣”。

当被问到上榜者是否有共通人格特质，卫华娜观察到一个有趣的现象：“许多中国获奖者从国外知名大学辍学，包括哈佛、斯坦福大学。”她说许多人先在中国成长，到海外接受高等教育，“有了新想法之后，再回到中国做出事业”。

谈到上榜者整体，卫华娜认为，成长在网络时代，他们比较缺乏耐心，急于渴望利用科技做些对社会有益的事。“他们很自信，很清楚知道自己在做什么。他们很有企图心，而且，都很年轻。”

《当代教育家》第十一期封面人物杨晓哲

杨晓哲，2001年9月至2007年7月就读于泉州七中初高中，2007年7月毕业于泉州七中；2007年9月至2011年7月就读于福建师范大学教育技术系本科；2011年9月至2014年7月就读于上海师范大学教育技术系研究生，师从黎加厚教授；2014年9月起，在上海华东师范大学读博士，师从任友群教授。

杨晓哲

2015年11月，杨晓哲荣膺《当代教育家》第十一期封面人物。正文详细地刊登了杨晓哲在新时代和新技术背景下的教育理念，文末并

附北京十一学校校长、现任国家督学李希贵为杨晓哲新书《五维突破——互联网+教育》所写的推荐序及晓哲小传等内容。

2015 年 3 月，杨晓哲在华东师范大学副校长任友群博导的引领下，进入教育部高中新课程标准修订学科组，担任国家普通高中新课程标准修订信息技术组学科秘书。

2015 年 10 月跟随李希贵一行前往美国进行教育学术考察；2016 年 4 月赴美国华盛顿参加美国教育研究学会国际学术会议；杨晓哲投稿的英文文章已获美国教育研究学会录用，于 2016 年 4 月赴华盛顿参加国际学术会议；2016 年 8 月荣获教育部公派留学，前往美国北德克萨斯州立大学进行博士生交流学习一年。

第十届全国青少年科技创新奖获得者陈思尧

陈思尧同学是校学生干部，校大型文艺活动主持人，机器人社团、话剧社、足球社成员。

2016 年 8 月 22 日，第十届中国青少年科技创新奖颁奖大会在人民大会堂举行。高一陈思尧同学喜获“中国青少年科技创新奖”。全国共 99 位大中小学生获奖，福建省共有 3 人获奖，其中中学生 2 名，大学生 1 名，陈思尧是泉州市唯一获此殊荣的学生，也再一次展现了泉州七中科技创新教育在全省、全国的领先地位。

陈思尧

陈思尧同学在小学、初中成绩优异，名列班级前茅，2015 中考获得贤銮奖奖学金。陈思尧同学在科技创新方面能力突出：2014 年参加全国青少年科技创新大赛荣获全国一等奖并获得时任国家副主席李源潮的赞扬；2015 年代表中国赴意大利参加欧盟青少年科学家竞赛并获优秀奖；2016 年参加首届“登峰杯”全国中学生课外学术科技作品竞赛，获全国一等奖第十名；2017年参加全国中小学生创新作文大赛作文冬令营获得“最具文学创新潜质学员”和“文学特长生”称号；2017年又获得全国青少年科技创新大赛二等奖（社科类）；作为话剧社成员，成功出演《雷雨》全剧，饰演“周朴园”一角，还自编自导自演相声、小品等多个节目；作为校足球队队员，多次参加市赛，最好成绩为铜牌。陈思尧同学是一位品学兼优、素质全面的复合型人才。

瑞典皇家理工学院硕士和欧盟EIT项目全额奖学金获得者高炳健

高炳健，泉州七中2012届毕业生，安溪县大坪乡人。2012年高考以628分的成绩考入天津大学精密仪器与光电子工程学院电子科学与技术（光电子方向）专业。

高炳健

大学期间，获天津大学优秀学生干部、天津大学三好学生、天津大学&香港大学机器人竞赛第二名等20余项荣誉；大四上学期获得国防科技大学保送研究生面试资格，收到天津环球磁卡集团等多家企业嵌入式工程师、硬件工程师多份工作机会（后因决定出国留学，均放弃）；收到瑞典皇家理工学院、香港大学、新加坡南洋理工大学、香港科技大学等6所大学录取通知，最终选择赴瑞典皇家理工学院、布达佩斯科技大学攻读双硕士学位，并申请获得欧盟EIT项目全额奖学金。

大学担任4年班长，带领班级获得天津大学先进集体等8项荣誉。担任精仪青年志愿者协会主席，志愿服务近1 000小时，与国际爱护动物基金会合办动物保护活动，与渣打银行一起呼吁“关怀艾滋”等，组织并参与近百次

志愿活动；组建数支支教团队赴四川雅安、江西九江等地进行支教活动；组织三支实践队伍，奔赴三个地区开展实践活动，实践活动均获校级优秀实践活动荣誉。

生活不止眼前的苟且，还有诗和远方。大学四年，高炳健的脚步遍布16个省份，利用节约的生活费和奖学金穷游近40个地区、城市，行程数万公里，住过30元一晚的农民工宿舍，体验过零下20多摄氏度吃冰棍，挑战过55米高空蹦极。

大学4年坚持健身、跑步，参加上海国际马拉松、秦皇岛国际马拉松，以4小时11分钟成绩完成42.195千米赛程。

高炳健在研究生出国求学期间，制定了两年欧洲行计划，曾赴以色列开展为期一个月的暑期项目，并获得以色列理工学院全额奖学金资助。

大二即成为北京大学生科院学生会主席的施瀚

2015年6月6日，北京大学生命科学学院第二十一次学生代表大会在金光生命科学大楼邓祐才报告厅成功举行。经过学生代表投票，泉州七中2013届毕业生施瀚同学被选举为生命科学学院第二十一届学生执委会主席团成员，并由第二十届、二十一届学生执委会主席团特别会议任命为生命科学学院第二十一届学生执委会主席。

施　瀚

泉州七中以“培养身心健康的现代中国人，锻造各行业的领军人物”为育人目标，近年来向各大重点高校输送了大量的优秀人才。施瀚同学是我校继2011届陈正勋同学当选为北京大学经济学院学生会主席后，第二位当选北京大学学生会主席的毕业生。目前施瀚同学正秉承七中精神，刻苦学习，全面发展，努力成为国家的栋梁之材。

施瀚同学现已被推荐免试攻读北大生物科学专业硕士研究生。

具有社会责任感和责任担当的陈崴

陈崴，泉州七中 2015 届毕业生，小伙伴们眼中的萌学神，爱音乐爱美食，爱发呆爱思考。曾荣获第十九、二十届全国青少年信息学奥林匹克联赛福建赛区一等奖。

陈崴（左一）

2015 年高考以 700 分（投档分）的成绩考入清华大学，并获得“张向荣特优奖学金”10 000 元，陈崴同学获得奖学金的第一时间决定把这笔奖学金转捐给更需要帮助和关心的人——南安侨光中学高三考生黄伟生。

黄伟生同学以 543 分的成绩被福建中医药大学录取。可是由于黄父是位失去视力的残疾人，黄母则患有心脏病，全家靠低保和母亲打点零工维持生活，全家为筹集黄伟生同学的学费愁眉不展……陈崴同学转赠的 10 000 元奖学金解了他们的燃眉之急。

陈崴同学雪中送炭的义举被上传至闽南网后，立即引起热议并获好评。从陈崴同学转赠奖学金一事，我们看到了一位“学霸”无私奉献的可贵精神，他转赠奖学金更是对他在年前国旗下的讲话中“认识到并担负起属于自己责任”的心声的践行，在他身上，我们看到了林树哲、许景南、张华安、李群华、梁志鹏、梁志鹤等老校友们的影子。新校友正在传承老校友们无私奉献、肩负起社会责任、敢于担当的精神，这种精神既是泉州七中人“爱国、感恩、勤奋、卓越”精神和品质的体现，也是泉州七中人砥砺奋进的强大动力！

学生感言

科技创新

2014 级高二 10 班　王睿哲

转眼间，我已是一名高二的学生了。回想当年参加科技创新活动时的情景，仍然记忆犹新。当时，我对科技创新只是有所了解，并不熟悉。于是我怀揣着一份对科学的向往，加入了科技社。在那儿，我了解了科学创新的新理念，最终我选择了足球机器人。

足球机器人是一个双人合作项目，是一个通过调试机器，使机器人进行足球比赛的竞技项目。在参与这一项目的时候，我们学习编程，学习机器人各个零部件的用途及如何组装机器人。当然，学习调试机器人自然也是必不可少的一项。在学习的同时，我们也分享各自的经验，形成良好互助的学习氛围。

到比赛的时候，我和队友们凭借扎实的基本功，创造了零失球的纪录。虽然我们因进球少而止步于第二轮，但在这个过程中我所学到的东西，早已远远超过了比赛的结果。其中，最重要的无疑是科技创新的新理念及团队协作的精神，这两方面至今乃至以后都会影响我，助我走向成功。

我很感谢学校给我参加科技创新活动的机会，这无疑会是我人生中最宝贵的学习经历之一。科技创新这一平台，给我呈现了一个多彩的世界，为我的人生添上了精彩的一笔。我会秉承我们学校“每一棵树都有它的春天”的育人理念，让自己成才，正如许多优秀的师兄师姐所说的：“今天，我为七中骄傲；明天，七中为我自豪！”

学生讲坛、晚会主持

2014 级高二 14 班　林　滢

学校每年一届的“学生讲坛”活动，参与开讲的学生都是老师们从全年段上千人中选拔出来的，今年仅有八个人。我很幸运，通过了层层选拔。第一次接触这个活动时，我只把它当作将自己的读书感想与同学分享的一次机会，然而真正着手准备才体会到做好每一件事的不易。从讲稿反复的修改、删减，到每一张幻灯片的挑选，每一个动画的设定，再到背景音乐的剪辑，甚至活动当天的服装，没有人永远为你铺好前面的路，也没有人总能在迷茫时给你一个明确的方向，所有的一切都只能靠自己去一点点摸索。当看到U盘中的“初稿”“再稿”“第三稿”一点点多起来的时候，当幻灯片效果得到老师肯定的时候，当花上一个晚上使原本一窍不通的软件，可以熟练地操作时，成就感也就产生了。大概所有过程的艰难都是为更完美的结果做铺垫吧。

主持的经历也是如此。你需要花上许多时间写台词、背台词，和搭档一遍一遍地练习，甚至需要冲掉一部分晚自习的时间。当别人吃饱饭在操场散步的时候，写好作业在闲聊的时候，你常常没有办法加入他们的行列。但当你穿上礼服站在舞台上，当聚光灯打在你身上，当你可以发挥自己的特长去完成所热爱的事情时，你会发现，所有的付出都是值得的。只有把所有的辛酸都留给自己，更优秀的一面才能在台上呈现给别人。

我很庆幸，我的高中生活不是只有课本和试卷，这些活动给了我不一样的经历，也将开启我不一样的人生。

社团活动

2014级高二14班　刘姗姗

我第一次与摄影社的“前辈们”见面，是在炎热的夏日。由于不熟识，初次见面的尴尬没有因为拍摄进程的推进而立即消失。一直到开学后，一直到校运会时，大家举起相机追逐对方青春的光影，一直到一起登上风极大的大坪山顶，一直到迷路于凌晨的清源山……待到再次留意距离感时，已是鸡毛蒜皮的小事也能相互分享的时刻了。

不愿计较摄影社于我的得与失，无论是与人相处的能力，摄影水平的提高，还是管理小团队的经验，都比不上我在这段时光的笑与泪。如果这个功利的社会要求我未来做任何事都要有回报、有效率，那么在这段纯粹的岁月里，我能因为社员们共同完成的视频在学校大屏幕上播放，而站在操场边情不自禁落泪，便已是我渺小的一生中，最闪亮的宝物。

学生讲坛

2014级高二11班　方英杰

在参与“学生讲坛”活动之前，我的内心是十分矛盾的，虽然有着想一展风采的冲动，却也有着畏缩不前的胆怯。作为“学生讲坛”的学子，就意

味着你需要与台下一千多位“听众”进行交流，向他们介绍你所要展现的历史文化或人物。我酷爱三毛，拜读过她的大部分作品。作为一名“死忠粉”，我觉得在大家面前介绍自己精神上的偶像，是一项神圣的使命，也仿佛能在冥冥之中完成对她的致敬。凭着这样一股简单的冲动与朴素的愿望，我参与了“学生讲坛”这项活动。

语言神情，发音咬字，全是考验；而更文易稿，为兼顾学习挑灯夜读也是常有之事。为文稿彷徨过，为作业挣扎过，为日期将近紧张过，个中滋味，旁人无从知晓，只有我自己知道。不仅如此，我很快发现自己对上台演讲胆怯了。一想到全年段师生就盯着我一个人看，我心里便七上八下的，若那时还能口齿清晰真是谢天谢地了。特别感谢林莉芳老师一直悉心教导我，鼓励我，帮我修改讲稿，引导我调整心态，我才能保证自己在上台时多一份底气。

而我也从未想过，当我伴着全场的掌声走出幕布时，心里竟是这般镇静。庄严的话筒留给了我，耀眼的聚光灯留给了我，偌大的舞台也留给了我。我流利地演讲着，倾注了自己对三毛的情感，竟不曾流露出怯场的神情。有那么一瞬，我感觉自己就是属于这里的，冷静与自信都全然超乎我的预料。这么多天来的辛苦与不易，也随着我落地有声的话语消失无踪。

我想，我见到了另外一个自己，一个更为成熟的自己。“学生讲坛”给了我足以铭记一生的经历，我收获了太多太多，其中就包括“成长”。

学科竞赛

2014 级高二 11 班　黄旭华

回望两年多的高中生活，我由最初刚进高中的懵懂无知到现在的渐趋成熟。在这一人生的历练中，物理竞赛的学习生涯尤其令我受益匪浅。

最初踏进物理竞赛的殿堂，完全凭借着个人的兴趣，后来，在老师的引导下，我们徜徉于力热光电的海洋，领略着大自然的美丽和神奇。这种对科学美的感受，我想，一般的高中生是体会不到的。根据竞赛考纲的要求，我们需要学习一部分大学物理的知识，由此，我对于高中物理学科有了更加深刻的认识和理解。这对竞赛后回归高考颇为有利。

在竞赛的学习过程中，我尤为感谢教练钟明晖老师。钟老师的专业素养自然无须赘言，他对我性格的塑造起着关键的作用。他时常教育我们要静下心来，说钻进学习里也就无所谓环境的优劣了。的确，如果不能持有一颗安静的内心，是很难真正有刻苦钻研的精神的。现在，我的思考能力不断提高，思维更加缜密，主要归功于老师的教导。

还有那11个亲爱的伙伴，万千文字都描绘不出我们之间的情感。这种情感超越了同窗之谊，更像是一家人之间的缘分。学习过程中的团结协作是必要的，而对问题的讨论甚至争吵也是常有的，但是，这段经历却是永生难忘的。难忘彼此的关心，难忘无悔的付出。

竞赛是我们的追梦之路，物理的殿堂才是梦想实现的地方。在老师的陪伴下，我们携手同行，为着共同的梦想努力过。无论最终的结果如何，这段经历都是我高中生活中最为宝贵的一笔财富。

学科竞赛

2014级高二11班　付子鸣

从踏进高中以来，对我影响最大的活动就是物理竞赛了。毫不夸张地说，这是一次影响我一生的经历。

在高一刚入学选报竞赛学科的时候，仅凭兴趣，对竞赛之后的路怎么走我当时处于一种完全不明朗的状态。课程开始之后，难度节节攀升。身边的同学一天比一天少，留下的同学心中也都曾有过斗争。最后，大浪淘沙，只留下12位伙伴。

称他们为伙伴，还不如称他们为战友。在整整两年的时间里，我们12个人一同成长，一同进步，一同从“不知教材所云”的状态中一点一点地走出来，如同蚂蚁啃骨一般啃下一页页、一章章、一本本物理书。在这说长也不长，说短也不短的两年中，我们熟悉彼此，有过争吵，有过欢笑，并最终将点点滴滴积淀成沉甸甸的友情。

当然，我们最感谢的是我们共同的朋友——钟老师。他是我们成长路上的摆渡人，他不是特别擅长表达自己情感的人，但是大家都看得出他将我们的一举一动都放在心上。我们寻到优秀解法，取得突破性进展的时候，他会激动；他脾气好，但当我们不上心的时候，他也会大发雷霆。我们知道，无论忧喜，这一切都是为了我们的未来。

在最后一场考试之后，回头看来时的路，或曲或直，都有收获。参加物理竞赛是我最珍视的一次人生经历，也会成为一段最美好的记忆，伴随我一生。

话剧表演

2014 级高二 8 班　张程熙

作为七中学子，我参加过学校举行的许多活动，如合唱团、篮球赛等，但让我印象最深的还是高一年时参加的《孔乙己》话剧表演。

其实，在参演之初，我内心有点抗拒，认为那将挤压我的学习时间。然而，当我真正参与到话剧的彩排中时，我渐渐被话剧的内在魅力所吸引。话剧的台词，细致的动作，神态表情，都需要一丝不苟地对待。我们想尽力呈现出人物的形象特点，所以更加用心地品读作品，用实践去领会人物的性格特点与丰富的内心。同时，这次的话剧表演经历还促进了同学之间深厚的情谊，我们从不相识到相知，从相知到相惜。虽然，每次排练完总是要“挑灯夜读”，但沉浸在文学中的欢愉能让我忘记疲惫和烦恼。

在上台表演前，我十分紧张，生怕在全校师生面前将表演搞砸。可是，当舞台灯光亮起时，我们几个好朋友互相鼓励，最后终于成功地呈现出了一台完美的话剧。

感谢学校给予我这样的机会，让我第一次在舞台上展示自己的魅力，也让内敛的我逐渐变得开朗外向。学习生活充满竞争和压力，但学校开展的丰富多彩的课外活动课程，让我感受到了辛苦中的种种快乐。

国际交流

2014 级高二 12 班　陈睿萌

2015 年的夏天，我有幸参加了我校与德国奥博豪森市共同举办的中德夏令营活动。在总共不到一个月的交流时光中，我们收获了来自异国真挚的友谊，也学会了如何在文化差异中寻求共识和理解。

刚开始与德国朋友相处时，我感到紧张和无措，但他们的友善和大方让我安心下来，勇敢地交流，大方自信地表达观点。我感觉到讲英语不再是一种负担，而是巧妙地架起了我与世界沟通的桥梁。在德国的半个月里，我得到了接待家庭极其热情的招待。各种各样的活动，让我更深入地了解了这个国家。他们严谨，却也十分幽默大方，他们在儿时便开始培养独立自主的良好品质。他们的青少年在国际视野上有着比我们更为成熟长远的看法。

在其他方面，还有许多有趣的故事，而这些回忆，成为我高中生活中浓墨重彩的一笔。我珍惜这样的一段经历，更加感谢学校为我们提供了这样的机会，让我怀着美好，展望未来。这是我作为七中学子，特别骄傲的地方。

为生命圆梦的人

2006届 曾春明

时光荏苒，倏然又是一个轮回。已然记不清一路走来的点点滴滴，只有在夜深人静，回望来路的时候，才依稀闪现那些岁月勾勒的轮廓，还有经历过的人与事。

宁静致远，博学广志——唯其如此，才能心遂所愿，而所处之处的静与净正是构筑这理想空间的必备材质。该有多荣幸，才能在生命中正待转弯的时候驶入这适得其所的海域——泉州七中。一生中要面对诸多世俗冗杂，真正自我的生命阶段如此短暂；那些日子奢侈的宁静求学镶嵌了挣扎、奋斗的美好光景，繁华落尽之时才发现这种简单生活的难能可贵。

老师们更像适时出现、当隐则隐的航海士，而不是指划一切、规定方向的独裁船长。他们没有高高在上的姿态，没有知识先锋的优越感；他们为师以德，授人以渔，不怒而威，循循善诱。师生之间不再是简单的点对点传输，而是更加丰富的多元互动，这便是七中老师在教学中所添加的新元素。

每每站在延展往七中校区的十字路口，总能感受到萌发自心底的莫名召唤，就像一个生于海洋的水手对于海的自然嗅觉。但是却有很多年没有跨进过母校的大门，不知为何，仿佛进了曾经感怀的领地便会破坏了久别而未曾重涉的期许。只想在走过每个经历的地方后把母校深深藏在自己有限的记忆存储里。生命短暂，借此载体才能在心中不断重温和升华永恒。

不会忘记简单纯粹甚或枯燥无味的高考冲刺生涯，那种清楚知道自己所想所求时获得的力量，足以滋润一路横亘的贫瘠；不会忘记以戏谑为乐、共同扶持的同志兄弟，相守相望，同舟共济；又怎能忘记不懈劳累的七中恩师长辈？一年年的驻守换来一代代的成长，送走了一批批旅人，整装而待下一拨寻梦者，简单得一如这是生命中自带而来的使命。

前路漫长，荆棘与鲜花并存，唯愿怀梦而来的人，都能圆梦而去。

（作者系泉州七中2006届毕业生，2006年福建省高考文科状元，北京大学元培学院学生，现供职于中华全国总工会）

母校印象

刘荣吉

八旬，风雨如晦，鸡鸣不已；六年，相识七中，心怀感恩；三载，经历七中，获益匪浅。

2005年金秋，七中给我的第一个印象，一个字足以概括——“小”。迈进校门的那一刻，感觉一眼就足以看穿这整个学校了——操场、教学楼、实验楼、宿舍楼、春晖楼、体育馆等。不过，真是应了“麻雀虽小，五脏俱全”的古话，基础设施还是很全的，而且还有齐备的多媒体设施。

在这些外在的硬件设施之余是其真正的魅力——师资。在高中的三年学习中，各个学科的老师都有着丰富的教学经验，并且对学生的高中经历都有较深的了解，对于我们在学习、生活上碰到的问题大多可以比较清晰地进行分析并探讨解决方案。

高三的时候，因为竞赛的缘故，我的部分科目有不同程度的缺漏，所以在课外我经常会跟老师探讨我下阶段的安排，以图尽快达到“正常水平”。而且，相同的问题我会尽可能地多问问我所接触到的不同老师，并且他们都会很乐意回答这些问题（尽管很多不是我的科任老师），在自己实践这些方法之后又会跟他们进行相应的探讨（当然了，跟同学之间也颇多此类探讨，七中的同学们也同样是很好的）。事实上，这三年中我所接触到的老师都是非常认真负责的，让我在奋斗的时候可以很安心，因为身后还有一个“智囊团”!

谈起高中的竞赛，那就不得不承认因此而从学校得到的“福利”实在太多了。首先，每个学科的竞赛都有专门的辅导老师。竞赛的辅导老师除了关心我们的竞赛方面的发展，还关注我们的学业以及我们的生活，其辛苦不言自明。曾经有一段时期，我的心态有些浮躁，在各个方面都表现出不应该有的状态，正是教练钟老师的“归零”的交流，让我开始重新审视自己过去的那段时光，查其因，探其法。最终的收效自然是不错的，而且其影响一直持续到现在，回顾、反省而后归零的习惯无疑将继续发挥其功效。其次，学校为学科竞赛投入了很多的财力。在竞赛的过程中，有机会听到师大以及一些兄弟学校的名师的授课，还有出去参加一些培训的机会，这种“假冒的游学”经历可以开阔眼界，体会到很多东西，学到很多东西。而这些所需要的经费大多数是校友捐赠的。再次，因为竞赛而获得了清华自主招生的校荐机会，并且能够到北京参加面试。这次的自主招生所带来的收获不仅仅是降分，在降分之余所带来的心理影响更是巨大。不过最让我感觉温馨的是面试过程中所得到的来自学校的支持。面试的时候正值一年之中最寒冷的时候，因为冬天从未在北方待过，所以没有足以御寒的衣服，于是我穿着陈副校长的羽绒服就开始了“北漂”之旅；因为学校的教学安排太紧张而没法让老师跟我一同北上，所以学校就联系了在清华的陈伟斌学长负责我在北京的各项事宜；因为经济原因，北上的路费对我而言负担颇重，幸而我的老师们帮忙解决了路费。

总之，或许因为自己曾是一个“竞赛选手”，因而相对大多数同学颇有些不同之处，能更多地接触到学校的不同方面的政策，更多地感受到学校的人性化支持，也更多地感受到老师的责任心与热情。不过，我想每个同学应该都能感受到这最后一条吧！

（作者系泉州七中2008届毕业生，2008—2012年就读于清华大学，期间数次获得国家奖学金，毕业时获得启航奖银奖。本科毕业后于某研究所攻读硕士学位并入伍，毕业后于该研究所任工程师至今）

最可爱的人

张里程

五十几年前，魏巍在战火纷飞的朝鲜战场上写下了一篇《谁是最可爱的人》，由衷地表达了人民对志愿军战士的崇敬之情。硝烟散尽，那段流金的岁月终究谱成一段短暂而激昂的史诗，像北国同样烂漫而短暂的春天，却永远铭记在人们的记忆中。

但是，有那么一首更加绵长的乐曲，萦绕于苏美尔原始简陋的“泥版书屋”，飘荡在希腊亚里士多德幽静的莱森学园，流淌到东方孔子讲学的杏坛，又飞泻过西方大师云集的哈佛剑桥……一群群教师，他们作为人类灵魂的工程师，铺路搭桥，引导人们走过千年的风雨，迎来文明的曙光。他们同样是一群可敬可爱的人。

这个特殊的日子里，我想起了母校泉州七中的诸位老师——一群最可爱的人。

四年前，刚刚踏入七中的校园。还记得给我做入学登记的老师的亲切笑

容；还记得，每个挑灯夜战的晚上，都会有不辞辛苦的老师与我们相伴，给我们答疑解惑；还记得，第一年的中秋之夜，吴宝树等几位老师带着我们这群来自各个地方的同学们，围坐在草地上，度过一个欢乐祥和的夜晚。

在高三冲刺的那段艰苦但充实的日子里，班主任王莉青老师不仅是位循循善诱的老师，更像一位慈爱的母亲，对我们关怀备至。还清楚地记得她一次又一次气喘吁吁地给我们提来一袋袋水果或甜点，带着她那依然略带童真的微笑，给埋头苦读的我们带来轻松和慰藉。

这样的事情太多了，有太多熟悉的背影浮现在自己的眼前。都说七中的老师敬业、勤勉，这是被七中骄人的成绩所证明的事实了。每一天，我们都在老师的指导下汲取着营养。三年磨剑，蓄势待发。我们在这里多了几分成熟，少了一些青涩；多了几分自信，少了几丝迷茫。他们不仅教导我们求知，也教我们做人、做事。这里的土壤是热的，这里的梦是圆的。在我看来，这群可爱的人们已经不只是把教师作为一种职业，更是作为一项事业，一项自己的事业，倾注了自己的感情，凝聚了自己全部的智慧和精力，引导我们这群学生渡向美好的彼岸。

在我们这群七中人的心中，他们永远无愧于“教师”这个称号。

如今，他们依旧默默地在母校谱写着青春的乐曲……

（作者系泉州七中2008届毕业生，2008—2012年就读于北京大学国际关系学院，法学和经济学双学士。获2011年度北京大学光华奖学金。现就职于融通基金管理有限公司产品开发部）

回　　眸

2009届　谢　萍

从母校毕业近两年来，我还时常回去看她。那种情愫难以名状，似是于千里之外对80岁老母亲扯不断的牵挂，但再次踏入校园，她蓬勃如初，欣荣如常，在80年光阴的洗礼下历久弥新，我又仿佛从未离开。如今回眸，对我来说，深深烙在那段韶华风景里的母校印象，是其高洁的气质和绵延的情谊。

未进入母校学习前，我对七中的旧校名“晦鸣中学”就曾有耳闻。“晦鸣”二字取自《诗经·郑风·风雨》中的“风雨如晦，鸡鸣不已”，意指即使身逢乱世，黑暗无望，君子仍不改其气节。慕名求学时，校门上虽不再可见

“晦鸣”二字，但这句诗，或说这句七中人自勉的格言，在我看来是七中校园文化不朽的根。代代七中师生身体力行的，就是追求“晦鸣”二字焕发的鲲鹏之气。

记忆尤深的是当年高三教室前黑板上的一联“怜惜字纸已是少年才俊，蓬勃身心终成国器瑚琏”，以及教室后方与之遥相呼应的“鸿鹄有志，以庸为羞”。在高考前日夜奋战、废寝忘食的日子里，仍有这样充满着理想与气节的句子为我们点一盏长明灯。这些字句，高考过后在我的人生中依然掷地有声。从学校的指引和老师的教诲中，我很明白，七中人可以蛰伏，可以蓄势，却绝不甘于平凡。这不是一种自视颇高的孤傲，而是一种自处的态度。在母校短短三年，我听见日复一日叫醒清晨的诵读声，焦急饱满的声线让人联想起青春的仓皇和拼搏，我看见满腹经纶的女先生日日在教室后听课学习，谦卑如同一个学生却令人更生敬佩。我看见资历深厚的老领导往四海名校求访，孜孜不倦以求办学更上层楼。这些都无不让我感佩七中修己至善的气质。三年后，我甚幸考入清华大学，百年前梁启超在清华的《君子》演讲，让我想起高三时语文笔记上就已提前相遇的“自强不息，厚德载物”八字校训，又似乎了然了那时语文老师在黑板上写下的它的寓意。那时我并没有领会老师眼眸里闪动的光芒，然而重拾字里行间，是在告诉我们何为鸿鹄之志，何为君子之节。未来，我需时时鞭策自己，不要忘了母校的言传身教，不要脱了母校的晦鸣气质。

说起母校的情谊，便不能不提师恩。尽心尽力扶持我们一路走来的老师们，也许外表看来与常人无异，对我们来说却太特别太珍贵。高一高二时他们亦师亦友，我记得最深的是彷徨时与老师的一晚交心，是他们在运动会上与我们忘情呐喊，是集体出游时他们朝气亲切的脸庞。到了高三，老师们更像亲人，义无反顾地陪我们走过破晓前最黑暗的日子，却能发现我们一夜成长，而他们陡然老去了许多。那时我的老师，从清晨到深夜，一天几乎 12 小时与学生们在一起；我的老师，对着电脑录入复习材料，一录就是整晚，不到泪水涟涟不肯停息；我的老师，批卷子讲卷子不拖延半刻，却总忘了停下来喝口水、吃顿晚饭；我的老师，恨不得为我们倾尽全部的目光，抚平了一个又一个高考前失眠的夜晚。后来，看到孩子们一个个金榜题名，我的老师笑了，却没有流连，甚至没有让我们说完感激，便转身迎接下一个高三。那里有另一群孩子的黑暗和光明。于是，在我的脑海里，总有老师们的背影，

不在聚光灯下停留半刻又回到学生身边的背影。我向着这背影深深鞠躬，我含着泪为他们鼓起掌来！

毕业两年了，与同窗们谈起母校，都不约而同回到了当初朝夕相处的温暖。七中是个洋溢着人情味的地方，不论是中秋夜、元宵夜专为外地学子送来的祝福，或是成人礼上的一颗红鸡蛋，或是深夜校园里按时响起萨克斯风《回家》的旋律，每一个细节都能直抵人心，在母校的生活片段也成了如今身在异乡的我们咀嚼的乡愁。母校 80 周年生日时，我依然只能在千里之外怀念，但转念一想，这个从不缺乏生机的校园，以及活跃其中的一代代的年轻面孔，也许并不需要我略显伤感的愁思。我是这株参天大树开枝散叶的一脉，唯有不负其栽培拔节成长，才有回报的力量。

祝福母校永远年轻！

［作者为 2009 年高考泉州市文科原始分状元，2013 年毕业于清华经管学院，经济与金融系学士；2016 年毕业于清华经管学院，管理学硕士，期间加入国际管理学联盟赴加拿大交换学习。毕业后在北京工作，入职罗兰贝格咨询管理公司（德企，欧洲最大战略咨询公司），曾参与哈尔滨市政府、首都机场集团、中国邮政、远洋集团、华润置地等政府和国企的战略咨询项目，入职半年获得快速通道升职机会］

我们祝福您的生日，母校

2009 届　洪燕辉

值此母校建校 80 周年纪念日之际，谨向母校致以最热烈的祝贺。

岁月流逝、抚今追昔。80 年的风雨兼程，母校以“德育为先，智育为重，体育为本，五育全发展”为育人目标，以“尊师爱生、严教勤学”为教风学风，不断辛勤耕耘，为祖国培养了数以万计的各类人才。

依然记得，每个教室后面“不落下一个学生”的红色标语，这是学校和老师的承诺，也是他们的目标。他们是这样说的，也是这样做的。我们都是平凡的“幼苗”，是微弱的。但母校从不辞辛劳地教育我们，浇洒下她多年的汗水，为我们遮风挡雨，为我们创建了一个适于学习的优秀场地。80 年来，她不断努力着，硬是在“一般”中学的办学条件下，创造出“不一般”的成绩和特色，从一所生源起点低、办学条件简陋的中学，一步步地进入名校行列，这是何等的不容易啊！今年5月是她的生日。80年，从自荒土上崛起到如今的灿烂辉煌，从开始的广受猜疑到现在的倍受关注。欣闻母校今年又创佳绩，在竞赛方面，获得省一等奖人数已居全省第一；就读的2011届高三学生已有14人保送重点大学，更有4名同学保送北大。这不仅是泉州七中的骄傲，也是我们每个七中学子的骄傲！

在庆祝母校80岁生日的时候，我尤其留恋和怀念曾经给我们传道、授业、解惑的恩重如山的老师们！是他们，用春蚕的品格和烛光的精神，把知识传授给了我们。是他们，独特的思辨能力、宽阔的文化视野和博大的园丁胸怀，培养了一批又一批高素质人才。母校老师博学、认真、负责的形象深深地刻在了我的脑海中。依然记得，在高三时，每天的晚自习教室里总会有每个科目的老师，不管是不是他值班，都从晚上6点多一直待到11点教室关灯了，才和同学们一起回去。对此，冯晓云老师的一句话深深地触动了我，“一想到我在教室多待一个晚上就有可能帮助一个同学多得一分，我就没有理由不把自己所有的时间都花在同学们身上”。尽管这是一种很朴素的思想，但我想正是因为每个老师心中都有这样的想法，所以老师才能对我们的需要了如指掌，也才有我们今天的成绩。忆往昔学海荡舟，看今朝事业有成，我们所取得的每一次进步，无不得益于母校的育人环境和师长的精心培养。是母校和老师用心血和汗水培育了昨天的我们，成就了今天的我们！

在七中奋斗的日子，是我人生中最珍贵的时光。依然记得，刚刚进入七中时，我因缘际会参加了信息学竞赛。在竞赛中，我不仅学到了知识，锻炼了自己，收获了友谊，也深深地被学校老师的用心所折服。记得当时，我们除了每天晚上要上课，周末、假期也不休息，老师牺牲他们宝贵的假期，牺牲他们与家人相处的时间，和我们一起训练。他们不仅教授我们竞赛的知识，更关心我们正常的课业学习，关心我们的生活，尽量减少我们的压力。在假期培训时，老师怕我们太累了，每天晚上都会到外面买各种水果给我们吃，下午组织我们到操场上运动……他们不仅是良师，更是益友。记得我高二竞赛失利难过时，老师陪着我散步，安慰我，鼓励我；在高三K班学习压力大时，他们与我分享自己的高考经历，让我轻松学习……可以说，如果没有当时老师的帮助，也就没有我今天的成绩。

前几天，偶然在校内网上看到了我们高三百日誓师大会的一段视频，感触良多。当时的我们是何等的壮志凌云，我们高喊：“看我10班！”正是有了

同学们一致的目标，有了同学们平时的互相鼓励，大家一起并肩奋斗，才使我们的高中生活变得如此丰富多彩。高中三年，是紧张有序的。从清晨开始，校园里就四处洋溢着青春的激情与浓郁的学习氛围。七中成为来自不同地方的我们的共同的家，课堂上有老师孜孜不倦地讲解和学生们的积极配合，操场上有运动员们奋力拼搏的身影，洋溢着我们的朝气和激情，从大年初一就开始开放的图书馆，更是记录着我们的付出与汗水。

无论走到哪里，经历过什么样的成长历程，取得过什么样的成绩，我始终不会忘记老师的辛勤培养，不会忘记母校的精神传统，不会忘记一个母校学生肩负的社会使命。母校取得成就，就是我们的光荣和骄傲。刻在体育馆墙上“今天我为七中自豪，明天七中为我骄傲”的标语，是每个七中学子的心声。作为泉州七中的校友，我深切感激母校的栽培，也密切关注着母校的建设与发展。在母校 80 华诞之际，我预祝校庆活动圆满成功！宏图更展，再谱华章！

（作者洪燕辉为 2009 年高考泉州市理科投档分状元，2009 年进入清华大学计算机系学习。2013 年在清华大学计算机系媒体所继续攻读硕士学位，主要研究方向为计算机视觉和多媒体。2016 年毕业后，进入微软亚洲研究院工作，主要从事微软认知服务项目。曾获得奖学金，清华大学综合优秀一等奖学金，清华大学优秀学生干部，清华大学“一二·九辅导员奖”，清华大学计算机系优秀硕士毕业生等荣誉）

感恩七中

2011 届　张　驰

我来自远方，像一粒尘土。两年前的夏天，一股暖暖的求知之风把我带进了七中。七中呵，我与您的首次对视，似乎就注定了这是一次美丽的邂逅。

于是，我便有了小鱼遇见清水般的欢愉，有了苍鹰在长空搏击的斗志，有了蜗牛努力往上攀爬的执着。您让我领略了高中生涯的风风火火，感受了竞争的压力和乐趣，您让我告别了稚嫩，逐渐走向了成熟。因此，我要感谢您，七中，感谢您给予我的一切！

感恩七中，感谢老师们的辛勤付出。对待工作，你们总是兢兢业业，一丝不苟；你们不辞辛劳，早出晚归；你们刻苦钻研，精益求精。你们深知，没有最好，只有更好，因此，你们总能摆正心态，踏踏实实地完成每一步工作。对待学生，你们一视同仁，始终坚持“不落下一个学生”的宗旨。你们明白，学生们都很优秀，只要肯努力，就定能成为人才。于是，你们在我们身上倾注了大量的心血。敬爱的老师们，你们如无私的园丁，宁愿自己辛劳，也不忘悉心呵护我们这些小花；你们好比燃烧的蜡烛，宁愿点燃自己，来照亮我们的前程；你们就像循循善诱的引路人，引领着我们进入知识的乐园。我想，你们的付出定会得到我们的回报，衷心感谢你们，七中的老师们！

感恩七中，感谢同学们的支持和帮助。在学习上，你们是我亲密的战友。遇到困难时，我们取长补短，相互请教，不一会儿便觉豁然开朗。成功时，我们相互鼓励，又不忘相互提醒戒骄戒躁；受挫时，我们促膝长谈，用最恰当的话语安慰对方，使之重整旗鼓……在生活中，你们更像我的影子，多少个细雨霏霏的早晨，我们漫步在校园中；多少个烈日炎炎的下午，我们奋战在篮球场上；多少个夕阳西下的黄昏，我们谈笑于大树下，多少个星光灿烂的夜晚，我们蹬踝在回家的路上……纵然有太多的感激之情，也难用更多的言语来表达，只好化作一句朴实的话语：感谢你们，我亲爱的同学们！

感恩七中，感谢七中为我们创造了良好的氛围。七中严谨而富有活力的优良学风始终是我们的不竭动力。“你永远不能休息，否则你将永远休息！”因此我们具备了刻苦奋斗，顽强拼搏的品质。同时，齐全的设施和舒适的环境也给了我们巨大的帮助。操场上，我们悠闲散步，释放心中的压力，擦亮灵感的火花；实验室里，我们用好奇心与智慧探索世界的奥秘；音乐厅里，我们引吭高歌，唱响青春的旋律；图书室里，我们博览群书，开阔眼界……感谢您，七中，是您给了我们如此丰富多彩的校园生活。

光阴荏苒。不知不觉，两年的时光匆匆从指缝间溜过。然而，变化的是时光的脚步，不变的是那颗感恩的心。衷心地感谢您，七中！

（作者为泉州七中2011届学生，本科阶段就读于厦门大学经济学院财政系，期间积极投身学生工作，曾担任厦门大学校体育部副部长，多次荣获校级奖学金、三好学生等荣誉称号，最后保送至本校财政系读研，现为厦大财政系研二学生，目前在深圳市国信证券股份有限公司实习，主要从事投资银行业务）

感悟七中

2011届 刘 浏

时间如白驹过隙，转眼间，我已是七中的一名高三年级的“老生”了。站在校园西北角的大榕树下，闻着淡淡的杧果花香，我不禁回想起了在这校园里的日子，顿时心中涌起阵阵暖流，是七中，使我变得成熟，让我学会如何把握青春，面对生活；是七中，使我变得勇敢，让我懂得如何承受失败，战胜挫折；是七中，使我变得坚强，让我明白如何艰苦奋斗，开拓进取……

No students left behind

——敬业奉献的七中老师

在泉州，七中老师的敬业勤恳几乎是家喻户晓的，有一些同行亲切地称他们为“拼命七郎”，虽是玩笑话，却使我们老师的特点鲜明地凸显了出来。来到七中后，我感触最深的就是老师们的敬业。我们一周上5天课，周六自主学习，但周六总会有许多老师到班级来辅导，两年多来从未间断。他们放弃了自己的休息时间，无偿地为我们解疑释惑。每天的晚自习也总有一到两科的老师来辅导我们。他们用实际行动为我们诠释了“师者，所以传道授业解惑也”这句古话。魏源说过“身教重于言教”。我们的老师，在我看来，正是身教大于言教，以身作则地让我们自觉努力奋斗。为了改考卷，他们中午集体不休息，随便吃点快餐后便开始工作。有时，在年段室一改就是五六个小时。为了让我们在40分钟里汲取更多的知识，他们要花一两个小时备一节课，借助音频、视频等加深我们对知识的理解。为了不落下一个学生，他们牺牲自己吃饭、休息的时间，找学生谈心，帮学生开解心结，激励他们找到自己的人生坐标……昆体良曾说：“经由训诲的途径是长远困难的，经由榜样的途径则是最简短可行的。”相信不少七中学子也像我一样，当想要放弃时，看看身边兢兢业业的老师，就会不由自主地浑身充满了干劲。

彩虹风雨后，成功细节中

——重视细节的七中校园

学生每天主要在校园里度过，校园环境的好坏，与学生的成绩高低也是密不可分的。初进七中，你会觉得校园很小。但当你漫步在校园里，认真观察时，你会觉得，校园虽小，却丰富多彩。

从北大门进校，两棵高大挺拔的假槟榔树映入眼帘。左边是操场，右边是篮球场和教学楼。操场上，红白相间的跑道与周围绿意葱葱的杧果树相映成趣，是傍晚同学们散心、跑步的好去处。篮球场常是下课后男生们的乐园。

走进教学楼，每一层楼梯口都有一句醒目的名言，无声地鞭策着我们。走到校园的南部，你会看到西南角的“孔子”对你微笑，清晨，当第一缕曙光照进校园时，已有三三两两的学子在“孔子”的脚下开始晨读了，七中忙碌而充实的一天就这样开启了。“孔子”身后是另一个篮球场，是校队队员们挥汗如雨的训练场地。古老的静与青春的动，和谐地共存于校园的西南角。

还有我们七中引以为傲的生态园，里面一个个活灵活现的动物标本让我们大开眼界。当然，我们的李群华体育馆也不可不提，中科院院士的科普讲座、高考状元的经验交流会、心理专家的心理座谈会、校园歌手赛、合唱比赛、百日誓师大会……各种各样的大型活动都在这里举行，丰富了我们的课余生活，拓宽了我们的视野，使我们不致变成只会读书的书呆子。

细节不仅在于校园的布局和活动，还在于每天的日常小事中。许多学校的上下课铃声仍是单调的电铃声，七中很早就换成了音乐铃声，让同学们拥有更好的学习心情；当“甲流”来袭时，教学楼的架空层贴心地摆放着免费的桑菊防感汤，供广大师生饮用；为了增强我们的体质，我校的体育老师自创了动感时尚的搏击操……在校园里，你似乎很难找到绝对的空白，楼与楼之间都点缀似的摆着花花草草；即使是校园的外墙，石栏杆上也细心地镌刻着一句句警世格言。寥寥数语，真的很难描绘出七中多元的校园氛围。总之，我很爱我们的校园，感谢她让我的高中生活充满了乐趣，让我明白了人需要学习，但学习并不是生活的全部。

今天我为七中骄傲，明天七中为我自豪

——拼搏进取的七中精神

其实，七中以前在泉州并不是最厉害的学校，但是，经过全体七中人连续几年的努力拼搏，七中已是泉州乃至全省数一数二的名校。七中“团结协作，敬业奉献，拼搏进取，开拓创新”的精神也激励着每一个七中人继续谱写七中腾飞的神话。

在七中，我能真切地感受到什么叫“一分耕耘，一分收获”；在七中，我能切身体会到什么叫“众人拾柴火焰高”。七中三年的学习历程让我明白“世

上无难事，只要肯攀登”。

犹记得，高一刚入学时，我曾有一段时间很不适应紧张的高中生活。九门功课不分主次，而且政治、历史、地理都是闭卷考，数学考试也不能再用计算器……给刚刚成为高中生的我一个狠狠的“下马威”，令我难以适从。那段日子里，我的天空是灰色的，看到的一切都是灰色的，我每天都学得很累，却感受不到丝毫乐趣，身心俱疲，厌倦一切。一天傍晚，我刚把作业送到年段室，垂头丧气地走出来时，班主任看到了我。他拍了拍我的肩，笑着对我说：“人啊，活到现在不容易，每天都有这么多事情要处理，有这么多的困难、挫折要面对，但是，我们依然要活下去，而且是勇敢地活下去!”或许有些人说这话稍嫌夸张，但对当时的我来说，太让我产生共鸣了，心里除了感动就是激动，胸中顿生了不少勇气。从那天起，我发现其实班主任在默默地关注着每个学生的成长，当学生在学习的路上遇到障碍时，他总能及时地站出来引导我们。那个傍晚，班主任陪我在操场上走了很久，夕阳映衬下的校园安谧而温馨，我望着如血的夕阳，它熄灭着走下山之际，不也正是它在另一面爬上山巅之时吗？渐渐地，我重拾了信心，积极地面对问题，找到症结。我利用假期、课外去补习，不懂的就马上问老师问同学，慢慢的，成绩也有了起色。老师与同学们的关爱让我度过了那段灰色时期。在后来的日子里，我越来越觉得高中的生活是那么的充实，虽然辛苦，却很快乐。

看过七中校服的人都知道，每个七中学子校服的左臂上都有一只丰子恺先生画的雄鸡，那是在激励着我们每天以饱满的精神面对学习和生活。我也常以手臂上的雄鸡来提醒自己，鞭策自己，要做一个出色的七中人。感谢七中，让我从懵懂的初中生蜕变成为一个成熟的青年。

感谢七中给予了我这么多，在接下来的300多天里，我将怀着感恩的心和七中一起并肩奋斗，用实际行动来回报七中，回报我可爱的学校。

（作者系泉州七中2011届学生，本科就读于浙江大学，现在澳大利亚墨尔本大学读研。大学期间，担任生物医学工程系学生团委联合会学术部部长，2013、2014连续两届荣获浙江大学优秀学生干部荣誉称号，并荣获2012—2013年浙江大学社会工作奖学金及2014年浙江大学心平奖学金；热心公益，担任过英国百人团接待志愿者和浙江大学115周年校庆集体婚礼志愿者，荣获2014年浙江大学志愿者服务一星荣誉奖）

给我的雨露

2011届 卓 晗

我总说，能遇见你们是一种缘分，亦是一种福分。

我像一茎在旱地里站了太久的苇草，拼命地踮起脚尖，伸长脖颈，好承接你们给我的雨露。

还记得，两年前那个秋末冬初的夜晚，我们一伙人在教学楼巨大的阴影里和倪老师聊天的情景。那时候的我，正像趴在玻璃上的苍蝇，屋外阳光普照，我却找不到出口。可是倪老师的一席话使我豁然开朗。他说，如果一件事无论你怎样努力都做不到，那不如放弃——总有一件事你能做好。那个夜晚，操场上干而凉的风被他的笑声点亮，而我的心，也被镀上了一层新绿。

还记得，高一那会儿，我的数学在泥地里摸爬滚打却毫无起色。东方老师找我谈过很多次，她和我讲她学生时代的故事，讲她自己的学习方法。有一次她和我并肩坐着，我和她那样近，近得可以清晰地看见她的睫毛，还有她眼里流转的光。我看着她动情的眼神，好几次都差点落下泪来。正是因为她，高一那年，面对数学，我才能屡败屡战，不曾生起一丝绝望的心绪，不曾将一心想要冒出绿芽的渴望浇灭。

还记得，排练合唱的那些日子里，平时看似不热衷于文艺的班主任，却为帮我们借钥匙而四处奔走，在焦灼的等待中熬过了近半个小时；为给我们加油鼓劲，特意来到排练现场给我们打气；为支持我们，竟亲自披挂上台朗诵。我清楚地记得，那天他站在钢琴旁，对我们说，要有信心，要从容，要把唱歌当成是享受，就一定会唱好。他的目光那样坚定，明亮如冬日里的暖阳，使所有蔫下去的心绪都在那光和热中迅速膨胀成昂扬的士气。比赛那天，我们获得了令所有人都雀跃的二等奖。班主任的脸上虽然没有波澜，但当他凝神看着我们时，我却从他的眼中看到了温柔和欣慰。

我将双手拱成一个山谷，高高地举起，来收藏这些雨露。可是，雨露越积越多，满得就要溢出来了。记忆的闸门也“哄”的一声打开，记忆哗哗地流出来，那样多，汹涌着，连带着泪水也一起涌出来了——

我看到了陈怡老师像姐姐一样的温暖笑容和她送给我的写有诗句的书签；看到了谷老师拉着我和她坐在一块儿，我们一起讨论《红楼梦》里香菱写的那些诗；看到了莉青老师在茂盛的杧果树下拍着我的肩膀说，小姑娘，干得

不错；看到了下大雨的牛姆林里，民聪老师让我扶着他的肩膀，以消除我的恐惧……

这条由雨露汇成的记忆之河，就这样在我的胸中欢唱着。哪怕只是撷一朵小小的水花，我心灵的麦田也会开始摇动，摇动，也会有浓郁的麦香涌上我的喉咙；我所有灰暗的枝丫，就会在这水花清凉的吻中，并放出大片大片的深红浅红。

我多想，我多想手捧一束用爱凝成的花，为你们——我亲爱的老师们唱一支歌，谢谢你们给我的，给我们的，雨露。

（作者系泉州七中2011届毕业生，北京大学新闻与传播学院2015届本科毕业生，现为北京大学教育学院教育技术系学术研究生。曾任北京大学电视台学生记者团团长，采访过联合国副秘书长约瑟夫·里德、诺贝尔物理学奖得主弗朗索瓦·恩格勒、诗人余光中、台湾导演魏德圣、翻译家许渊冲、羽毛球世界冠军谢杏芳等中外名人。其对许渊冲的人物特写被中青网、新华网、人民网等20多个网站转载。现为北京大学数字化阅读实验室成员，为南开大学、北京四中和苏州十中等名校设计过6门课程。曾获北京市普通高等学校“优秀毕业生”称号，多次获北京大学“三好学生”称号）

天使在身边

2011届　高雪滢

佛家有云，一切随缘，缘来则聚，缘去则散。有时候我觉得，遇到你，是一种缘。

刚进入七中时，怀着一种卑微感，提不起自信，连走路都低着头。毕竟只是个孩子，承受不起太多的挫折，于是我哭了，边写周记边哭。而你，带着迷人的微笑出现，很亲切很淡然地坐在了渺小的我的身边，以朋友的姿态，不知不觉地帮我找到了自信。其实我不曾想过，你也只是个孩子，一个像我一样远离父母的孩子，一个谈起妈妈也会笑逐颜开的孩子，却那么努力地安慰另一个孩子。

最让我感动的，是你上课时的那股认真劲儿。你喜欢在黑板上留下你那歪歪扭扭的字迹，一笔一画，歪着脑袋，聚精会神地写出你认为最完美的板书。虽然你的字我实在不敢恭维，可是我想，能这么认真地一笔一画地写板书，也真难为你了。

最令我难以忘怀的，是你送我去医院的场景。或许，对于关心过太多人的你来说，这不算什么，你也早已忘记。但，对于我，一个刚刚来到全是陌生人的学校，远离了熟悉的一切，包括亲人的关怀的孩子，却永远都会记得那些场景。在陌生的城市里，我发烧到40℃，感觉像是个被抛弃的孩子，孤苦无依。而你，再一次带着微笑出现，双手很自然地放在我的肩上，将倔强的我带到医院输液，随着药液汩汩流入的，是感动，是感恩。

记得你带着我们参加了校运会，班级拿奖合照时，你举着奖状，站在一群欢呼雀跃的孩子中间，笑靥如花，永远地定格在胶片上。那一刻，你是一个陪着一群孩子喜怒哀乐的大孩子。

后来，我们文理分科了，这也意味着与你的分离。而最后的那节课，你依旧微笑着，大大的眼睛在眼镜片后闪闪发光。然后你转身走出教室，走得那么从容，那么淡然。我们谁都没有哭，只是看着你渐渐消失在视线中，直到最后泪水再也止不住地砸了下来。那一天的黄昏，夕阳很美很美，比夕阳更美的，是你的背影，它镶嵌在夕阳中，宛如一幅大放异彩的油画，永远定格在我们十七岁的脑海。

看过一本书，书上说，每个人都有一个一直守护着他的天使，这个天使如果觉得你太过于孤独，就会化身成为你身边的某一个人，也许是你的朋友，也许是你的恋人，也许是父母，也许是你仅仅见过一面的陌生人，这些人安静地出现在你的生命里，陪你度过一小段快乐的时光，然后不动声色地离开。于是你的人生就有了幸福的回忆，即使你以后的道路上布满了风雪，一想起曾经幸福的事情，就可以依然勇敢。我想，你就是我生命中的天使吧，教会我爱，教会我成长，再安静地转身离开，只留下一段美妙而日渐模糊的记忆。但不管怎样，我都要谢谢你，谢谢你出现在我的生命里，谢谢你陪我走过了那么艰难的高中适应阶段，谢谢你教会我爱与成长，谢谢你给我留下了一段永恒的闪亮的青春记忆。

我常想，身为七中的孩子真是幸福，因为我们都有守护天使，因为这里的每个老师都是安琪儿。

天使就在身边。

（作者为2011年毕业于泉州七中，本科就读南京大学，曾获国家奖学金三等奖，现就职于上海观察者网，担任新闻编辑，被评为年度最佳员工）

校长讲述的故事

教有所得

陈龙斌

我的这一辈子，看来都得在学校度过了。刚出生，就和爸爸在他任教的学校里吃住，然后是幼儿园、小学、中学、大学一路地上来——你们都知道的，接着毕业到这所学校工作，然后是退休或生命退休，离不开学校，或离不开教育这一口。

我曾有过3个月的“跳海”经历，不是“下海”，那太从容了，所以我是“跳海”。干了3个月广告，我上了岸，然后抖一抖身上的盐粒。有好事的说，你就收获了那么一点儿盐。我心里说，我已经证明了自己能在海里游泳就够了，我仍然上岸做我这条搁浅的鱼。

用我自己的话说，我开始勤勤恳恳地“毁”人不倦，真的是“毁”，因为老想着不能误人子弟但老觉得在误人子弟。一开始总是说些言不由衷的话，比如在作文中不能发表那些厌世的消极的言论，世界上好人总是比坏人多等等。后来得了些许好处，比如先进教师什么的，就觉得自己干的是救民于水火之中的圣人干的事，就有些“甜”不知耻起来。

这些“甜”不知耻的事有好多，择几块让大家尝尝。

有一次夜自修，胃病又突发了，从宿舍到教学楼30米的距离，我晕倒了，犹如伐木一样，咚一声栽在地上。这是我前所未有的感受，倒地之前，眼前一黑就知道自己已失去平衡，但仿佛有一股强烈的意志，催我马上苏醒过来，脸贴在地上，贴在水渍里，心里却清晰地喝道“站起来”。站起来，然后又倒下，如此五次。我清晰地记得有一次，两位路过的女生惊吓得跑到一边去，没有伸出援手。回到宿舍，脸上、肩上、手上、腿上，鲜血淋漓，全擦伤了。我没告诉任何人。第二天，班上的团支部书记林琼芙知道了，为我熬了一天的粥，没有什么比这更好的了。

有一节课，学生很不争气，我那时“黔驴技穷”，所以就在学生不以为然之时，满脸悲愤地在黑板上写下“知我者谓我心忧，不知我者谓我何求”，然后掷笔拂袖而去。想是学生们从来没看过这两句话，有些震慑，先是班长卫兰猛地站起来呵斥了大家一番，然后噙着眼泪出了教室，最后是大家来请我。我已经忘了当时我是如何重返课堂的，反正觉得自己挺害臊。

曾业霖家境很好，初中时曾经拿砖头拍得别人头破血流，并有一帮爱打架的“弟兄”。高一时不幸在我班上，不，是我不幸在他班上，好多老教师都这样对我说。但是，高中三年他一次也没惹事，是他一次也没给我惹事。他服我，就这么简单。他的帆船夺得过国际比赛少年铜牌，还保持着学校的跳远纪录，200 米跑也是校冠军，我没把他当坏孩子。当时高一年 5 个班，我组织了 5 支班足球队，下午放学就在学校踢联赛。后来那些队员几乎都考上了大学，有的还是好的大学，有一个数学考了全市第二。曾业霖素质好，也成了我任教的五班的队员，最后我们得了联赛冠军。曾业霖后来还报考上海体院，没去成。现在在泉州接他老爸的事业，我们经常在一起，在一起的时候他都叫我老大，或者要他的朋友叫我老大。

李昆一直到毕业好多年了，我才真正了解了他，我真的为此很愧疚。当时他给我的印象很少，不太惹事，但眼睛经常是肿的，老趴在桌上睡。出了点什么事，要么像霜打的茄子蔫着任你“批削”，要么就倔得很，直着眼任你数落，始终不辩解的。到高三时，我也几乎要将他忘了，尽管他还坐在教室里。毕业好多年了，只有真正了解他的曾业霖能告诉我，李昆村里有个相好的女孩，父母反对，但他们就是要好。没想到女孩得了绝症，也就是在李昆读高一的时候，他常常一个人躲着哭。没到高三，女孩就死了。业霖是绝不会跟我编故事的，我很相信，我想起当时李昆人在班级里的那种坚强和痴心，眼泪就涌了上来，觉得自己当时忽略了他，很不应该。我现在和李昆也是好朋友，一次饮酒他和我谈起高中经历，证实了业霖的话。他到现在也没找女朋友。

我曾经坐了 3 个多小时的车到彭溪民家家访。到了罗溪镇以后，就得坐三轮摩托往虹山乡。罗溪镇本来就是山区，虹山乡是山区的山区。进山的路是泥石的，高低坑洼，一边又是深深的山谷，峭拔幽深，令人心悸。三轮摩托在当地俗称“三脚虎”，这样的山路全靠它来走了。我、溪民和另几个人坐在车上，有时颠过来，仿佛车就要翻进山涧里，然后又倒过去，重心垂直路面，安全了。路就缠在山上，有时又像开到天上。终于到了，除了一条路，荒无人烟的，怎么就到了呢。跳下车一看，嘿，山脚下，水田如镜，或圆或缺，明镜般的水色映着云天。山底有墟烟依依，人村暧暧，如画在纸上，轻

得用手一抹就会擦去。山里刚下过一场雨，我们顺着牛道下到村里，鞋和裤脚裹满了烂泥和牛粪。当晚就住下了，还探访了溪民的几位朋友，泥屋、柴房、古厝、祠堂、苦茶、旧书、昏灯、老脸，还有几件村里刚发生的事，诸如谁家的某某和某某打了一架，因为同是“三脚虎”的司机抢客人来着，这就是我的一些破碎的印象。第二天天蒙蒙亮，一个人擎着天穹这把漏雨的伞，漫迹山野，吐纳云岚，往更深的山里，更自然纯朴的心境中，去寻找桃源。邂逅了一处岩洞中的道观，从岩上的模糊记忆中诚心追溯一种灰色的清玄。更有空旷中一株百年梨树，远望如临水的樱花，着一身新娘的婚纱，近观羡叹，落英缤纷，如沐花雨，心地纯净，几欲化身为伴，作这草，这土，这嘤嘤的蜂蝶。及至欲归，忽觉雨润春山，漫山的杜鹃花撩着雨露喝起彩来，鲜艳夺目，似送还留。翘首春山，空明如画，人在其中，即便青衫布衣，也该卓然欲仙了。

回城里来，搭的“三脚虎”，又恰恰是载我们进山的那位年轻师傅，只是眼眉之上包着纱布，原来昨晚和人打架的就是他呀。车一路下山，我依然胆战心惊，年轻师傅却一边开车，一边不时对着车内挂着的观后镜拨弄自己的头发，使它和眼眉上的纱布搭配得更美一些，我不禁为他年轻的天性叫起好来。回来后我将这次家访绘声绘色地讲给全班听，足足讲了两节课。溪民印象最深的是我的家访，而别的同学可不是这样，城里的同学听了想去山里旅游，山里的同学听了想，原来我家乡的山那么美，人那么美。再想，其实是山因人美，人因山美；又想，再美，也是老师语言组织的美。有的同学就喜欢上语文了。陈晓缇是科代表，至今她都认为三年里我上得最好的两节语文课就是这两节最“不正经”的课。

多少受了我的影响去念师大中文系的，有好几个。赵有志是其中一个，中学时虽然不在我的班上，但他爱到我的宿舍来，我发觉他喜欢探讨比较深奥的知识，例如文艺理论。赵有志果然有志，他是辗转到华东师大的，先是只考到泉州师专中文系，后来中选到福建师大读中文本科，然后才考到华东师大中文系，是夏中义的研究生。考研之前，我向他推荐了华东师大，推荐认识了张炼红班长，也许是之后认识了夏中义。有志在读研究生的时候，有时回泉州看我，我都很惴惴于和他谈文艺，因为他所说的，有的已高深或新潮得我都不懂了，而他又挺耿直，居然没看出我的窘态。但我还是挺喜欢他，他是我向新的学生吹嘘的资本和为他们树立的榜样。

林国利也是其中一个，居然是因我的一个故事吸引了他考华东师大中文系。这个故事老二陈骞最清楚了，大二的时候我们兴致勃勃地接新生，黄鱼车学了不到一天就上路了，为新生载行李。有一趟车载到河西，空车回来时，老二坐在车斗里，我暂时当起了骆驼祥子。过丽娃河的桥时，上坡，老二兴奋地喊，加油，用力踩，我也兴奋地照办。没想到过了桥顶就下坡，脚又还没停下来，车速一快，越紧张就越抓死车把，不懂得腾出手去按那个该死的手刹，前面入学的人又多，保不定撞死一个。我连忙把车往路边打，车冲向桥边第二棵大树，粗壮的法国梧桐。“哗砰”，我像一只被甩到墙上的蜥蜴一样四肢张开甩到树干上，黄鱼车的车斗重重地砸在我的右膝外侧。那一瞬间老二早已跳出车去，那一瞬间我啊的一声大叫。我像刚刚滚下楼梯的别里科夫，忍着剧痛急忙找到飞出去的眼镜，同时还得提着裤子——那一声断喝居然将皮带崩断了。我想我一定是极力掩饰自己的痛楚，所以人们看出我的困窘来，老二哈哈大笑，路过的学子们哈哈大笑。我想见到此景的新生在入学报到的第一天就对华东师大一见倾情，他们在写回家的第一封信里就会提到我，并把它流传到全国各地去。

毕业以后又过了 4 年，我把这个故事讲给学生听，因为我这时的右膝已经是很准的天气预报了。酸疼的时候，我站在班上讲课，不时得向后甩甩小腿，有时还会发出咔嗒咔嗒的声音，我和学生戏称为“尥蹶子”。因为有这毛病，我就讲给每一届的学生听。林国利在填高考志愿时请求我给他指导，他说他要考华东师大中文系。他到大学后给我的第一封信写道：“我一来，就去看那棵幸运的梧桐树。”2002 年来我几次回母校，国利都来接待，还和我在那棵梧桐树下合影，那树的伤痕早已不见了。国利今年考上我们师大的研究生了，还是公费的，只是忘了问是什么专业的。

我有一句话，是我的每一位学生都要学的陈氏名言。我会把这句名言告诉他们，又跟他们说这是我说的（这时他们总要笑起来），然后就讲这句名言的故事。泉州又名刺桐城，古时候城内遍植刺桐，现在也是随处可见。刺桐树开花火红鲜艳，只有我发现城中有的刺桐是春天开的，有的是夏天开的，有的是秋天开的，有的却是隆冬时开的。而且夏天开的年年都是夏天开，冬天开的年年都是冬天开。有一年的冬天，我和同样是教师的朋友走在学校外的八卦沟边，那时彼此心情都很郁闷，忽然看见了那株天天都见的刺桐，满树开满了红花，热烈，朝气，依然故我。它不管天气多寒冷，也不管长在这

臭水沟边，依然做出临水的姿态，开得那么美艳，对于它来说，它开花的季节，就是它的春天。我的郁闷的心情忽然洒进了阳光，“每一棵树都有它的春天!”我不禁脱口而出。是的，“每一棵树都有它的春天”，我对每一位学生说，你们，每一个人，都有你们的春天。

有些话对学生的影响是深刻的，甚至一辈子。我有一位学生叫刘翠媛，福建师大中文系，今年毕业，两个月前来我们学校应聘，笔试是一篇作文，她在结尾写道：“‘每一棵树都有它的春天’，即使我这次面试未被选中，但是，经历过这样的场面，我对自己在任何一个岗位都充满了自信。”这让我很感动，她记住了这句话，有这样的信念，不管她在哪个单位工作，都会适应并进步的。这句话，也是我的教育理念。

我的一些学生现在也回到母校七中来教书了，所以现在在我的学校里，不仅有徒子，还有徒孙。如果我真的注定一辈子要在学校里度过，斯亦幸事：子又教孙，孙又教子，徒子徒孙，无穷匮也。

（2008 年 5 月，文中学生名字为化名）

《校本课程开发与学校文化建设关系研究》课题研究纪事

1. 2012年12月，我校申报全国教育科学“十二五”规划2012年度教育部重点课题“校本课程开发的文化学研究”实验学校分课题。

2. 2013年3月4日，泉州七中申报全国教育科学“十二五”规划2012年度教育部重点课题“校本课程开发的文化学研究”实验学校分课题，经福建教育学院科研处审核，同意我校陈龙斌校长主持的“校本课程开发与学校文化建设关系研究”分课题立项。

3. 2013年3月2日，泉州七中召开开题研讨会。

*学校分课题负责人陈龙斌校长介绍我校课题总况。

*鲍道宏教授介绍校本课程开发的他国的经验与我国的策略。介绍子课题校的分工。

*讲座：《校本课程开发的再概念化》。

4. 2013年5月17日至19日，泉州七中总课题组实验学校第一次工作会议。

*会议主题：“校本课程再概念化与学校文化建设意义及其开发策略”。

*与会单位：泉州市教科所、泉州七中、厦门第一中学、长乐华侨中学、大田第六中学、连江晓沃中学、武平实验小学、平和小溪中心小学、南平东坑中心小学、永泰葛岭中心小学、福安市坂中中心小学、晋江市第二实验小学、宁德市民族中学。

*陈龙斌校长主持开幕式，颁发匾牌，集体合影。

*鲍道宏教授作以下报告：《校本课程再概念化的当代发展及文化意义》《再概念化后的校本课程开发技术》《校本课程开发的行动研究及其实施策略》《总课题研究设想及对实验学校（其他分课题研究者）研究建议》。

5. 2013年12月19日，课题组讨论课题组成材料。

*经过讨论，课题组成员达成共识，决定由以下版块组成课题构架：（1）经典诵读；（2）学生讲坛；（3）话剧表演；（4）电脑机器人；（5）合唱比赛、

校园歌手赛；（6）篮球队。

6. 2013 年 12 月 14 日，上午：课题会议筹备会；下午："校本课程开发与学校文化建设的关系研究"课题会议。

* 陈龙斌校长主持。

* 鲍道宏教授介绍校本课程开发模式。

* 杨利老师介绍电脑机器人工作室情况。

* 鲍道宏教授指导学校开发以"电脑机器人"为主题的高中校本课程，决定开发阅读课程纲要、物理课程纲要、美术课程纲要、英语课程纲要、数学课程纲要。

* 课题组成员分工编写课程纲要。

7. 2014 年 6 月 18 日至 20 日，武平县实验小学，全国教育科学"十二五"规划 2012 年度教育部重点课题"校本课程开发的文化学研究"中期研讨、考核会议。

* 陈龙斌校长在会上做报告：《泉州七中"校本课程开发与学校文化建设关系研究"课题的实施与评价》，学校课题顺利通过中期考核。

8. 2014 年 8 月 25 日，课题组小型会议。

* 与会人员：鲍道宏、陈龙斌、纪荣海、谷小艳。

* 对课题研究进展的反思：为什么要做本课题？要解决什么问题？

9. 2014 年 8 月 26 日，课题组研讨会。

* 陈龙斌校长主持。

* 鲍道宏教授讲座《多学科式课程的校本课程开发与学校文化建设初探》。

* 课题组确定了以电脑机器人制作为依据，课题组成员分学科确定课程材料编写，深度开发课程资源。

10. 2014 年 11 月 4 日，课题组中期研讨会。

* 课题组成员各自汇报自己整理课题材料的情况。

11. 2014 年 11 月 6 日，课题组中期研讨会。

* 陈龙斌校长介绍前期工作。

* 课题组成员分别汇报准备情况。

12. 2015 年 3 月 9 日，课题组会议。

* 陈龙斌校长主持。

＊对课题组成员提交的材料进行反馈。

＊讨论下阶段的工作。

13. 2015 年 3 月，课题组成员完成课程材料编写。

＊杨利、陈思鑫：《高中物理传感器应用及学生机器人课题研究案例》。

＊谷小艳：《泉州七中校本课程教材——语文活动模块》。

＊林岩：《泉州七中校本课程教材——美术模块》。

＊纪建灵：《数学模型在机器人技术及中学物理教学中的应用》。

＊邓秀恭：《泉州七中校本课程教材——英语泛读》。

14. 2015 年 6 月 9 日，全省高中高级语文教师省级培训筹备会议。

＊陈龙斌校长主持。

＊鲍道宏教授主讲：课程的理解、学校情境、课程审议等内容。

15. 2015 年 10 月 12 日至 19 日，泉州七中，福建省高中高级职称教师“中学语文校本课程开发专题培训”。

＊鲍道宏教授主持。

＊与会人员：100 多名全省各地市高级职称骨干教师。

＊张良博士报告：《高中校本课程开发：愿景与策略》。

＊鲍道宏教授报告：《全国卷背景下福建省高中语文校本课程开发与特色学校创办问题》。

＊陈龙斌校长报告：《开发特色课程，创建现代名校——在校本课程开发中提升学校文化品位》。

＊陈国杨老师报告：《高中语文课程教学的规划》。

＊林莉芳老师教学观摩：《语文校本课程开发案例分享——校本课程开发中的〈师说〉教学》。

＊谷小艳老师教学观摩：《有容乃大：我身边的多元文化探究——泉州七中高中语文校本课程开发案例》。

＊谷小艳、陈国杨、林莉芳：语文校本课程开发——案例分享，答学员问。

＊王兆芳老师报告：《语文校本课程开发——福州一中语文组的探索》。

＊陈淑容老师报告：《语文校本课程开发——案例分享》。

＊钟斌老师报告：《厦门一中人文校本课程开发实践与反思》。

＊黄荣全老师报告：《语文校本课程开发——建瓯一中语文组的探索》。

＊江先忠老师报告：《闽派文化的高峰：承前启后的朱子思想》。

＊魏本亚院长报告：《高中语文校本课程开发问题研究》。

＊纪荣海教研员报告：《校本课程开发与语文课程建设》。

＊鲍道宏教授报告：《深化高中语文校本课程开发的两个问题与解决对策》。

16. 2015 年 11 月，课题组继续课题研究，并开始总结撰写课题成果。

17. 2016 年 11 月，课题组到广东考察课改，开展学习交流。

18. 2017 年 3 月，课题组到浙江考察新高考。

19. 2017 年 4 月，课题组汇总编写《每一棵树都有它的春天——多元互生的学校文化建设》。

后 记

2018年3月5日，恰巧是第55个学雷锋日，泉州七中高二学生黄伟旭同学在大雨中为拾荒老人撑伞的照片，被誉为“最美背影”。《人民日报》、中央电视台、紫光阁等多家主流媒体及各大门户网站纷纷跟进报道。黄伟旭同学自然的举动，成为向社会传播正能量的一个典型，也是泉州七中践行“每一棵树都有它的春天”，坚持“感恩”教育志愿服务的德育缩影，在这里要特别书写一笔。

参与编写本书的，还有刘伟杰、杨利、吴有珍、林岩、王付雷、李莲莲等老师，感谢大家的辛勤付出！

2016年9月13日上午，《中国学生发展核心素养》研究成果发布会在北京师范大学举行。之后，各学科核心素养内容发布。

学生发展核心素养，主要指学生应具备的、能够适应终身发展和社会发展需要的必备品格和关键能力。它以科学性、时代性和民族性为基本原则，以培养“全面发展的人”为核心，分为文化基础、自主发展、社会参与三个方面。综合表现为人文底蕴、科学精神、学会学习、健康生活、责任担当、实践创新六大素养，具体细化为国家认同等十八个基本要点。

“素养”与“知识”“能力”“态度”等概念不同，它强调知识、能力、态度的统整，超越了长期以来知识与能力二元对立的思维方式，凸显了情感、态度、价值观的重要性，强调了人的反省思考及行动与学习。“素养”比“能力”含义更为广泛，它与“能力”的不同还表现为：“能力”既可以是与生俱来的，也可以是后天形成的；“素养”则是“可教、可学”的，是经由后天学习获得的，它可以通过有意的人为教育加以规划、设计与培养，是经由课程教学引导学习者长期习得的。如果说素养是基本生活之所需的话，那么核心素养则为优质生活之所需。郑富芝撰文指出：核心素养是学生应具备的适应终身发展和社会发展需要的必备品格和关键能力，突出强调个人修养、社会关爱、家国情怀，更加注重自主发展、合作参与、创新实践。

综观学生发展核心素养总体框架和各学科核心素养具体内容，我们认为，我校基于办学理念和学校文化开展的校本课程开发和学校课程建设，符合核心素养的培养理论，强调了经由课程教学，引导学生自主发展、合作参与、创新实践，培养学生全面发展或个性特长发展，使学生具备适应终身发展和社会发展需要的必备品格和关键能力。从新高考的准备来讲，我校实际上已经在对接新高考上因地制宜地做出了探索。我校“每一棵树都有它的春天”的育人理念，提供课程促进学生全面发展或个性特长发展，都实践着新高考带来的课程、教学、评价的变化，实践着选课和打破行政班教学限制，让学生学有专长，并能做好人生发展规划，成为“身心健康的现代中国人”以及“各行各业领军人物”。这些也是参与“校本课程开发与学校文化建设”的成果体现。

教育要有情怀，探索永无止境。我曾在《泉州晚报》发表了对学生的新年寄语《担当起创造国家和民族未来的责任》，以此作为对学生的勉励，同时也在这里作为我们为办学而宣示的责任担当吧！

担当起创造国家和民族未来的责任

一代人有一代人的使命，一代人有一代人的担当。辛亥革命时期，尚在学堂的周恩来立下“为中华之崛起而读书”的理想，欲拯救十九世纪以来遭列强屠戮的老大之中国。老一辈革命家，以此凌云壮志，抛头颅洒热血，于20世纪中期创建了新中国。几度风雨，几度春秋，我们的国家和民族，历经坎坷，来到了21世纪。我们中学生，有没有意识到，我们正处在承前启后的历史方位？

习近平总书记每年都勉励青年学生：“我们比历史上任何时期都更接近实现中华民族伟大复兴的目标，比历史上任何时期都更有信心、更有能力实现这个目标。”

当今时代，是经济、科技飞速发展的时代，也是创新创造的时代，每一位同学、每一位时代青年，都要做好准备，你可能成为推动实现中国梦、实现中华民族伟大复兴的人才，甚至成为建立丰功伟业的杰出人才！新的一年，我们要放眼新的时代，仰望星空，脚踏实地，立足中国，胸怀世界，担当起创造国家和民族未来的责任，为中华民族的伟大复兴而读书！

编委会